NECESSARY
BASIC SKILL

股 市 分 析 必 杀 技 系 列

七大王牌指标
必杀技

胡 斐/著

灵感第一课

胡斐 2018·5·7

经济管理出版社
ECONOMY & MANAGEMENT PUBLISHING HOUSE

图书在版编目（CIP）数据

七大王牌指标必杀技/胡斐著. —北京：经济管理出版社，2018.4
ISBN 978-7-5096-5676-1

Ⅰ.①七… Ⅱ.①胡… Ⅲ.①股票交易—基本知识 Ⅳ.①F830.91

中国版本图书馆 CIP 数据核字（2018）第 038096 号

组稿编辑：陈　力
责任编辑：杜　菲
责任印制：黄章平
责任校对：张晓燕

出版发行：经济管理出版社
　　　　　（北京市海淀区北蜂窝 8 号中雅大厦 A 座 11 层　100038）
网　　址：www. E-mp. com. cn
电　　话：（010）51915602
印　　刷：三河市延风印装有限公司
经　　销：新华书店
开　　本：720mm×1000mm/16
印　　张：31.25
字　　数：480 千字
版　　次：2018 年 4 月第 1 版　2018 年 4 月第 1 次印刷
书　　号：ISBN 978-7-5096-5676-1
定　　价：88.00 元

上兵伐谋，庙算者胜

    投资者在进入资本市场操作前，需要做很多准备工作；运动员在上场比赛前，也需要进行很多年的训练。中国的资本市场风云诡谲，投机氛围浓厚，但是即便如此，很多投资者进入市场只是基于一腔热情、基于对未来美好的预期，这种心情可以理解，可是不能"拿着石头木棒对阵现代导弹"。未来资本市场的发展演变还会更加剧烈，制度的进化也会日新月异，保持开放的心胸，保持学习的能力，把基本功练好，才能冲向战场。

    巴菲特说自己每天花五六个小时来读书，甚至有人说他"醒着的时候有一半时间是在看书"。此次胡斐出版的《七大王牌指标必杀技》是讲解七大技术分析指标实战应用的，都是基本功的练习，就像足球的球感、狙击手的射击直觉那样，操盘也需要有盘感，而盘感和直觉的来源就是盘面的技术信息。相信本书会对广大投资者有很大的帮助。

    为了服务广大投资者，让大家获得更多关于中国股市的投机经验，我也准备出版新版《盲点套利》和新书《万修成魔》，把我30年的"投资＋投机"的经验给大家分享一下，投资者届时可以关注。

2018 年 4 月 10 日

序：数学之美

投资者对于技术指标的疑惑主要有两个：一是技术指标数量众多，无法一一看过来，学习不过来，更谈不上运用自如了；二是当一个技术指标发出买入或者卖出信号的时候，其他指标也发出了类似的信号，从而导致投资者对技术指标失去参考系。笔者是这么解答这两个问题的，技术指标数量众多，广义上可以分为三大类：一是 K 线；二是趋势线以及包括在趋势线之内的黄金分割、波浪理论、阻速线、甘氏线、斐波那契数列、扇形线等；三是根据股价、成交量、时间周期等原始数据，通过一定的数学公式计算得出的技术指标。

大家常称的技术指标就三类，在这三类技术指标里面，又分为 6 个小类；每个小类包含了 5~15 个技术指标，大家经常说的某个指标发出了卖出或者背离信号，另外一个指标也发出了类似的信号，其实指的就是这 6 小类里面的 5~15 个指标之间的关系，由于计算的原始数据相同，可能会出现趋同的情况。这 6 小类指标分别如下：

序号	指标类型	用途	包含的主要指标	
1	趋向指标	又叫趋势跟踪类指标，主要用于跟踪并预测股价的发展趋势	移动平均线（MA） 指数平滑异同平均线（MACD） 趋向指标（DMI） 瀑布线（PBX）	平均线差（DMA） 动力指标（动量线）（MTM） 指数平滑移动平均线（EXPMA） 宝塔线（TWR）
2	反趋向指标	又叫反趋势类指标，主要用于捕捉趋势的转折点	随机指标（KDJ） 变动速率（ROC） 威廉指标（W&R） 相对强弱指标（RSI）	乖离率（BIAS） 顺势指标（CCI） 震荡量（变动速率）（OSC） 动态买卖指标（ADTM）
3	量能指标	通过成交量的大小和变化研判趋势变化	容量比率（VR） 能量指标（CR） 人气意愿指标（ARBR）	量相对强弱（VRSI） 量变动速率（VROC） 成交量标准差（VSTD）
4	量价指标	通过成交量与股价变动关系来分析未来趋势	震荡升降指标（ASI） 能量潮（OBV） 主力进出指标（ABV）	价量趋势（PVT） 量价趋势（VPT） 威廉变异离散量（WVAD）

续表

序号	指标类型	用途	包含的主要指标	
5	压力支撑指标	主要用于分析股价目前受到的压力和支撑	布林带（BOLL） 抛物转向（SAR）	麦克指标（MIKE） 薛斯通道（XS）
6	大盘指标	通过涨跌家数研究大盘指数的走势	涨跌比率（ADR） 绝对幅度指标（ABI） 新三价率（TBR） 心理线（PSY）	腾落指数（ADL） 广量冲力指标（BIT） 指数平滑广量（STIX）

　　为了让大家更加实用地运用这些技术指标，本书每一大类里只选出一个，避免在一个大类里重复，因为在一个大类里信号可能是相同的。同时，读者也可以克服知而不深、看而不用的问题。本书不是简单地罗列出指标的介绍和数学原理，而是从实战角度详细介绍如何应用，同时结合笔者实战历史，让大家有直观、真实、充分深度的理解，建立起条件反射一样的神秘联系，从而能够提高读者的操盘实战水平。

胡　斐

2018 年 1 月 25 日

目　录

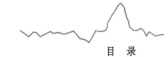

第一章　K线

第一节　单根K线的信号

K线的构成要素

K线

K线发明于日本米市，故又称日本线。K线图最早是日本德川幕府时代大阪的米商用来记录一天、一周或一月中米价涨跌行情的图示法，后被引入股市。K线图具有直观、立体感强、携带信息量大的特点，其蕴涵着丰富的东方哲学思想，能充分显示股价趋势的强弱、买卖双方力量平衡的变化，预测后市走向较准确，是各类传播媒介、电脑实时分析系统应用较多的技术分析手段。

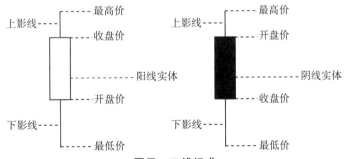

图示：K线组成

K线是一条柱状的线条，由影线和实体组成。影线在实体上方的部分叫上影线，在实体下方的部分叫下影线，如上图所示。实体分阳线和阴线两种，又称红

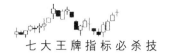
阳线和绿阴线。在中国和亚洲的互联网或者软件图表中，阳线一般用红色表示，阴线一般用绿色表示。一条 K 线记录的就是某一只股票一天的价格变动范围。K 线图是进行各种技术分析最基础的图表。

根据 K 线的计算周期可将其分为日 K 线、周 K 线、月 K 线、年 K 线。日 K 线是根据股价或者指数一天的走势中形成的四个价位，即开盘价、收盘价、最高价、最低价绘制而成的。

收盘价高于开盘价时，则开盘价在下收盘价在上，二者之间的长方柱用红色或空心绘出，称为阳线；其上影线的最高点为最高价，下影线的最低点为最低价。

收盘价低于开盘价时，则开盘价在上收盘价在下，二者之间的长方柱用绿色或实心绘出，称为阴线，其上影线的最高点为最高价，下影线的最低点为最低价。周 K 线是指以周一的开盘价、周五的收盘价、全周最高价和全周最低价来画的 K 线图。月 K 线则以一个月的第一个交易日的开盘价、最后一个交易日的收盘价和全月最高价与全月最低价来画的 K 线图，同理可以推得年 K 线定义。周 K 线、月 K 线常用于研判中期行情。对于短线操作者来说，众多分析软件提供的 5 分钟 K 线、15 分钟 K 线、30 分钟 K 线和 60 分钟 K 线也具有重要的参考价值。

K 线实体

实体大小代表内在动力，阳线实体大的话，代表上涨趋势明显。反之，阴线实体一样，实体越大代表下跌趋势明显，实体不大则表示趋势不明显。

收盘价高于开盘价那部分就是实体，如果阳线实体越大，说明上涨的动力越大，相比起小实体的阳线，上涨的动力要大很多。同理可得阴线实体越大，下跌动力越大。

影线

向某一个趋势的方向影线越长，越不利于股价。上影线越长，越不利于股价上涨，下影线越长，越不利于股价下跌。为什么呢？以上影线举例说明，在上影线这个区间，多空双方争夺非常激烈，但最后以空方获胜，然后就有了一根长长的上影线，上影线部分就构成了对下次股价上冲形成了一定的阻力，这时股价向下的可能性较大。同理可得下影线预示着股价向上的可能性大。

阴线、阳线

阳线表示上涨，阴线表示下跌。在经过一段时间的多空争夺后，收盘高于开盘表明多头在这个回合占据了上风，赢得了这个回合的胜利，此时为阳线。同理可得阴线。

根据开盘价与收盘价的波动范围，可将 K 线分为一字线，T 形线，极阴、极

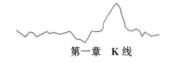

阳，小阴、小阳，中阴、中阳和大阴、大阳等线型。

一字线

　　股价全天封死涨停或者跌停，没有波动。这说明多方或者空方的力量强大，呈现一边倒的优势。

图示：一字涨停板走势

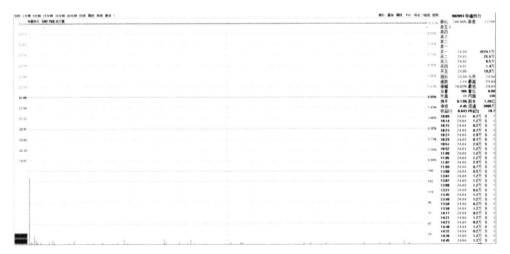

图示：一字涨停板对应的当天分时走势

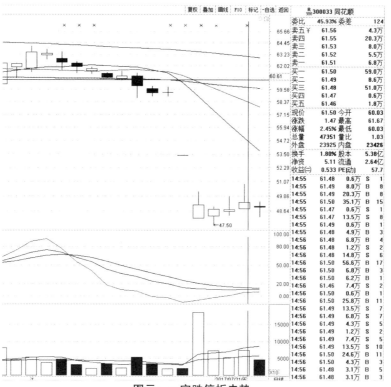

图示：一字跌停板走势

图示：一字跌停板对应的当天分时走势

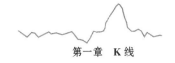

T 型线

T 字线：其开盘价、收盘价、最高价相同或基本相同，实体为"一"字，K线上只留下下影线，即使有上影线也是很短的。因形态很像英文字母"T"，故被称为 T 字线。

在技术分析中，T 字线一般被认为是一种庄家线，是由庄家控盘所造成的。T 字线信号强弱程度，与下影线的长度成正比，下影线越长，则信号越强。

图示：T 字线

倒 T 字线：其开盘价、收盘价与最低价相同或基本相同，实体为"一"字，有上影线，没有下影线或下影线非常短。倒 T 字线也常出现在跌停板之后。

图示：倒 T 字线

极小阴线和极小阳线

极小阴线和极小阳线的波动范围在 0.5% 左右；一般情况下成交量不大，交易不活跃，波动幅度过小。

图示：极小阴线和极小阳线交错

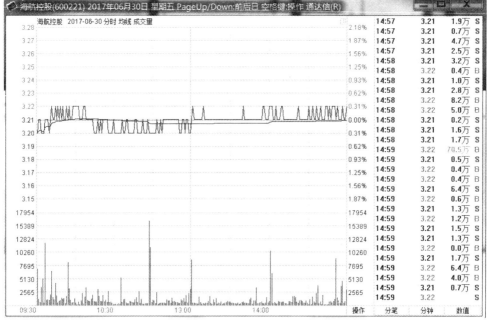

图示：极小阳线分时图

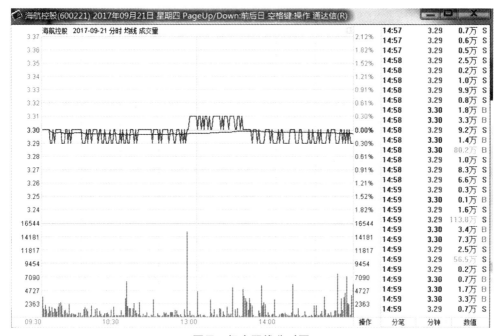

图示：极小阴线分时图

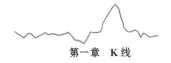

小阴线和小阳线

小阴线和小阳线的波动范围一般在 0.6%~1.5%；股价处于温和的有控制的波动中。

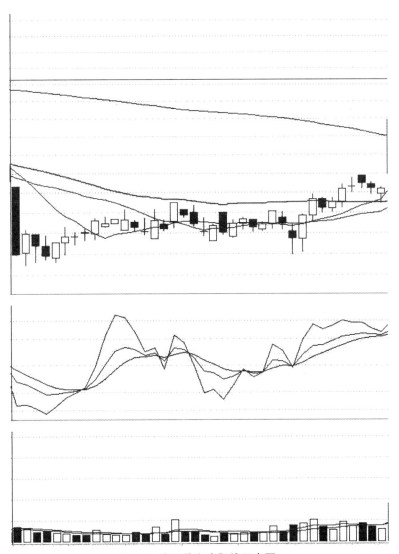

图示：小阴线和小阳线示意图

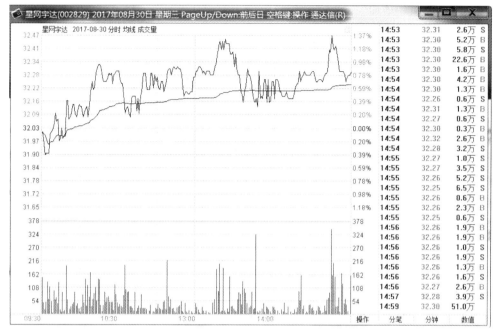

图示：小阳线分时图

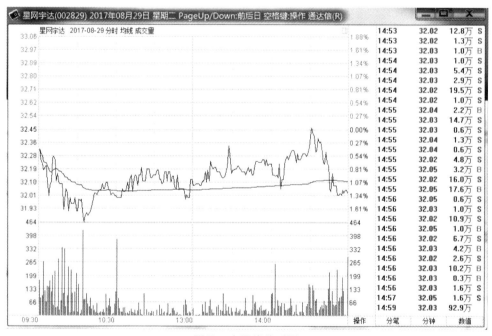

图示：小阴线分时图

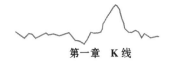
中阴线和中阳线

中阴线和中阳线的波动范围一般在 1.6%~3.5%，说明股价开始有了趋势，也就是股价有了运动方向。中阳线和中阴线一般都会有成交量配合，否则不会有如此波动。

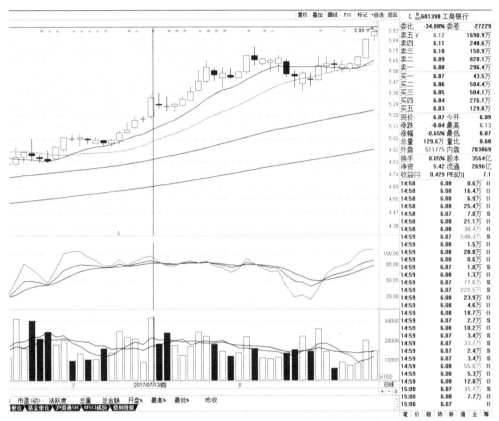

图示：工商银行（601398）2017 年以连续的大量中阳线持续上升趋势

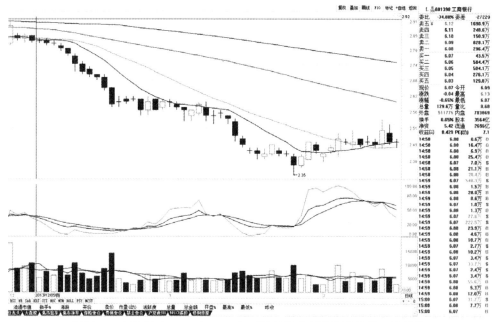

图示：工商银行（601398）2017 年以连续的大量中阴线持续下降趋势

图示：2017 年 7 月 25 日，工商银行（601398）中阳线分时走势

图示：2014 年 1 月 15 日，工商银行（601398）中阴线分时图

大阴线和大阳线

大阴线和大阳线的波动范围在 3.6% 以上。大阳线说明多头在当天占据绝对优势，大阴线说明空头在当天占据绝对优势。如果拉升大阳线并在当天封住涨停板，往往意味着主升浪的来临；如果放量暴跌大阴线甚至封死跌停，则空头的力量很强，股价往往在未来延续跌势。

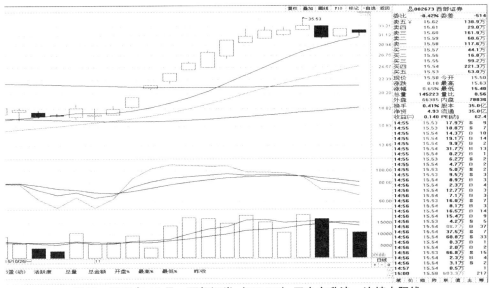

图示：2015 年 11 月，西部证券（002673）开启主升浪，连续大阳线

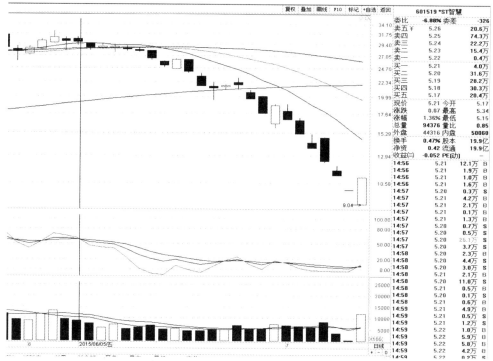

图示：2015 年 7 月股灾，*ST 智慧（601519）连续大阴线暴跌

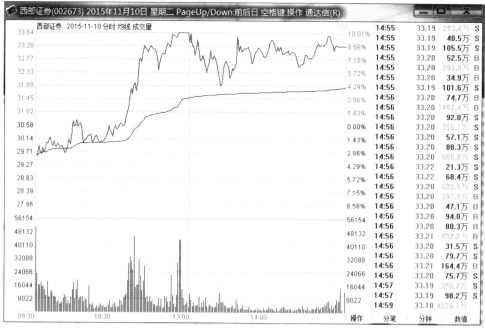

图示：2015 年 11 月 10 日，西部证券（002673）大阳线分时走势图一

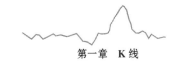

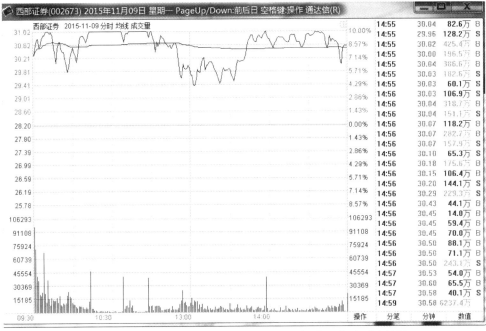

图示：2015年11月9日，西部证券（002673）大阳线分时走势图二

图示：2015年11月19日，西部证券（002673）大阳线分时走势图三

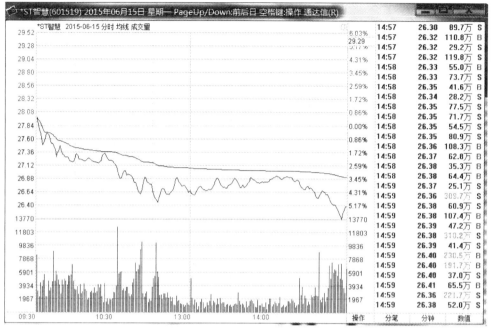

图示：2015 年 6 月 15 日，*ST 智慧（601519）大阴线分时走势图一

图示：2015 年 6 月 16 日，*ST 智慧（601519）大阴线分时走势图二

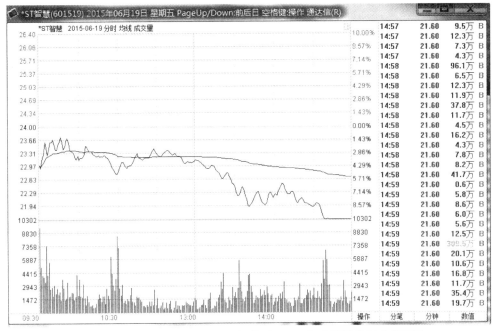

图示：2015 年 6 月 19 日，*ST 智慧（601519）大阴线分时走势图三

K 线图分类

图形	类别	信号含义	名称解释
	无下影线，上影线长	试盘	光脚阳线：股价下跌一段时间之后，向上试盘的主力要发动上攻的征兆
	无上影线，下影线长	多头启动	股价下跌一段时间后，股价预计会反弹，下影线越长，上攻动力越强劲
	上下影线短，实体长	趋势中继	中阳线：顺势操作
	无上下影线，实体长	多头攻击	光头光脚阳线 股价一路涨
	上影线长，下影线短	卖家略胜一筹，非常隐蔽的反转信号	上影线长于下影线，表明虽然买方进行了顽强的抵抗，但还是卖方占据优势
	上影线短，下影线长	股价上涨力度较强	下影线长于上影线，表明卖方无力抵抗，买方占据明显优势，顺着多头趋势操作
	上下影线长，实体短	博弈加剧的信号，行情容易一边倒	很多时候都是反转信号
	无下影线，上影线长	见顶下跌	空头信号
	无上影线，下影线长	下跌中继	股价下跌比较厉害，可能继续下跌

续表

图形	类别	信号含义	名称解释
	上下影线短，实体长	强烈的空头趋势	经常启动下跌趋势
	无上下影线，实体长	强烈的空头趋势	股价跌势强烈
	上影线长，下影线短	下跌杀无赦	顶杀线
	上影线短，下影线长	卖家略胜一筹，下跌中断	下跌中继线
	上下影线长，实体短	反转信号	上下影线越长，反转信号越强烈
	无下影线，上影线长	顶部多翻空；底部空翻多	强烈的反转信号
	无上影线，下影线长	强烈上涨	启动多头趋势
	上影线长，下影线短	顶部信号	顶部必杀
	上影线短，下影线长	底部信号	下影线越长表示买方旺盛，会逆转

注：空心白色实体为阳线，黑色实体为阴线。

大家经常说某只股票在高位或者低位，应该如何判断？笔者认为可以用前溯2个月或者3个月的涨幅或者跌幅来判断，如前溯3个月涨了100%，现在应该说处于绝对高位；涨了50%，可以说处于相对高位区域。如果前溯3个月跌了100%，现在应该说处于绝对低位；跌了50%，可以说处于底部区域。这就是高位、低位的量化定义，也是本书采信的依据。

单根 K 线分析

光头光脚阳线

光头光脚阳线表明多方已经牢固控制盘面，逐浪上攻，步步逼空，涨势强烈。无论光头光脚大阳线出现在任何位置，均表示当天的多头占据了完全的优势，空方当天彻底投降。

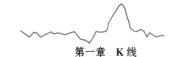

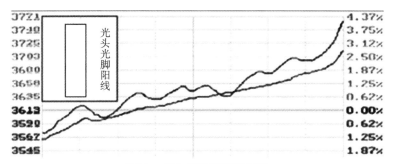

图示：光头光脚阳线定义图

图示：2015 年 6 月 1 日，广博股份（002103）光头光脚大阳线高位继续拉升开启上涨行情

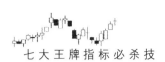

图示：2014 年 8 月 19 日，广博股份（002103）光头光脚大阳线横盘突破开启一轮 3 倍大行情

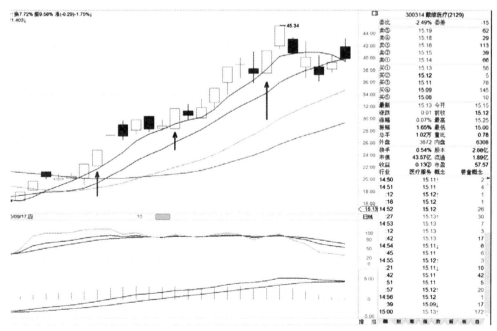

图示：戴维医疗（300314）2015 年 9 月和 10 月分别在启动初期、上升中途、上升尾段出现
三次光头光脚大阳线，之后都会延续上涨趋势

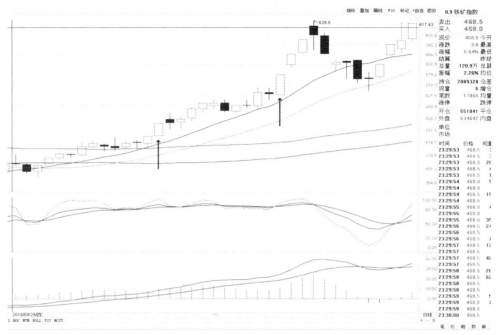

图示：铁矿指数 2016 年 10 月 25 日以一根光头光脚大阳线开启大幅升势，11 月 9 日以一根光头光脚大阳线开启更大主升浪

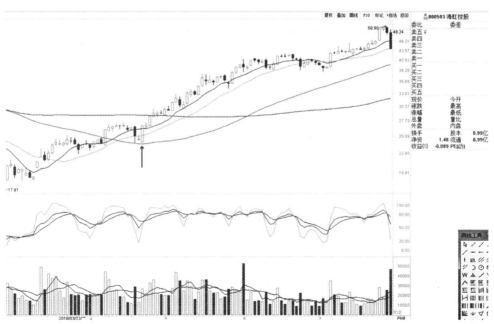

图示：2016 年 4 月 22 日，海虹控股（000503）以一根光头光脚大阳线，宣告一波翻倍行情的开始

光脚阳线

光脚阳线表示上升势头很强,在中低位置时表示多头的蓄势和发力试盘,是行情将要发动的征兆。

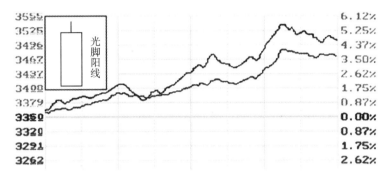

图示:光脚阳线定义图

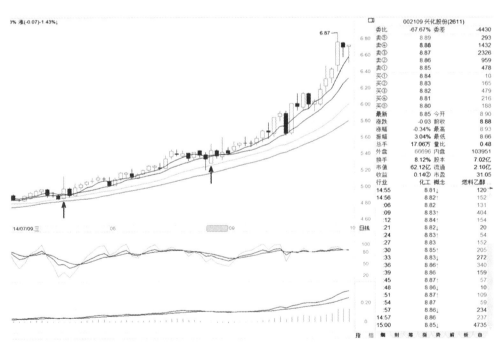

图示:2014 年 7 月 22 日,兴化股份(002109)以光脚阳线开启了多头趋势,8 月 27 日又以一根光脚阳线形成上升中继,延续良好的多头趋势

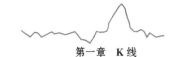

图示：在趋势开启的初期，万年青（000789）2010 年 12 月 13 日形成一根发力的光脚阳线，
形成上升中继，后续开启了一波大趋势行情

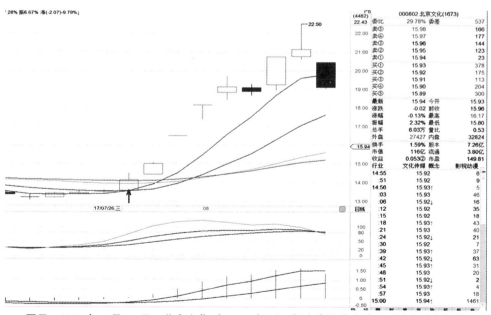

图示：2017 年 7 月 27 日，北京文化（000802）以一根光脚阳线启动了一波多头大行情

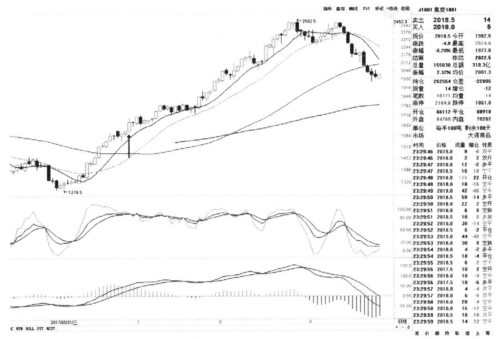

图示：2017 年 6 月 29 日，焦炭（J1801）主力合约形成光脚阳线多头上升中继，
后续跟着一大波多头行情

图示：2016 年 11 月 7 日，橡胶连续以一根光脚阳线走出多头主升浪

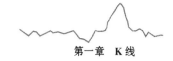

光头阳线

光头阳线如果出现在低价位区域，在分时走势图上表现为股价探底后逐浪走高且成交量同时放大，预示着一轮上升行情的开始。如果出现在上升行情途中，表明后市继续看好。

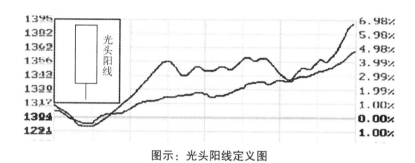

图示：光头阳线定义图

图示：**2016 年 4 月 11 日，郑棉指数经过长时间横盘整理，突然以一跟光头大阳线开启了连续的多头行情**

图示：2016 年 7 月 4 日、7 月 5 日，摩登大道（002656）连续两个交易日拉出放量光头阳线，开启一波多头行情

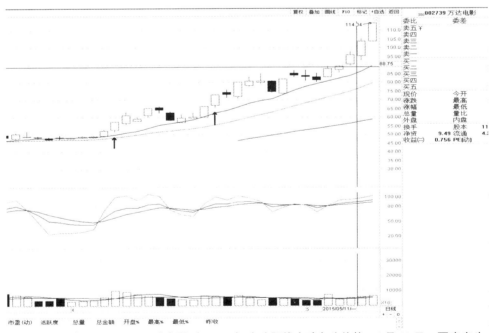

图示：2015 年 4 月 8 日，万达电影（002739）光头阳线启动多头趋势，4 月 23 日，再度光头阳线启动速度更快的多头行情

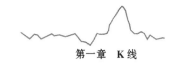

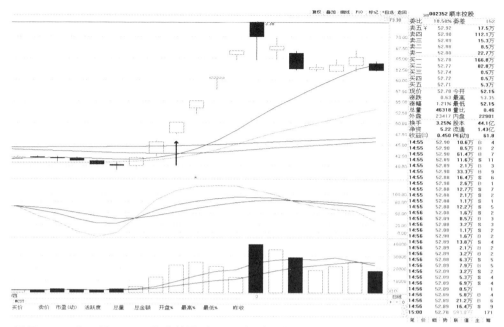

图示：2017年2月23日，顺丰控股（002352）站上多根均线后继续收出光头阳线，显示多头力量势不可挡，股价果然再度连续上涨

注意：光头阳线在底部区域时，带有长下影线，特称光头锤子阳线，是一种极为可靠、意愿极为强烈的上涨信号。这也是底部起涨最有力量的K线。

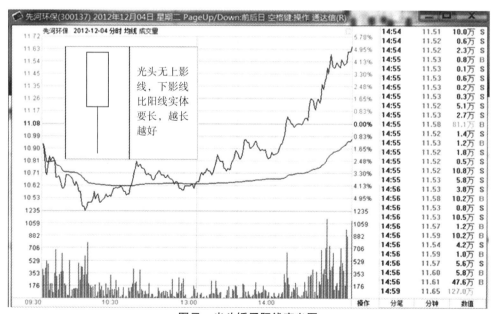

图示：光头锤子阳线定义图

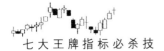
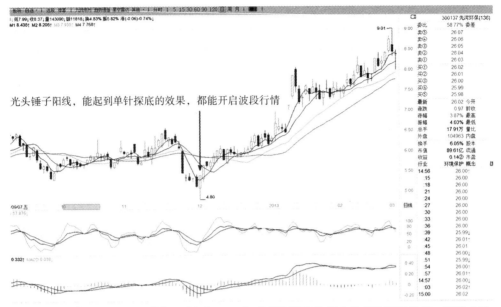

光头锤子阳线，能起到单针探底的效果，都能开启波段行情

图示：2012 年 12 月 4 日，先河环保（300137）收出阳线实体很大的光头锤子阳线，股价止跌回升，立即就走出一波大涨行情

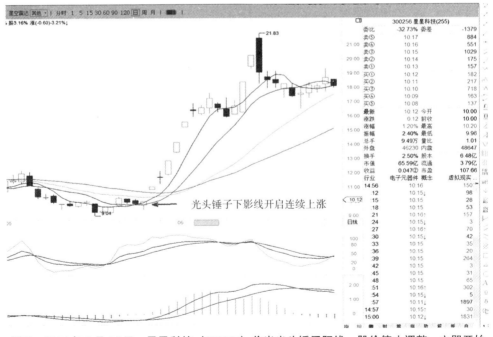

光头锤子下影线开启连续上涨

图示：2016 年 5 月 26 日，星星科技（300256）收出光头锤子阳线，股价停止调整，立即开始连续大阳线上涨

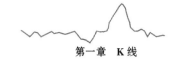

图示：2017 年 1 月 16 日，精锻科技（300258）收出下影线极长的光头锤子阳线，
股价顺势拉升，开启一波大涨行情

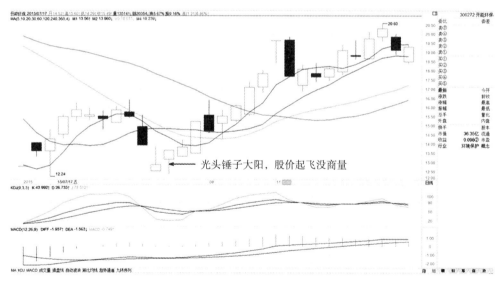

图示：2015 年 7 月 29 日，开能环保（300272）收出一根光头锤子阳线，股价立即走出
一波大涨行情

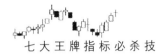

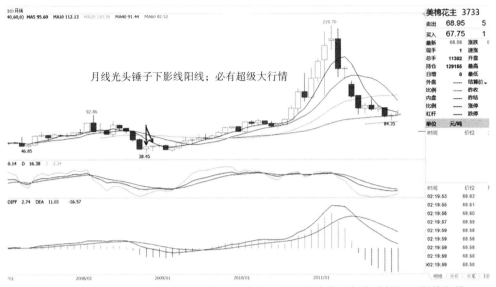

图示：2008 年 11 月 12 日，美国棉花主力合约月线连续收出两根光头锤子下影线阳线

　　本来一根月线光头锤子下影线阳线就足以止跌上涨并走出一波大涨行情了，现在来了两根月线的光头锤子下影线阳线，所以在国内盘的棉花无论怎么震荡洗盘，笔者就死活不出来，最终拿到 2010 年月线级别走出一波主升浪才走。这种月线级别的行情，必须要等到月线级别的主升浪走完才算结束。

　　上下影线相等长度的阳线

　　该种阳线分为三种：一是上影线和下影线等长，但是长度很短，阳线实体很大；二是上影线和下影线等长，长度又和阳线实体的长度基本相等；三是上影线和下影线等长，长度约为实体的两三倍，此时实体是阴是阳不再重要，这种 K 线又叫作标准的螺旋桨 K 线。

　　第一种：阳线实体上的上影线和下影线一样长，意味着股价在高价位遇到的压力与在低价位受到支持力度半斤八两。长度小于阳线实体，说明买盘的力量特别强，在这种情况下，阳线的实体越长，而上下影线越短，它的意义越基本上接近没有上影线和下影线的阳线，即光头光脚阳线，也即多头处于绝对优势的位置。

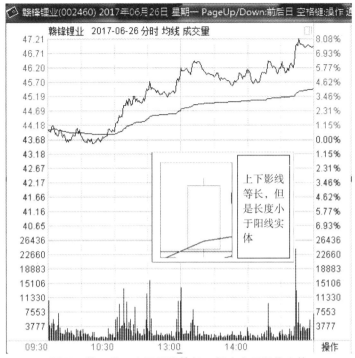

图示：第一种：上下影线等长，长度小于阳线实体

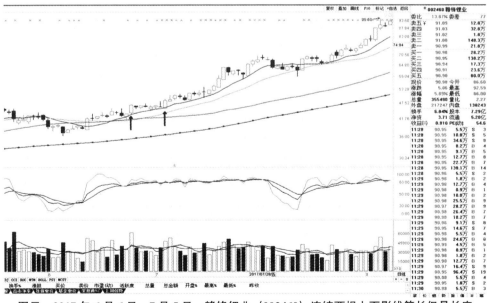

图示：**2017 年 6 月 6 日、7 月 5 日，赣锋锂业（002460）连续两根上下影线等长但是长度很小、阳线实体很大的阳线**

表明在上升趋势的初期，多头资金占据了绝对优势，果然后续延续上涨趋势，并逐渐加速上涨。

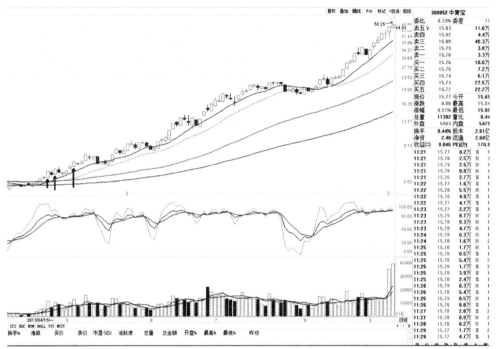

图示：2013 年 4 月 22 日，中青宝（300052）收出一根上影线和下影线极短且等长的阳线

显示多头处于绝对优势，很有可能开启一段上升趋势，4 月 24 日、5 月 6 日又接连收出上影线和下影线极短且等长的阳线，行情处于多头的连续控制中，后续果然走出持续性相当长的长期大多头趋势行情。

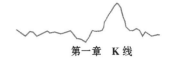

图示：2010 年 7 月 26 日，山东黄金（600547）收出上影线和下影线极短但是等长的阳线

显示多头牢牢占据着优势，后续极有可能延续上涨势头，2010 年 8 月 9 日再次收出上影线和下影线极短但是等长的阳线，多头始终牢牢控制着盘面，上升

图示：2016 年 8 月 1 日，焦煤指数收出上影线和下影线极短但是等长的阳线，基本上等同于光头光脚大阳线，处于良好的多头趋势中

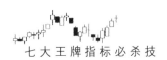

趋势开始加速；在主升浪中，2010年9月30日再次收出上影线和下影线极短但是等长的阳线，多方行情发出了最后的冲刺。

8月8日，再次收出上影线和下影线极短但是等长的阳线，进一步加强了多头的控盘局面，随后行情大幅度提速，走出一波波澜壮阔的多头大趋势行情。焦煤在2016年10月14日再次收出上影线和下影线极短但是等长的阳线，行情再次提速，进入了最疯狂、最凌厉的主升浪行情。

第二种：上影线和下影线等长，但是影线的长度跟实体的长度几乎相等，说明行情上下震荡加剧，多空处于极其激烈的搏杀之中，但是一般来说是多空搏杀之后多方胜利的征兆，之后短线将延续升势。这种K线本质上是一种搏杀激烈但是力量平衡的K线。如果出现在一段很大的涨幅的相对高位，出现多空搏杀并且力量平衡并不是一件好事，很简单，双方力量已经平衡了，不再是多头处于优势，因为以前上涨的时候多头是处于优势的。

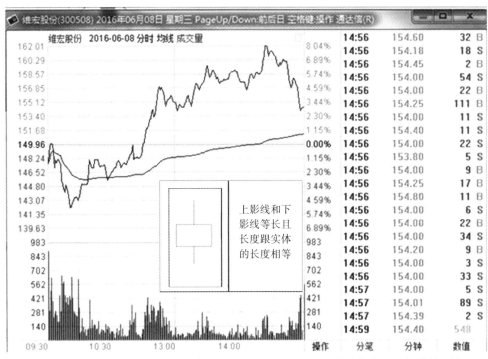

图示：第二种：上影线和下影线等长，但是影线的长度跟实体的长度几乎相等的阳线

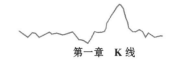

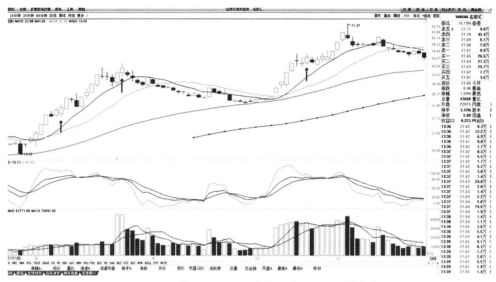

图示：**2016 年 8 月 8 日，名家汇（300506）的走势**

这可以很好地诠释这种 K 线的意义，8 月 8 日名家汇收出了上影线和下影线等长，但是影线的长度跟实体的长度几乎相等的阳线，这根 K 线是一次上升中继，说明多空激烈搏杀之后多方胜利；2016 年 8 月 24 日股价在高位再次收出上影线和下影线等长，但是影线的长度跟实体的长度几乎相等的阳线，但是这次多空激烈搏杀多方失败，空方胜利，股价陷入调整。2016 年 10 月 24 日名家汇股价再度起飞以后不久又收出了上影线和下影线等长，但是影线的长度跟实体的长度几乎相等的阳线，这再次成为上升中继，股价随后进入主升浪。这说明"上影线和下影线等长，但是影线的长度跟实体的长度几乎相等的阳线"最主要的含义是多空搏杀激烈，力量在当天达到均衡，在上升趋势的初期和中期一般都是多方胜利，但是在高位多空搏杀一旦激烈，也说明资金出现了分歧，股价可能陷入调整。

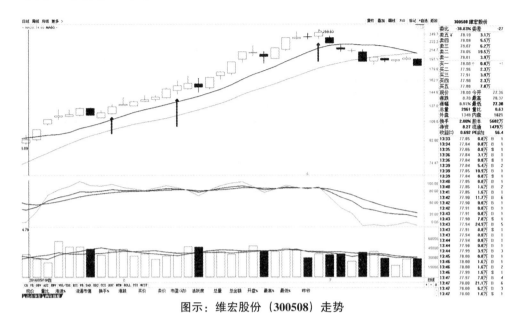

图示：维宏股份（300508）走势

在多头趋势的初期和中期，2016 年 5 月 31 日和 2016 年 6 月 8 日，维宏股份都收出了上影线和下影线等长，但是影线的长度跟实体的长度几乎相等的阳线，这两次都延续了良好的多头趋势，但是股价经过长期连续大幅的上涨，到了

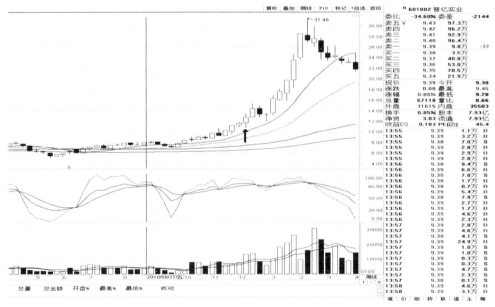

图示：2010 年 12 月 10 日，晋亿实业（601002）周线收出了上影线和下影线等长，但是影线的
长度跟实体的长度几乎相等的阳线

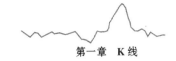

高位，2016年6月29日，股价已经涨了接近2.5倍；此时再次收出上影线和下影线等长，但是影线的长度跟实体的长度几乎相等的阳线，多空继续激烈搏杀，此次空方胜利，股价陷入调整。

在上升趋势的初期，基本上都是多方控制盘面，显示多头趋势稳固，上升趋势良好，后续果然继续大幅上涨，走出一波极好的主升浪行情。

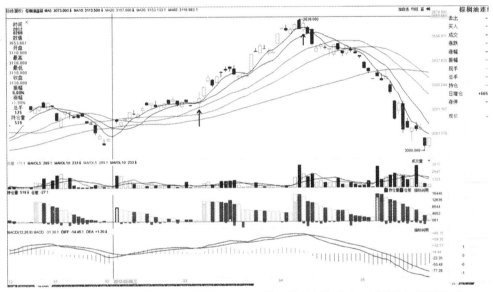

图示：**2012年3月7日，棕榈油连续在多头趋势开启的初期收出上影线和下影线等长，但是影线的长度跟实体的长度几乎相等的阳线**

随后良好的多头上升趋势持续发展，经过一个月的连续上涨，积累了一定涨幅以后，棕榈油连续2012年4月10日再次收出上影线和下影线等长，但是影线的长度跟实体的长度几乎相等的阳线，显示多空交战激烈，最终涨势结束陷入调整。

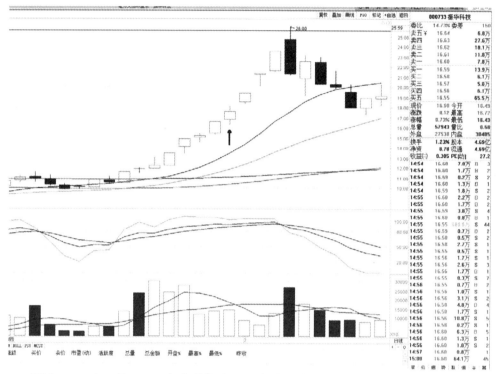

图示：2000年1月28日，振华科技（000733）在上涨途中收出上影线和下影线等长，但是影线的长度跟实体的长度几乎相等的阳线，形成上涨中继，后续继续大幅拉升

第三种：上影线和下影线相等但是很长且比阳线实体长2倍以上。这是典型的买卖双方拉锯战的结果。开始后买卖双方以开盘价作为攻防的基点，向对方阵地发动攻势，双方实力相当，各有胜败。一般来说，开盘后，买方往上强攻，但卖方施压，待股价被打压到一定价位，又遇到买方的顽抗，因此，股价又被推上来。结果收盘时的价位，正好也在开盘价附近。正因为收盘价与开盘价很接近。多空处于极其激烈的搏杀之后，往往意味着多空最后的总决战，然后行情将会朝某方一边倒。

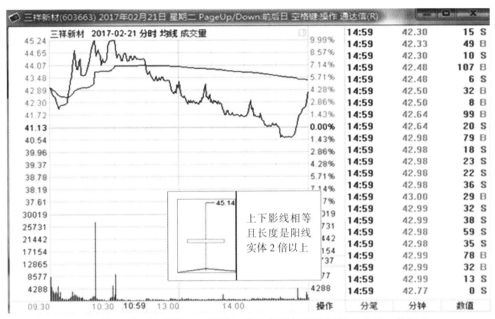

图示：第三种：上影线和下影线相等但是很长且比阳线实体长2倍以上

这种K线又叫标准的螺旋桨K线，因为酷似飞机的螺旋桨，为什么一定要强调"标准的"螺旋桨K线呢？因为上下影线是等长的，如果不是等长的，就不是标准的螺旋桨K线。飞机的螺旋桨一边短一边长力量不平衡是无法起飞的。这种K线最重要的信号就是转势，在底部区域空翻多，在顶部区域多翻空，有着极强烈的方向转势的含义；需要特别注意的是，这种K线是可以不区分阴线和阳线实体的，也即只要收出"上影线和下影线相等且很长，比实体长两三倍"的K线，不管其实体是阴线还是阳线，其信号含义是相同的。

螺旋桨图型		技术含义
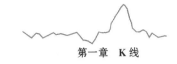	形状酷似飞机的"螺旋桨"	在涨势中出现，后市看跌；在下跌途中出现，继续看跌，在连续加速下跌行情中出现后，有见底回升意义
主要特征		提示
既可出现在涨势中，也可出现在跌势中。开盘价、收盘价相近，K线实体（可阴可阳）很小，但最高与最低价拉得很开，因此上、下影线都很长		转势信号比长十字线更强

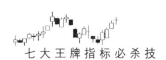
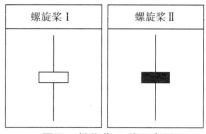

图示：螺旋桨 K 线示意图

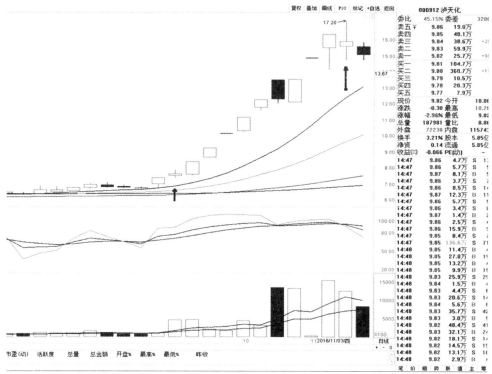

图示：2016 年 9 月 27 日，泸天化（000912）在多头趋势初期收出一根小型螺旋桨

　　上影线和下影线相等长度但是很长，比阳线实体长两三倍，股价顺势起飞；短时间内涨幅高达 1 倍，2016 年 11 月 7 日该股再次收出上影线和下影线相等长度但是很长，比阳线实体长两三倍的标准型大螺旋桨 K 线，反转信号十分强烈，应了那句俗话："顶部螺旋桨，高空隆隆响。随风飘落去，落地把你绑。"后续股价果然见顶回落。

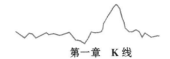

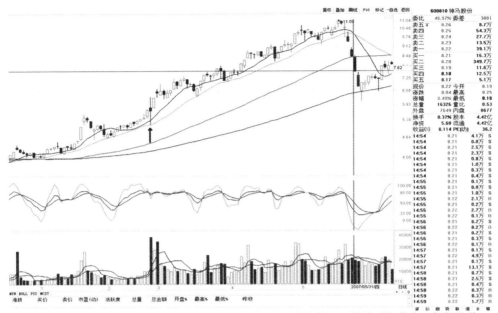

图示：2007 年 2 月 27 日，神马股份（600810）在上涨趋势刚开始的时候收出一根螺旋桨
K 线，上下影线等长，长度是实体的两三倍

根据这种 K 线的定义，实体是阴线还是阳线是无所谓的，因此后续加速起飞，形成连续的上升行情。

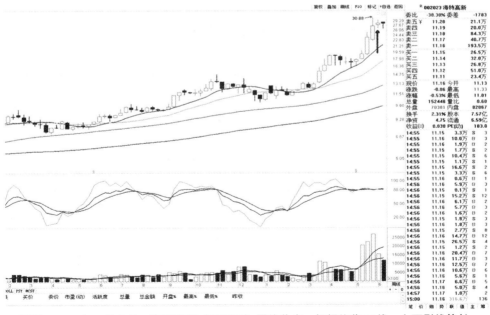

图示：2015 年 6 月 7 日，海特高新（002023）周线收出一根螺旋桨 K 线，上下影线等长，
长度是实体的两三倍

根据这种 K 线的定义，实体是阴线还是阳线无所谓，因此虽然 K 线实体是阳线，但是该股已经累积了 3 倍涨幅，可以说处于绝对的高位。出现转势信号应该万分小心，至少应该减仓；另外由于是周线，周线是 5 个交易日合并计算，那么收出如此标准的螺旋桨 K 线更不易，更加大了信号的强烈转势意愿。笔者就是依据这个卖出的。

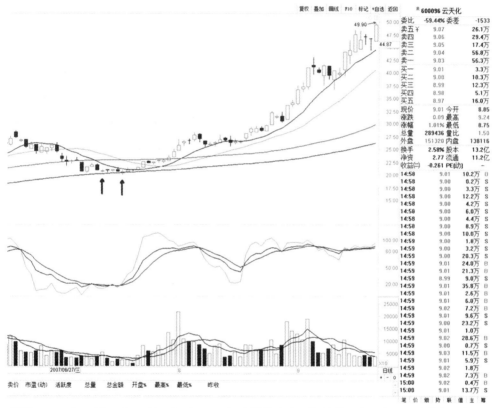

图示：2007 年 7 月 17 日，云天化（600096）连续收出小型螺旋桨，也即上下影线等长，长度是实体的两三倍的 K 线，显示股价回踩站稳即将起飞，果然后面股价连续大爆发

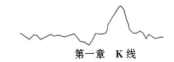

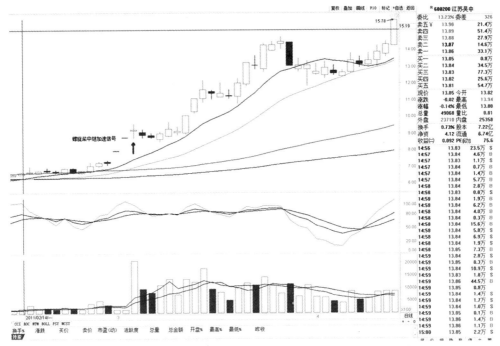

图示：2011 年 3 月 3 日，江苏吴中（600200）螺旋桨中继加速信号

　　笔者讲过，螺旋桨 K 线特别是标准螺旋桨 K 线（上下影线等长，长度是实体的两三倍的 K 线），有两种信号含义：一是强烈的转势，行情要反转；二是中继加速，中继加速几乎都是出现在行情刚刚启动后不久的时候，而不会出现在后期。

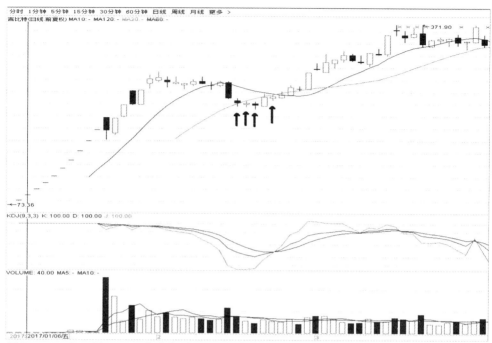

图示：2017 年 2 月 17 日，吉比特（603444）出现连续的小型标准螺旋桨 K 线，之后股价顺势起飞，走了一个波段行情

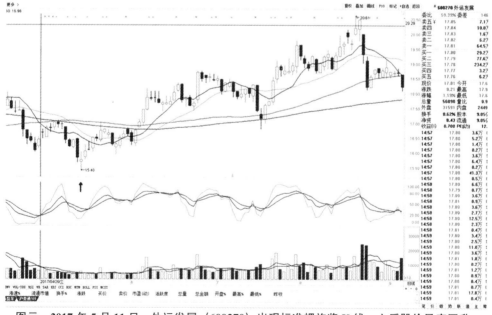

图示：2017 年 5 月 11 日，外运发展（600270）出现标准螺旋桨 K 线，之后股价见底回升，连续上涨

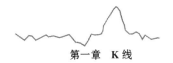
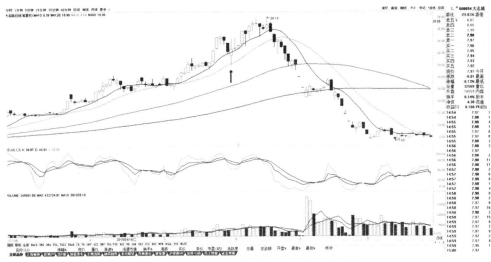

图示：2015 年 5 月 29 日，大名城（600094）出现了特别标准的螺旋桨 K 线

当时股价已经在半年之内涨了 3 倍左右，笔者的收益也很不错了，达到 100%，当时是走是留左右摇摆，第二天、第三天笔者仔细研究了这根标准的螺旋桨 K 线，认为这只股票的高点就在附近，卖掉了 90%的筹码，随后股价很快基本跌回原点。

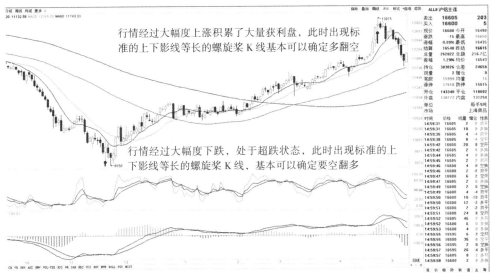

行情经过大幅度上涨积累了大量获利盘，此时出现标准的上下影线等长的螺旋桨 K 线基本可以确定多翻空

行情经过大幅度下跌，处于超跌状态，此时出现标准的上下影线等长的螺旋桨 K 线，基本可以确定要空翻多

图示：2015 年 11 月 20 日，沪铝主连行情经过大幅度下跌，处于超跌状态，此时出现标准的上下影线等长的螺旋桨 K 线，基本可以确定要空翻多

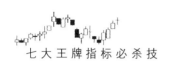

2016年4月25日，沪铝主连行情经过大幅度上涨积累了大量获利盘，此时出现标准的上下影线等长的螺旋桨K线，基本可以确定多翻空。在这里标准的螺旋桨K线（上下影线一定是等长的）起到了重要的预判作用。

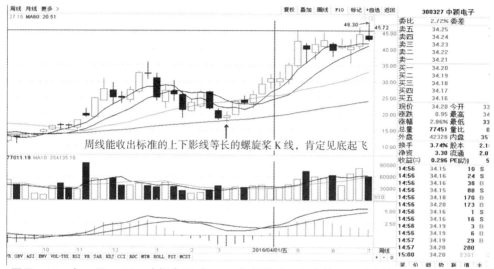

图示：2016年3月11日，中颖电子（300327）周线出现标准的上下影线等长的螺旋桨K线，基本可以确定要空翻多，后续果然股价起飞顺畅，涨幅巨大

上影线长下影线短的阳线

这种K线的信号意义就是"转折点"。这种形态是开盘后，买方实力强劲，股价一路往上攀升，上涨到高价位时，卖方施压，痛击回退，但收盘价仍比开盘价高，留下比实体长两三倍的上影线，而下影线却很短甚至没有。这种形态说明当天出现强烈上涨后，又猛烈滑落的过程。整天买卖双方交战的结果，是卖方占了优势，买方受到挫折。它的含义就是股价在低档受到的支撑要小于它在高价位遇到的阻力。上影线越长，意味着股价在上档遇到的压力就越强大；下影线越短，下档的支撑就越弱，而上影线必须要比实体长两三倍才有重大的意义。如果上影线只是比下影线长一点点则说明多空差别不大，可以等同或者相似于上下影线等长的K线。

此种阳线分为三种：第一种是上影线比下影线长，同时上影线比阳线的实体更长一些，上影线要比阳线实体长两倍以上才能叫更长一些。这样的K线转折意义非常强烈，如果出现在股价底部区域，往往是庄家试盘的信号，或者多方发出试探性攻击的信号；如果出现在顶部，则是多方衰竭的信号，后市会调整或者大幅下跌。

图示：第一种：上影线比下影线长且比阳线实体更长

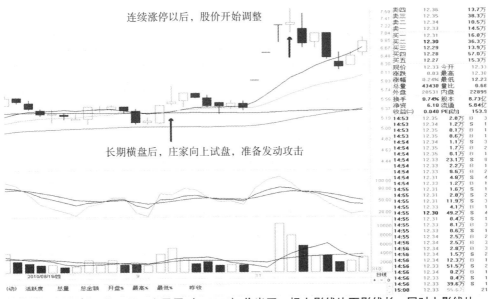

图示：2010 年 9 月 6 日，立思辰（300010）收出了一根上影线比下影线长，同时上影线比阳线的实体更长一些的阳线

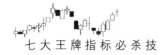
这是庄家在试盘，股价在长期横盘后发出了向上攻击的信号，随后股价短暂洗盘调整以后停牌，复牌连续拉升三个涨停板，又收出了一根上影线比下影线长，同时上影线比阳线的实体更长一些的阳线，当时笔者判断这是一个利用题材的短庄，目标价不会太高，就出来了，后续股价果然连续高位横盘后调整。

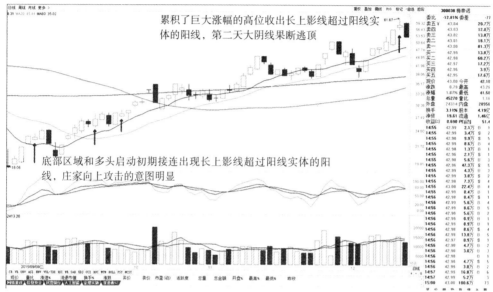

图示：**2015 年 9 月 10 日，梅泰诺（300038）在底部区域和多头趋势刚刚启动的时候接连收出三根上影线比下影线长，同时上影线比阳线的实体更长一些的阳线**

庄家试盘向上攻击的信号明显。2015 年 12 月 10 日，梅泰诺已经涨了接近 4 倍，此时收出了一根上影线比下影线长，同时上影线比阳线的实体更长一些的阳线，笔者观察了一天后果断于第二天的大阴线胜利获利出局。

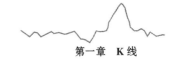

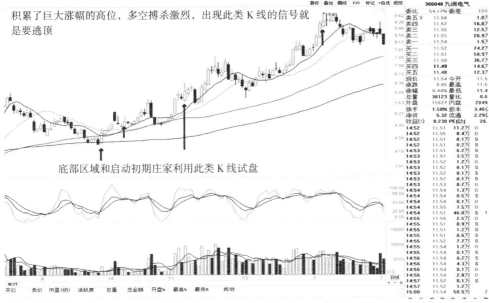

积累了巨大涨幅的高位，多空博杀激烈，出现此类 K 线的信号就是要逃顶

底部区域和启动初期庄家利用此类 K 线试盘

图示：2012 年 9 月 27 日，九洲电气（300040）在横盘时候和多头初步启动的时候连续三根上影线比下影线长，同时上影线比阳线的实体更长一些的阳线

庄家向上攻击的信号明显，应该空翻多。而经过大幅度拉升上涨之后的 2013 年 1 月 9 日，再出现同样的 K 线，毫无疑问这仍然是转势信号，应该多翻空。

图示：2017 年 6 月 23 日，沪铜（cu1801）合约收出一根上影线比下影线长，同时上影线比阳线的实体更长一些的阳线，发出明确的向上试盘的信号。随后走出一波上涨行情

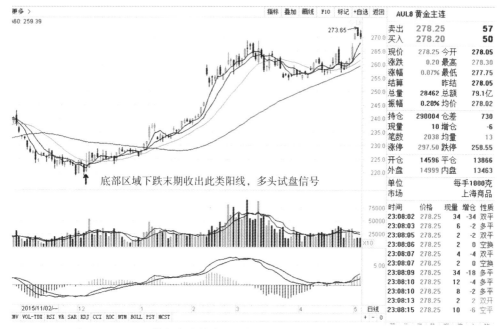

底部区域下跌末期收出此类阳线，多头试盘信号

图示：2015 年 12 月 4 日，黄金主连收出了一根上影线比下影线长，同时上影线比阳线的实体更长一些的阳线，当时处于底部区域，主力多头试盘信号明显，随后一波汹涌澎湃的多头行情展开

第二种是上影线比下影线长，同时上影线没有阳线的实体长。这种形态是低价开盘后，股价稍微下跌，出现短小的下影线，然后涌现买盘，股价扶摇直上，形成一根长的实体，而股市收盘价略低于最高价，同时形成了上影线。这种阳 K 线表现的是买方在上升的过程中虽然遭受一定挫折，但是阳线实体较长买方势力很强，同时下影线很短，表示下档的承接力仍然很强，买方仍占市场的主导地位，股价没有以最高价收盘，有一定的冲高回落，以低于最高价的次高价收盘，说明短线涨得太猛，有轻微的获利回吐。

这种 K 线不是转折信号，反转意义不强烈。只是说明当天多头占有很大优势，绝大多数这种 K 线都出现在上升趋势的途中，表明行情继续看涨。

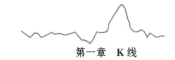

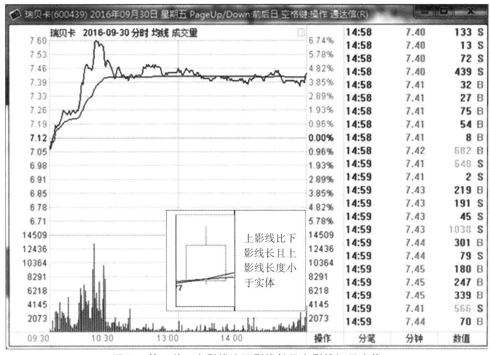

图示：第二种：上影线比下影线长且上影线短于实体

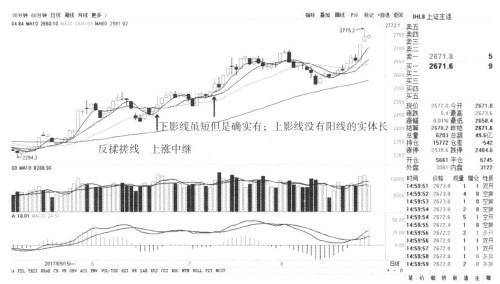

图示：2017年5~9月，中金所的上证主连走出一轮完美的多头趋势行情

主力合约从2200点涨到2800点，对于资金容量大、绝对数值不高的上证期货来说，是一波很大的行情。上证期货以上证50指数为现货标的，行情是跟踪

蓝筹股的。上证 50 主力合约 2017 年 7 月 11 日收出一根上影线比下影线长但是没有阳线实体长的阳线，多头处于优势，预示后市继续看涨，后市果然继续大幅上涨。

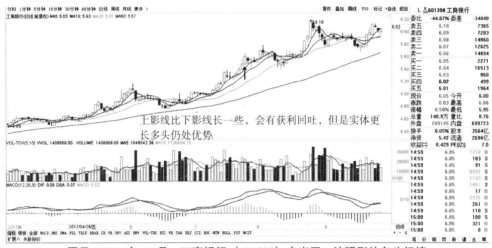

图示：**2016 年 12 月，工商银行（601398）走出了一波强烈的多头行情**

截至 2017 年 10 月 1 日，股价从 4 元涨到 6.18 元，涨幅高达 50%，这对于流通盘高达 2900 多亿元，接近 3000 亿元的流通盘的大股票来说，实为不易。2017 年 7 月 26 日，工商银行收出一根上影线比下影线长的阳线，同时上影线没有阳线的实体长，这种 K 线不是转折信号，没有反转意义，说明当天多头占有很大优势，绝大多数这种 K 线都出现在上升趋势的途中，表明行情继续看涨。后市多头牢牢占据盘面优势，走出多头趋势行情。笔者在 2014 年出版的《期货投资策略——期货大作手如是说》中，就曾经预判 2017 年工商银行这只标志性的银行股将会连续上涨，创出新高，随后在 2015 年出版的《股票投资要义》、2016 年出版的《股票操盘宝典》中，再次提出 2017 年银行股将会有大行情，同时在笔者的微博"胡斐—戊午"多次提示这一书上的预盘，2016 年下半年很多读者和粉丝买进了工商银行、招商银行股票，2017 年获利丰厚。

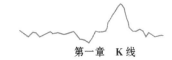

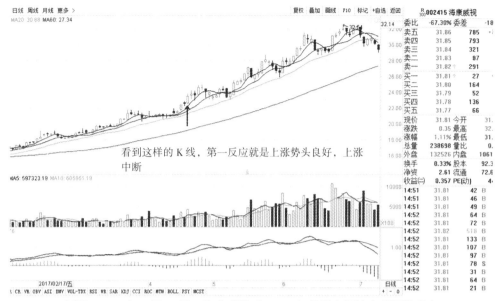

图示：2017 年 4 月 20 日，海康威视（002415）处于良好的上升通道当中

该股当日收出一根上影线比下影线长但是没有阳线实体长的阳线，多头处于优势，预示着后续还会有持续的上升趋势，果然又连续上涨了几个月。

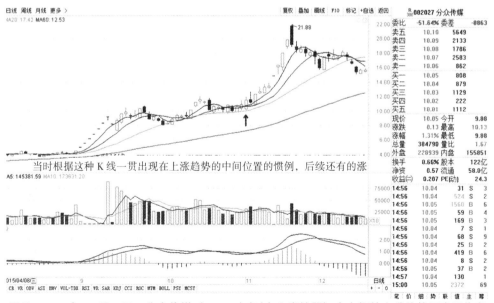

图示：2015 年 11 月 2 日，分众传媒（002027）（时名七喜控股）在良好的上升趋势里当日收出一根上影线比下影线长但是没有阳线实体长的阳线

此时预示着这是一个良好的上升趋势，后续还有较大升幅，后续该股果然大涨。这只股票后来改名分众传媒，每一只股票的上涨都有其自身的理由和原因，但是所有的原因都可以归结为资金推动力的直接因素，所有的资金买卖行为又在K线上留下了最直接、最原始、最现实的证据，所以当大家看到一根K线的第一反应时，也是极其灵敏的。

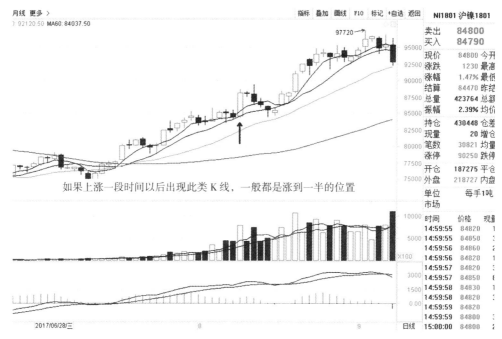

图示：**2017 年 8 月 9 日，泸镍（NI1801）在已经涨了一段时间后当日收出一根上影线比下影线长但是没有阳线实体长的阳线**

根据这根K线的含义和预示作用，笔者知道才涨了一半，后续还有一半涨幅！

第三种是上影线比下影线长且上影线跟实体等长或者略长于阳线实体，但是长度达不到阳线实体的 2 倍。上影线与阳线实体等长甚至略长，说明多空的激战还是很激烈的，当天虽然收出了阳线，但是空方的初现杀机，多方并未掌控局面。这种K线出现在上涨趋势的初期和中期，只能说明多头的动能并不是很强或者庄家实力不是很强；如果出现在累积了巨大涨幅的位置，很可能是变盘的先导信号，预示着后期空头将会占据优势。这种K线叫"杀机四伏线"。

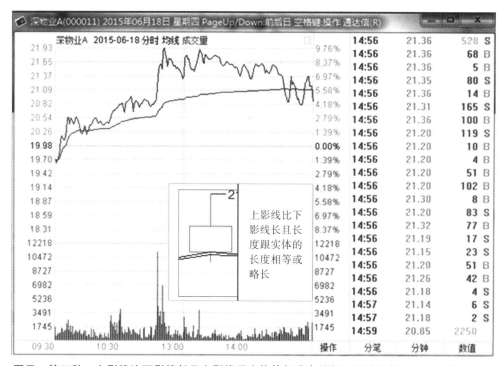

图示：第三种：上影线比下影线长且上影线跟实体等长或者略长于阳线实体，但是长度达不到阳线实体的 2 倍

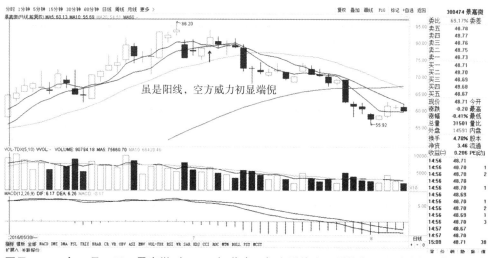

图示：2016 年 7 月 5 日，景嘉微（300474）收出一根上影线比下影线长且上影线与实体阳线等长或者略长的阳线

如果不是身经百战，很容易被迷惑，以为多头仍然掌控局面，但是事实是空

方已经暗自发力，随时可能翻盘，其后股价果然一蹶不振。

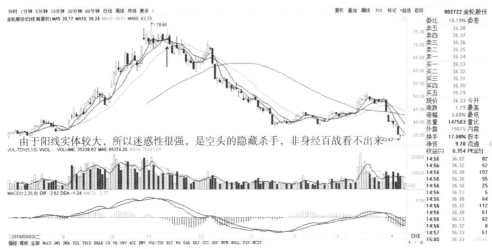

图示：2016 年 11 月 14 日，金轮股份（002722）收出一根上影线比下影线长且上影线与实体阳线等长或者略长的阳线

根据该种 K 线的信号含义，这将会预示着空头在暗自调兵遣将，需要随时准备多翻空，后续股价果然连续大跌。

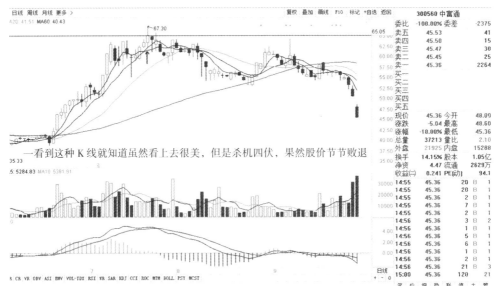

图示：2017 年 7 月 21 日，中富通（300560）收出一根上影线比下影线长且上影线与实体阳线等长或者略长的阳线

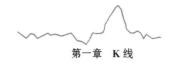

　　此时表明多空在激烈对决，虽然是阳线实体但是上影线略为大于实体阳线，空头来势汹汹，不可小觑；后续股价果然大跌。

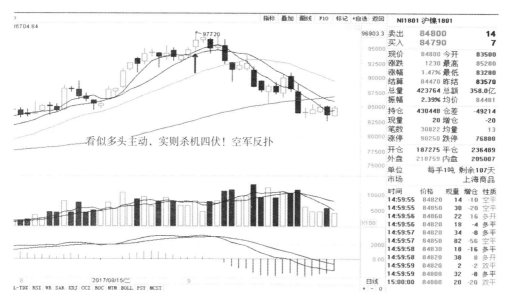

图示：2017 年 9 月 4 日，沪镍（NI1801）主力合约经过连续大涨后收出上影线比下影线长且上影线与实体阳线等长或者略长的阳线

　　此时表明多空在高位激战，空头实力强大，需要注意多翻空，后续果然空头发威，价格大跌。

上影线短下影线长的阳线

　　下影线越长，意味着下档的支撑越强劲。上影线越短，上档的阻力就越小。下影线长于上影线，说明分时图先跌后涨，最终买盘拉升，多头占据绝对优势。

　　此种阳线分为三种：第一种是下影线比上影线长，而且比阳线实体长；长度一般至少 2 倍于阳线实体。这种形态是怎样形成的呢？这是由于开盘后卖方涌现，猛烈出击，导致股价滑落，但是在低价位时受到买方顽抗，把股价推上去了。可能是经过前几日几个回合的交战，先见买方出击，后见卖方施压，大量抛售，然后买方又全力推高股价，最终把实体推挤成短小的阳实体，形成低开高走的局面收盘。从股价起伏波动的情况来看，买方占据了绝对优势，奋起反击将卖方力量击退并收出阳线。但是也从反面或者侧面说明卖方力量是很强大的。这种 K 线是一种转折信号，在低位的时间是转折向上的信号，在高位的时间是转折向下的信号。有人会问为什么买方力量这么强怎么还会是转势向下的信号呢？这

是提问者对市场本质不了解，因为凡是激战的 K 线，力量也许是平衡的，但说明市场分歧是巨大的，多空也要动态地去看。当日来说是多头胜利了，但是在累积了 50% 以上涨幅的位置，多头还需要奋起反击才能击溃空头，难道不说明了空头力量也很强，多空力量对比正在发生微妙的变化吗？

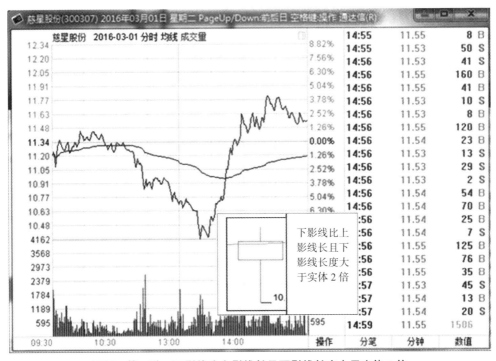

图示：第一种：下影线比上影线长且下影线长度大于实体 2 倍

这种 K 线有时也被称为螺旋桨 K 线但并不是"上下影线等长的标准螺旋桨 K 线"。这种 K 线很像汉字"中"，笔者一般叫它红中线或者中字线。这种 K 线的信号含义就是底部转折信号，底位时空翻多，高位时不一定是见顶的信号，也可以是预示着震荡加剧，多空从趋势的一致性到震荡的分歧开始加大。

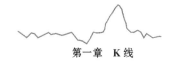

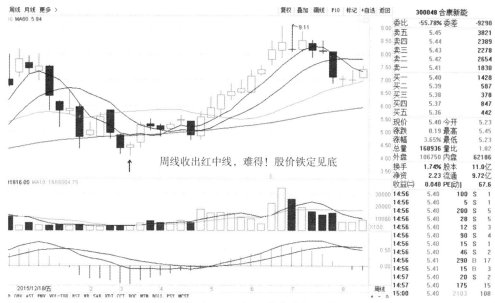

图示：2016 年 3 月 11 日，合康新能（300048）周线收出标准的红中线，股价经过大幅下跌后空方力量宣泄完毕，剩下的都是多头表演的时刻

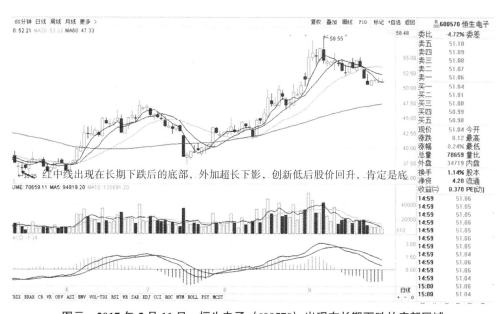

图示：2017 年 5 月 11 日，恒生电子（600570）出现在长期下跌的底部区域

由于截图的原因并没有把左侧的大幅大跌的 K 线图截出来，大家可以自己去翻看；后续出现两大波大多头行情。

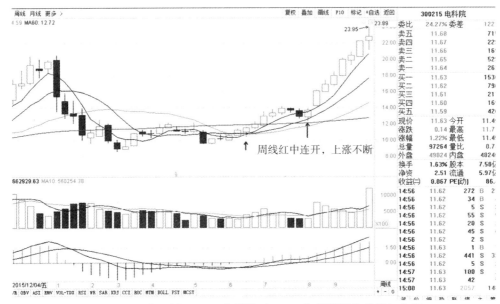

图示：**2016 年 6 月 17 日，电科院（300215）周线接连收出红中线**

此时预示着将有一波较大的主升浪行情，后续上涨数周，周线七连阳，股价翻倍。

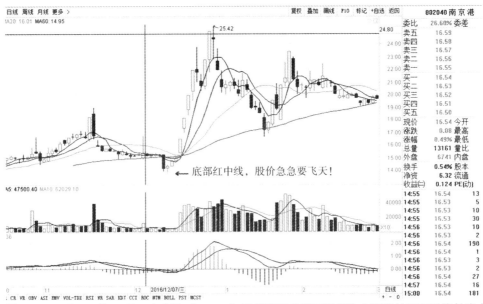

图示：**2016 年 12 月 13 日，南京港（002040）日线当日收出下影线比上影线长且下影线长度大于实体 2 倍的红中线**

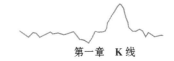

这种K线的性格比较急躁，不光是见底回升而以，而且显示多头进攻的力度和猛烈程度都极为强烈，时间也会很快，果然后续连续大阳线，股价两周涨幅达到90%。

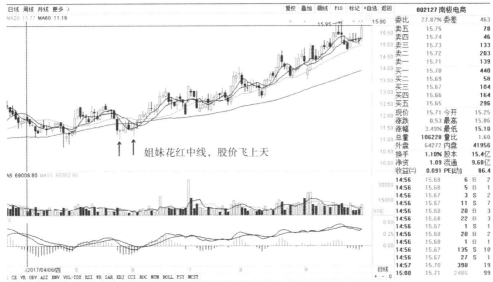

图示：2017年5月24日、6月2日，仅仅相隔四个交易日，南极电商（002127）连续收出红中线，股价起飞在即，果然股价一直沿着上升通道爬升

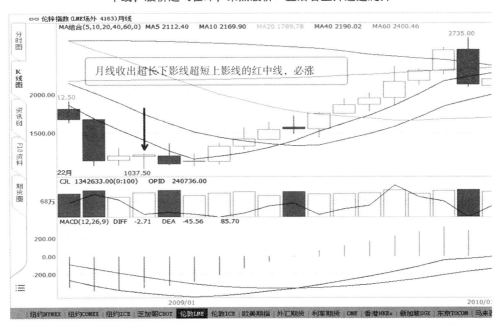

图示：2008年12月31日，伦锌指数月线收出一根红中线，月线收出红中线，非常可靠，后续必然转跌为涨，由于是月线，不但要涨，还将会大涨，笔者就是那时空翻多的

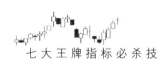

第二种是下影线比上影线长，但是下影线没有阳线实体长。这种 K 线虽然有下影线，但是阳线实体也很大，说明多空的激战并不激烈，多方牢牢掌控着主动权。这是一个中继信号，预示着后市看涨。

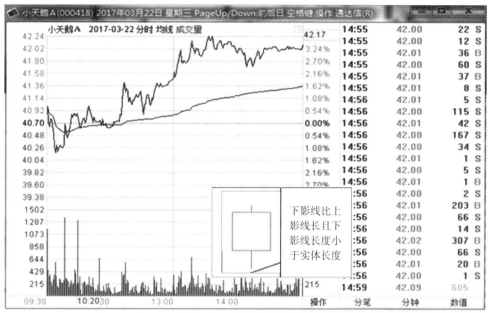

图示：第二种：下影线比上影线长且下影线长度小于实体长度

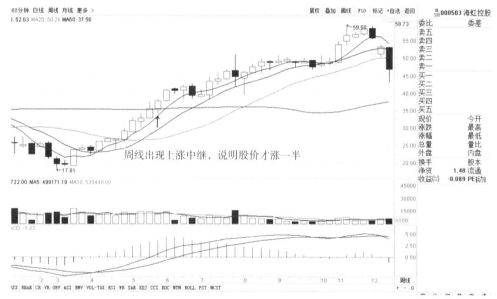

图示：2016 年 5 月 27 日，海虹控股（000503）周线收出这个典型的下影线和实体等长的典型中继形态

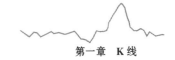

笔者当时一直在操作海虹控股，不知道会涨到哪里去，心里没有目标，当看到周线收出这样的 K 线之后，就明白了以后还有一大段涨幅。

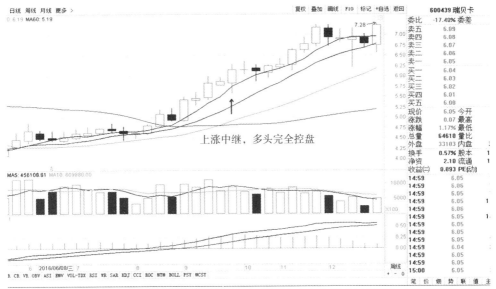

图示：2016 年 9 月 30 日，瑞贝卡（600439）周线收出这个典型的下影线和实体等长的典型中继形态

表明后市看涨，后市调整以后再起了一波行情。瑞贝卡也是 2016 年笔者的主打股票，很多老粉丝都知道。

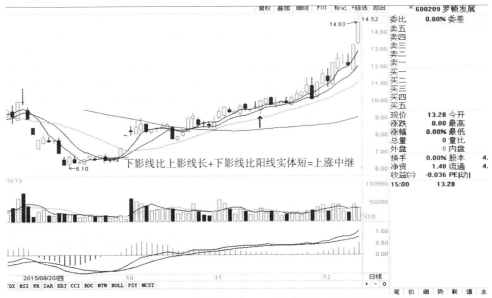

图示：2015 年 11 月 13 日，罗顿发展（600209）处于一个多头排列的上升通道中

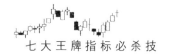

该股当日收出一根下影线比上影线长且下影线长度小于实体长度的阳线，在良好的上升趋势初期收出上涨中继形态，这是继续上涨的信号，应该继续看涨，罗顿发展后续果然走出一大波上涨行情，短时间内连续大涨60%。

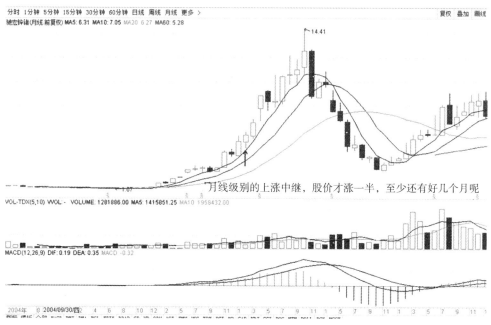

图示：驰宏锌锗（600497）是2007年大牛市笔者一直锁仓，主要操作的股票之一

笔者2005年就开始操作驰宏锌锗，一直到2007年2月底，月线上已经涨了很多，价格也翻了好多倍；当时谁心里也没底，考虑到上证指数不到3000点，而2007年2月28日驰宏锌锗的月线又收出了典型的上涨中继K线，笔者认为后面还有行情做，也许没有前面的大，但是还是值得操作的。果然后续股价继续大幅大涨。

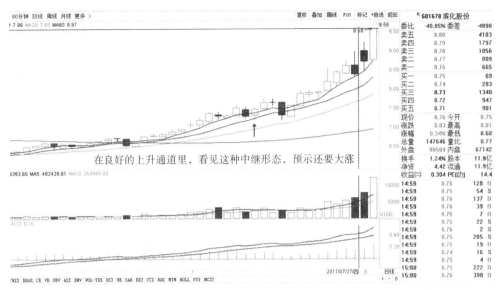

图示：2017 年 7 月 12 日，滨化股份（601678）处于良好的上升趋势中

该股日线收出一根下影线比上影线长且下影线长度小于实体长度的阳线，这种 K 线的上涨中继意味极其强烈，因此保持耐心持仓才能获得最大收益。

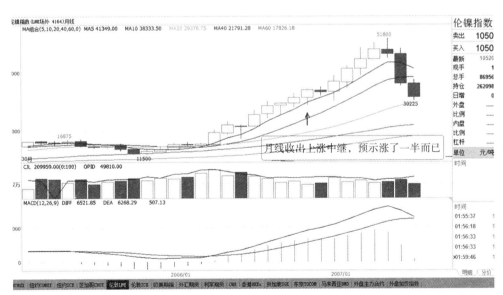

图示：2006 年 11 月，伦镍指数月线收出强烈的上涨中继信号 K 线，说明这波大多头趋势行情还没走完，还在继续

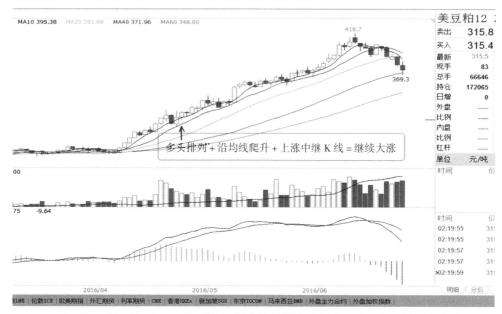

图示：2016 年 4 月 26 日，美豆粕 12 号合约日线收出上涨中继 K 线预示后市大涨

不过国内的豆粕 K 线波动比较大，阴线阳线交错，给人捉摸不定的感觉，如果不参考美豆粕良好的趋势性 K 线，很可能会错过一大段做多的行情。下图为对应的当时大连豆粕主连的 K 线图。

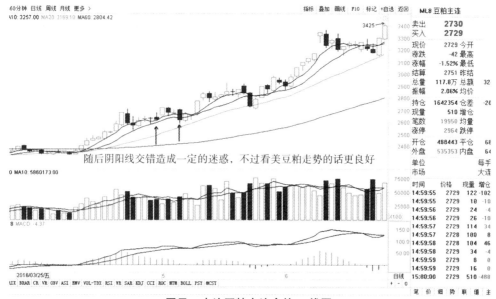

图示：大连豆粕主连合约 K 线图

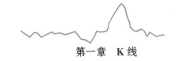

　　第三种是下影线比上影线长，但是略等于阳线实体或者略长于阳线实体，但没有长于阳线实体的2倍，这是与第一种K线有区别的地方。这种K线的下影线长度略大于或者等于阳线实体的长度，说明多空双方还是经过了一系列的搏斗和厮杀，如果阳线实体和下影线都较长，说明多空激战还是有一定的规模，但是多方没有一分钟是失控的，局面牢牢掌控在多头手里。这种K线如果出现在底部，就是多头占优势的信号，但是并不一定马上上涨，会温和上涨或者见底回升。如果出现在多头趋势初期，就是上涨中继，印证加强了多头占据盘面优势的信号。即使出现在累积了100%涨幅的顶部，也不是反转信号，因为多头强力控盘。这种K线叫作"锚定线"，锚定涨势的意思。

　　下影线的长度需要至少等于阳线实体，但是不能大于2倍阳线实体。熟练的情况下大家目测就可以做到，如果不是很熟练，可以按照公式计算，对于阳线来说：

　　阳线实体的长度＝收盘价－开盘价

　　阳线上影线的长度＝最高价－收盘价

　　阳线下影线的长度＝开盘价－最低价

　　了解了这些数据，可以很轻松地计算，下图也可以帮助你计算：

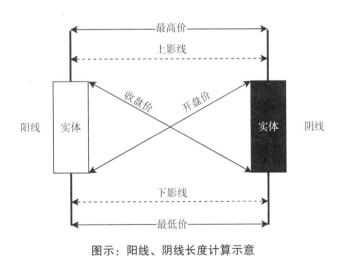

图示：阳线、阴线长度计算示意

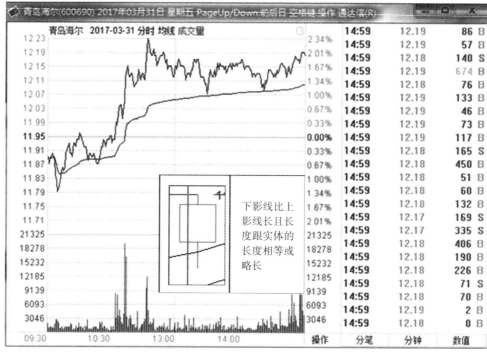

图示：第三种：下影线比上影线长且长度跟实体的长度相等或略长

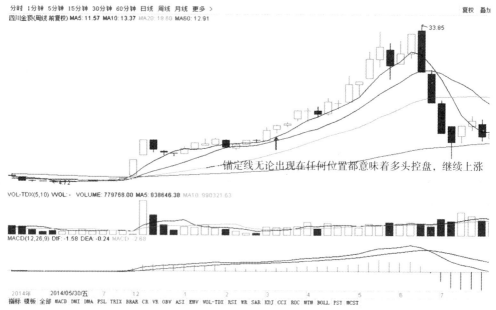

图示：**2015 年 3 月 13 日，四川金顶（600678）周线收出锚定线，下影线比上影线长，且下影线比阳线实体略长**

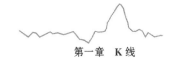

这个周线非常可靠,多头占据绝对优势,可以预期会有更大的上涨行情,后来果然继续大涨,进入主升浪。

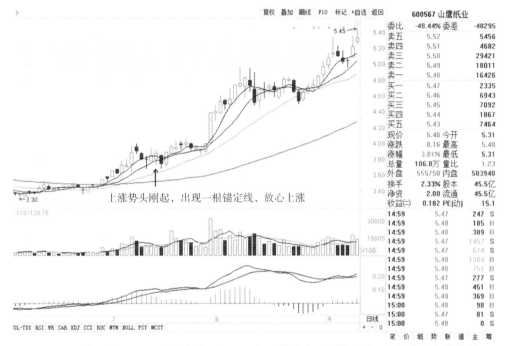

图示:2017 年 7 月 14 日,山鹰纸业(600567)日线收出一根锚定线,下影线比上影线长,且下影线比阳线实体略长

当时这只股票刚刚起来一波,上升通道良好,可以预见的是后面必定还有上涨行情。因为锚定线无论出现在什么位置,都意味着多头牢牢占据优势。在趋势初期更是要坚定多头信心。

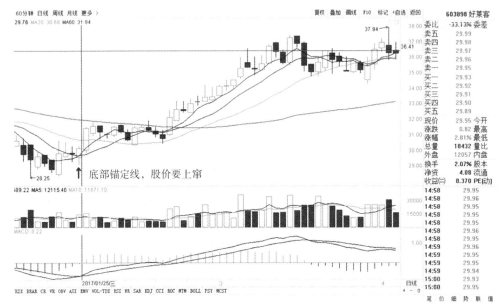

图示：2017 年 1 月 25 日，好莱客（603898）日线收出锚定线，股价站稳启航，走出一波上涨行情

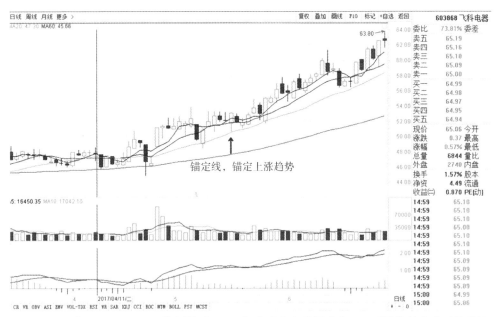

图示：2017 年 5 月 16 日，飞科电器（603868）出现在上升通道中，可以看作是多头对趋势的确认，是果断加仓买进的信号，后续果然连续上涨

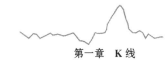

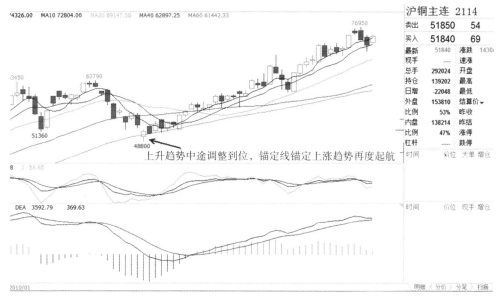

图示：**2010 年 6 月 11 日，沪铜主连 2114 周线收出锚定线**

　　沪铜主连此时处于一个多头大趋势的调整末期，出现锚定线，又是周线，判断是调整结束的信号，于是进场做多，后续果然又涨了快 3 万点。沪铜的这个位置笔者感觉和上证指数的 2007 年 530 暴跌之后止跌回稳的时候很像，后续都走出了主升浪。

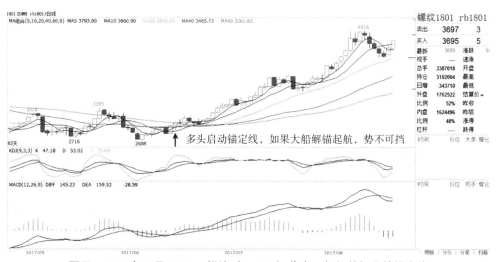

图示：**2017 年 6 月 15 日，螺纹（rb1801）收出一根极其标准的锚定线**

此时上影线长度为 4，下影线的长度是阳线实体长度的 1.07 倍；在底部区域，多头刚刚启动的时刻出现标准的锚定线，说明后续的多头趋势行情非常大，值得期待，果然后续做多的人赚得盆满钵满。

光头光脚阴线

光头光脚阴线开盘价就是最高价，收盘价就是最低价；既没有上影线，说明股价一点都没拉高，多头一点动能都没有；也没有下影线，说明多头连反击的机会都没有，多头毫无还手之力，全天下跌，空头完全占据了绝对优势。

这种线可以简略地分为两种：一是跌幅大于 3.6% 的大阴线，称为光头光脚大阴线；二是跌幅小于 3.6% 的小阴线，称为光头光脚中小阴线。但是无论哪一种，信号含义都是快速下跌，杀伤力非常大，经常会连续下跌。不可以逆势接飞刀，应该暂时观望。光头光脚阴线经常会留下跳空缺口，从而对以后的反弹也构成压力，这是行情在未来一段时间内应该离场观望的信号。

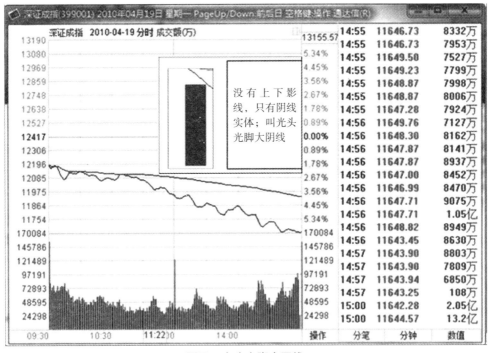

图示：光头光脚大阴线

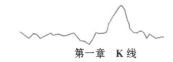

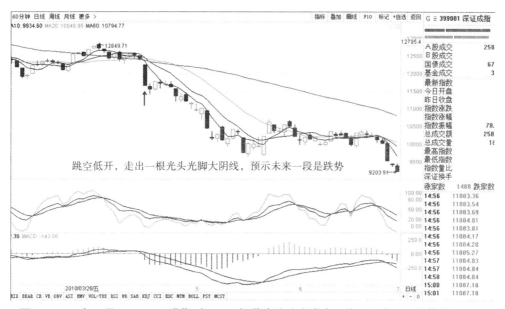

图示：**2010 年 4 月 19 日，深成指（399001）收出光头光脚大阴线，开启了一段持续很久的
下跌趋势**

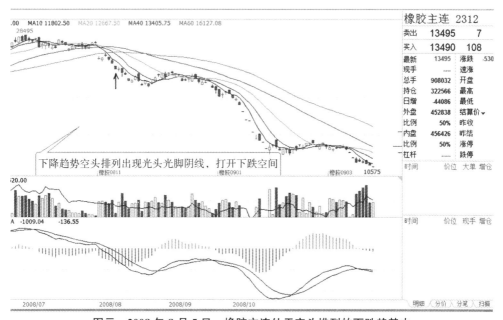

图示：**2008 年 8 月 5 日，橡胶主连处于空头排列的下跌趋势中**

此时出现光头光脚大阴线，往往意味着后面的下跌趋势持续时间长，跌幅巨
大。后面果然连续暴跌，极其惨烈。

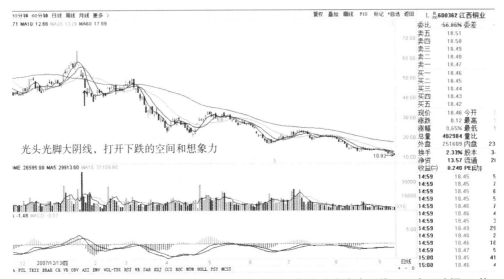

图示：2008年1月28日，江西铜业（600362）出现一根光头光脚大阴线，开启了跌幅10倍之旅

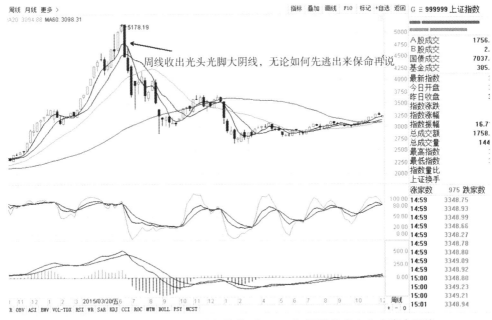

图示：2015年6月19日，上证指数（999999）周线收出光头光脚大阴线

周线那就更厉害了，预示着未来谁也不知道股市会跌到什么程序，无论如何都应该先逃离股市。以后还有机会。后来果然连续出现了4次大型股灾，所有股票的股价基本上都回到了原点。

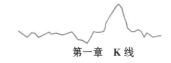

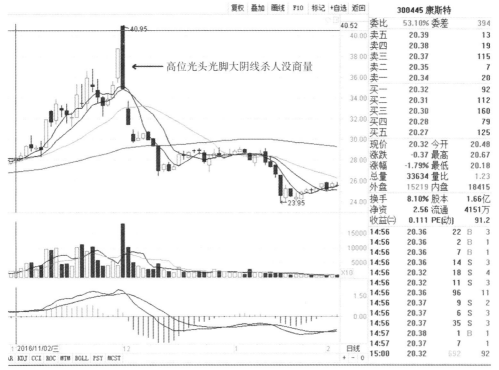

图示：2016年12月1日，康斯特（300445）在积累了很大涨幅的高位放出光头光脚大阴线，铸造经典头部，开启极速大跌之旅

光脚阴线

光脚阴线是一种带上影线的阴线实体，光头阴线形态说明空方抛压的坚决势态，收盘价即成为全日最低价。它的技术含义为，指数或个股开盘后，多方稍微反抗，股票价格出现涨幅，但由于上档抛压沉重，空方趁势发力打压，使股价跌跌不休最终以阴线报收。这种K线可以不根据阴线实体和上影线的长短来分类；并且这种K线无论出现在任何位置，都表明空头趋势占据绝对优势，往往是开启一段下跌趋势的启动信号，在跌势中起到加速下跌、打开下跌空间的作用。在低位即使有少许反弹也不会很久，不能轻易出手做多。在高位更是多头转空头的转折信号。

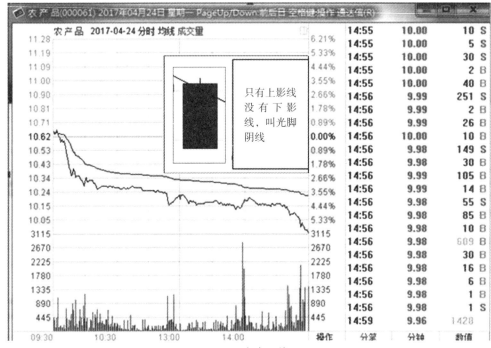

图示：光脚阴线

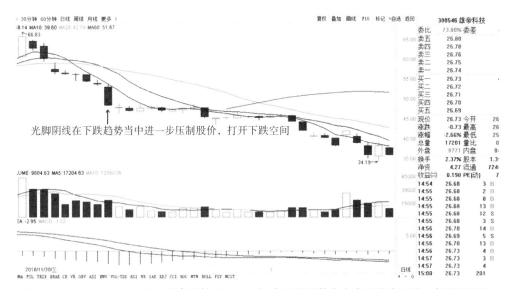

图示：**2016 年 12 月 12 日，雄帝科技（300546）在下跌趋势当中出现光脚阴线，起到了强化下跌趋势的作用，后续股价长时间下跌**

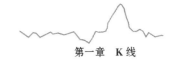

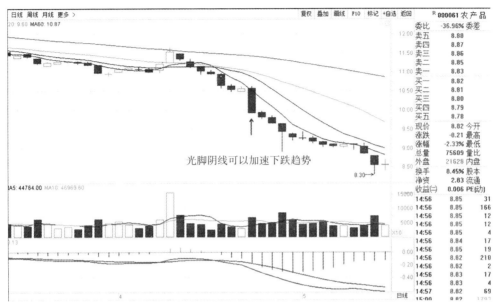

图示：**2017 年 4 月 24 日，农产品（000061）出现了一根光脚阴线，加速下跌趋势**

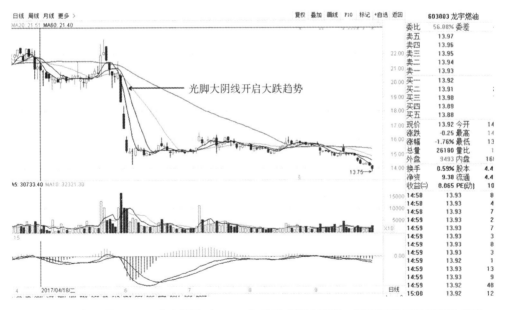

图示：**2017 年 5 月 31 日，龙宇燃油（603003）收出光脚大阴线，不但开启了极速下跌趋势，而且股价长时间低位横盘后再度大跌**

图示：2017 年 4 月 12 日，南威软件（603636）收出光脚大阴线，第二天股价跳空低开，
跌得又快又猛，几乎没有逃命机会

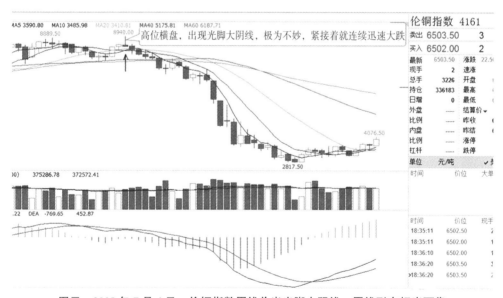

图示：2008 年 7 月 4 日，伦铜指数周线收出光脚大阴线，周线形态相当可靠

　　上影线很长意味着空头很可能马上发动进攻，加上当时金融危机大背景，这
个高位横盘的伦铜很可能开启大跌模式，笔者就是研究完这个周线图以后进场做

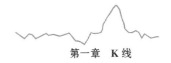

空的，开仓点可以说十分完美。

光头阴线

光头阴线是指带有下影线的阴 K 线实体，开盘价是当日最高价，一开盘卖方力量就特别大，股价一直处于下跌状态，但当跌到低位时，受到买盘力量的推升，股价得到缓慢回升，但是回升十分有限，形成了阴线实体；后市不很明朗，空头仍然处于优势地位。

这种类型阴线分为三种类型：第一种是下影线没有阴线实体长，阴线实体比下影线长，说明多头只是进行了微弱的抵抗，但是卖盘汹涌澎湃，买方稍微抵抗便宣告投降。这种 K 线无论在任何位置都是跌势持续的信号。

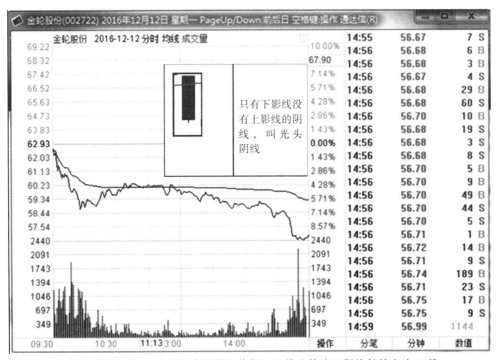

图示：第一种：下影线没有阴线实体长，阴线实体比下影线长的光头 K 线

图示：**2014 年 8 月 1 日，美国原油指数周线收出光头阴线，下影线极短，不到阴线实体的一半长**

说明多头根本既无心又无力抵抗，随后原油的盘面原始价格第一波就跌了50%多，最终经过几波连续的大跌，从 100 多美元跌到 29 美元左右。

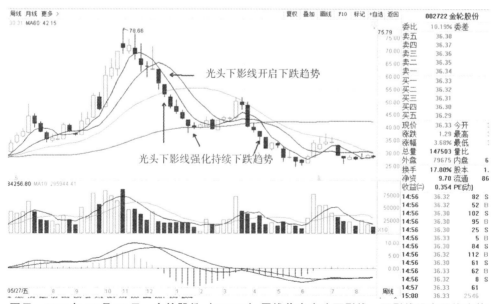

图示：**2016 年 12 月 12 日，金轮股份（002722）周线收出光头下影线，下影线没有阴线实体长，开启连续大跌模式，股价跌跌不休**

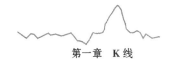

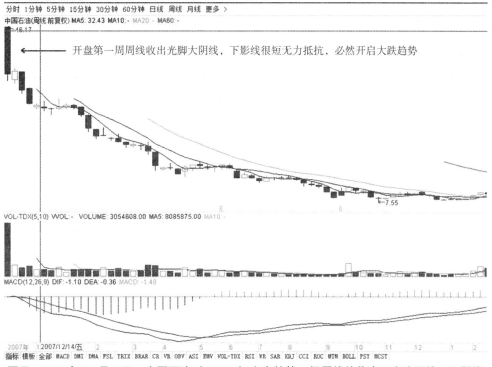

图示：**2007 年 11 月 9 日，中国石油（601857）上市的第一根周线就收出了光头阴线，下影线不到阴线实体的一半长，之后股价连跌很多年，价格现在也没有恢复到当时价格 48 元**

图示：**2016 年 12 月 16 日，鹭燕医药（002788）周线收出光头大阴线，后续跌势如潮**

第二种是下影线比阴线实体长的光头阴线，但是没有阴线实体的 2 倍长，下影线越长，说明多头的反抗越激烈，同时收出阴线实体，说明空方面对多头的反扑毫不手软，拼死砸盘打压。这种多空激战的 K 线出现在积累了巨大涨幅的高位，是多翻空启动跌势的信号；出现在跌势中间，是下跌中继或者加速下跌的信号。

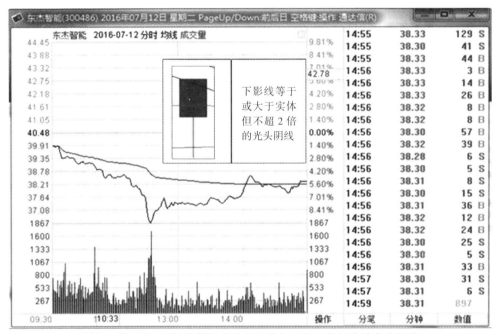

图示：第二种：下影线等于或大于实体但不超 2 倍长度的光头阴线

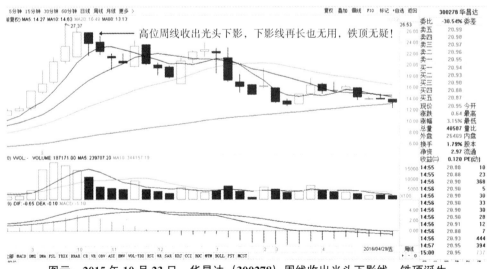

图示：**2015 年 10 月 23 日，华昌达（300278）周线收出光头下影线，铁顶诞生**

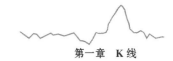

图示：**2016 年 7 月 12 日，东杰智能（300486）收出光头下影，下影线比阴线实体略长，
后续股价连续大跌**

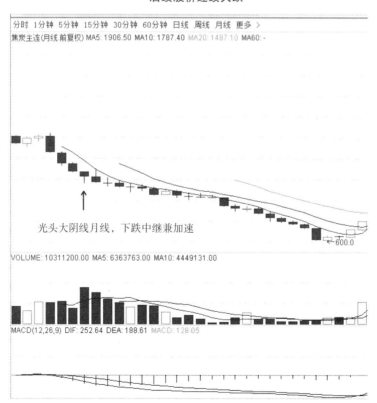

图示：**2014 年 3 月 31 日，焦炭主连月线收出光头阴线，下影线比阴线实体略长，当时下降趋
势良好，判断这是一根中继 K 线，笔者加仓做空，以后焦炭主连连续下跌 20 个月**

第三种是反转信号。如果出现在长期暴跌后的底部，之前跌幅至少需要超过50%，一般跌幅超过100%，这时出现下影线可以空翻多。反之亦是，出现在积累巨大涨幅的高位，必定可以多翻空。

一般这种超长下影，实体比较小的阴线出现在顶部，可以称为吊颈线，上吊自杀的意思，是多翻空逃顶的信号。这种线在底部区域有时也被称为锤子线，是反转上涨的意思。在顶部出现的吊颈线和底部出现的锤子线，实体部分有时可以不分阴阳。但是阴线实体的吊颈线肯定比阳线实体的吊颈线杀伤力大1倍，阳线实体的锤子线肯定比阴线实体的锤子线上涨力度大1倍，这是经验之谈。

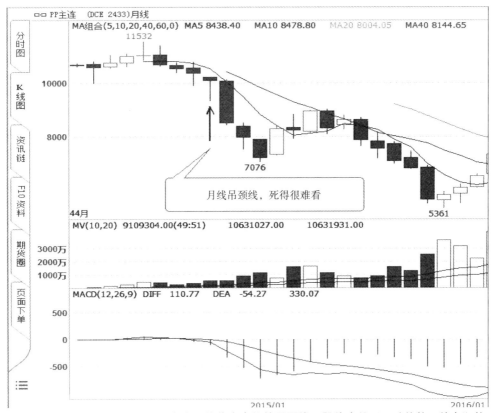

图示：2014 年 10 月 31 日，PP 主连月线收出高位的吊颈线，股价也处于下跌趋势，笔者顺势做空，从 10000 多元到位一路空到 5500 元左右

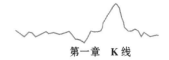

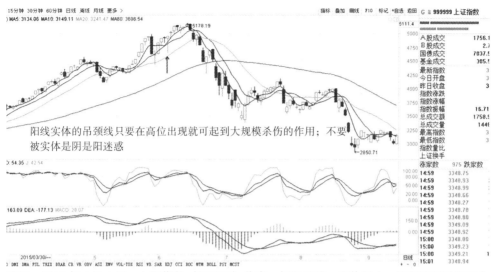

阳线实体的吊颈线只要在高位出现就可起到大规模杀伤的作用；不要被实体是阴是阳迷惑

图示：2015 年 6 月 4 日，上证指数（999999）收出一根吊颈线，实体极小，阴阳差别已经不大

此时指数已经涨了 3 倍，大部分股票股价已经翻了 8~10 倍，这个吊颈线的信号可以说是明显的。当天笔者就减了一部分仓位。

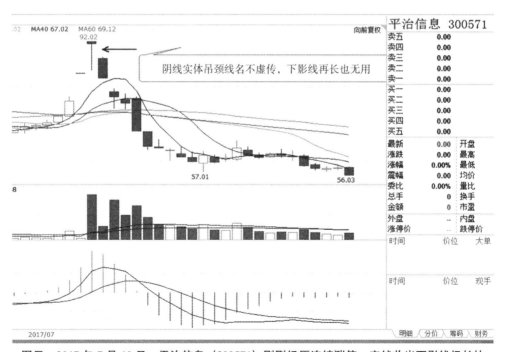

阴线实体吊颈线名不虚传，下影线再长也无用

图示：2017 年 7 月 10 日，平治信息（300571）刚刚经历连续涨停，突然收出下影线极长的阴线实体的吊颈线，此后股价一蹶不振

当然，这个反转指标在顶部可以多翻空，在底部则可以空翻多。

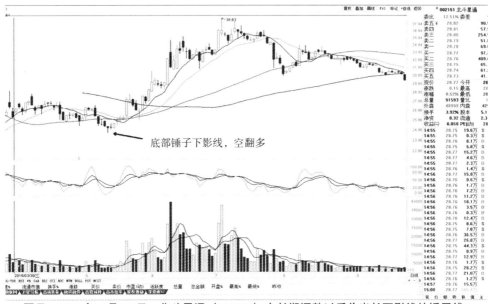

图示：2016 年 5 月 12 日，北斗星通（002151）在长期调整以后收出长下影线的锤子线，随后股价迅速大涨

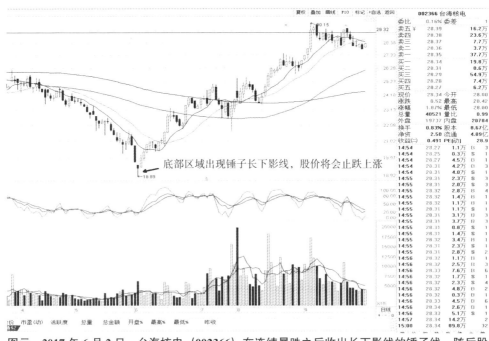

图示：2017 年 6 月 2 日，台海核电（002366）在连续暴跌之后收出长下影线的锤子线，随后股价短期连续大涨，接近翻倍

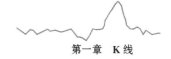

上下影线等长的阴线

这种阴线分为三种：

第一种：上影线和下影线等长，但是长度很短，阴线实体很大。

第二种：上影线和下影线等长，长度又和阴线实体的长度基本相等。

第三种：上影线和下影线等长，长度约为实体的两三倍，此时实体是阴是阳不再重要，这种K线又叫作标准的螺旋桨K线。

第一种：K线上影线和下影线等长，但是长度很短，阴线实体很大。这种K线经常出现在下跌趋势的初期和中期，它的信号含义是启动下跌趋势或加速下跌。

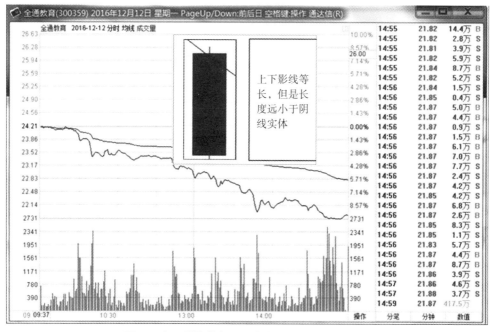

图示：上下影线等长，但是长度远小于阴线实体

上下影线等长但是很短，阴线实体很大，开启下跌趋势

图示：2016 年 12 月 12 日，全通教育（300359）出现一根上下影线极短，阴线实体极长的阴线，预示后续将会大跌，后续该股果然跌跌不休

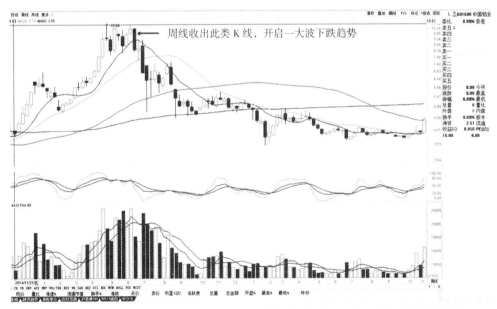

周线收出此类 K 线，开启一大波下跌趋势

图示：2015 年 6 月 19 日，中国铝业（601600）周线在高位收出这种 K 线，预示该股见顶，必须卖出

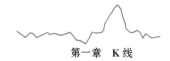

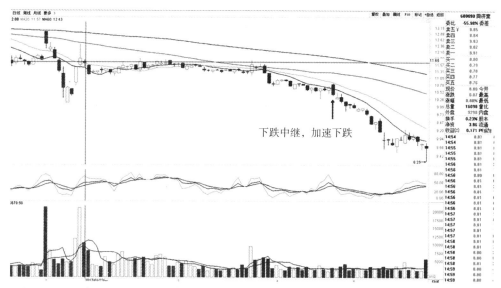

图示：2017 年 4 月 24 日，同济堂（600090）在连续阴跌几个月后出现一根上下影线极短，
阴线实体很长的阴线，随后加速下跌

　　第二种：上影线和下影线等长，长度又和阴线实体的长度基本相等。这种 K
线实际上预示着多空的激烈搏杀。在高位是行情即将下跌反转信号。有时也出现
在下跌趋势的初期，起到确认跌势加速下跌的作用。这种 K 线叫作多空搏杀线。

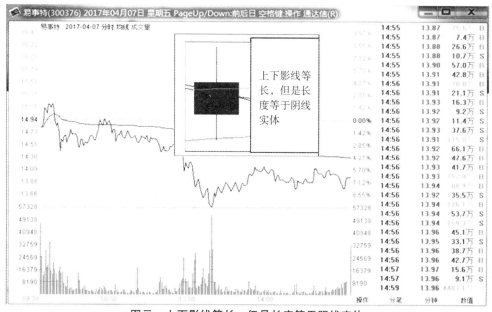

图示：上下影线等长，但是长度等于阴线实体

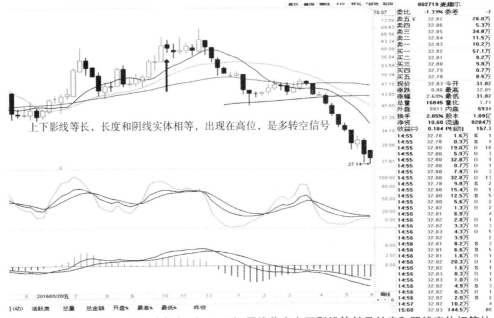

上下影线等长，长度和阴线实体相等，出现在高位，是多转空信号

图示：2016 年 10 月 21 日，麦趣尔（002719）周线收出上下影线等长且长度和阴线实体相等的
阴线，预示着多空激烈 PK，行情即将变盘，后续该股多翻空，跌幅巨大，持续时间很长

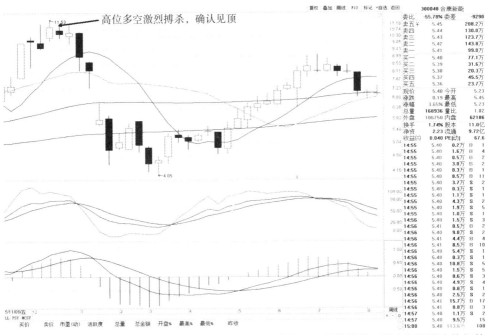

高位多空激烈搏杀，确认见顶

图示：2015 年 12 月 25 日，合康新能（300048）周线收出上下影线等长且长度和阴线实体相等
的阴线，预示着多空激烈搏杀，行情可能变盘，果然之后迅速大跌

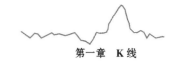

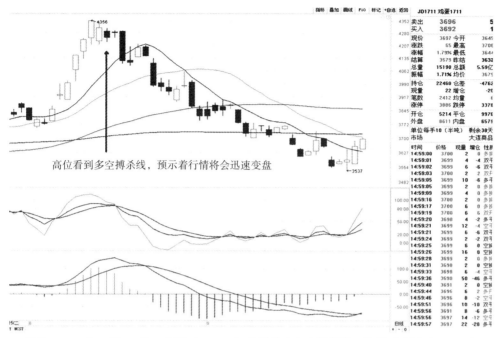

高位看到多空博杀线，预示着行情将会迅速变盘

图示：2017年8月15日，鸡蛋（JD1711）日线收出多空博杀线，而同时鸡蛋（JD1801）
也收出类似K线，判断可以做空，之后行情果然连续大跌

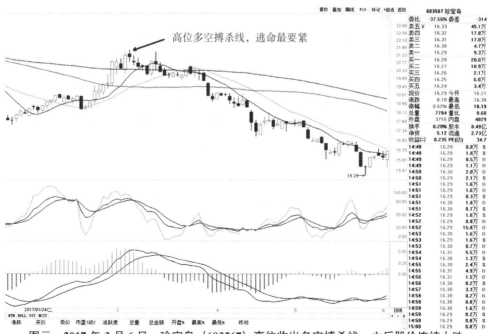

高位多空博杀线，逃命最要紧

图示：2017年3月6日，珍宝岛（603567）高位收出多空博杀线，之后股价连续大跌

第三种：上影线和下影线相等但是很长且比阴线实体长两倍以上。这是典型的买卖双方拉锯战的结果，信号含义是行情要"一边倒"地转势。多空经过极其激烈的搏杀之后，往往意味着多空最后的总决战，然后行情将会朝某一方一边倒。这种K线又叫标准的螺旋桨K线，因为酷似飞机的螺旋桨，为什么一定要强调"标准的"螺旋桨K线呢？因为上下影线是等长的，如果不是等长的，就不是标准的螺旋桨K线。飞机的螺旋桨一边短一边长力量不平衡是无法起飞的。这种K线最重要的信号就是转势，在底部区域空翻多，在顶部区域多翻空，有着极强烈的转势含义；需要特别注意的是，这种K线是可以不区分阴线和阳线实体的，也即只要收出"上影线和下影线相等且很长，比实体长两三倍"的K线，不管其实体是阴线还是阳线，其信号含义是相同的。

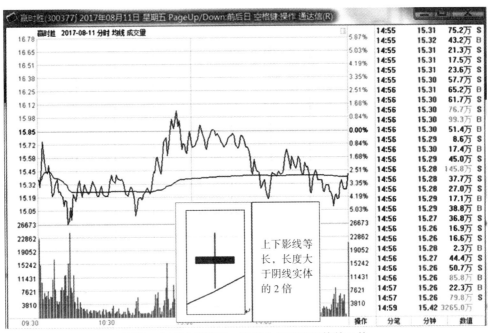

图示：上下影线等长，长度大于阴线实体的2倍

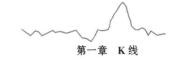

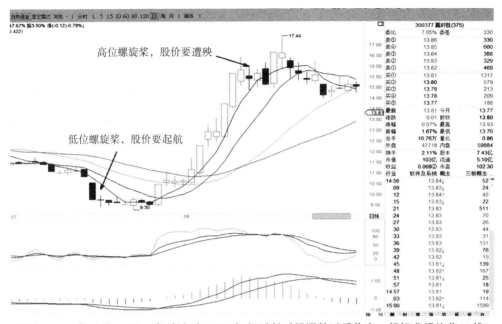

图示：**2017 年 7 月 18 日，赢时胜（300377）经过长时间调整以后收出一根标准螺旋桨 K 线，**
股价空头转势为多头，股价短时间内连续大涨，接近翻倍

该股到了 8 月 11 日，又在接近翻倍的高位收出一根标准的螺旋桨 K 线，显示多空博弈激烈，股价可能转势，随后股价陷入调整。

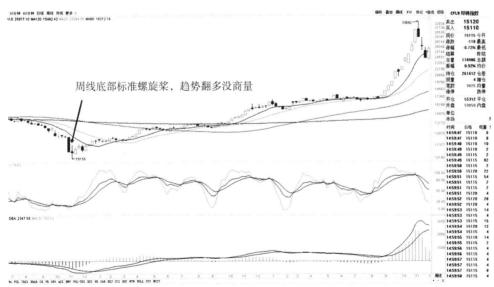

图示：**2008 年 11 月 14 日，郑棉指数的周线收出标准的螺旋桨 K 线，周线可靠，底部螺旋桨，**
价格要上涨，后续郑州棉花果然一路上涨不再回头

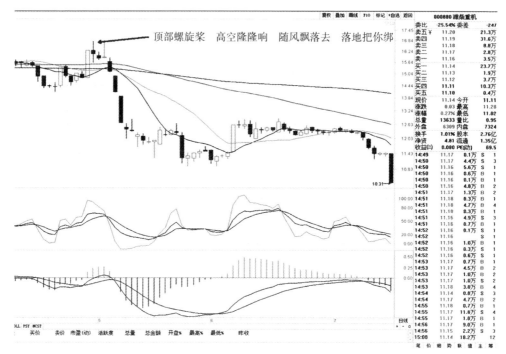

图示：**2017 年 4 与 28 日，潍柴重机（000880）日线收出一根标准螺旋桨 K 线，实体部分是阴线，上下影线等长且长度非常长，这预示着股价将会见顶回落，应该果断卖出**

上影线长下影线短的阴线

这种线可分为三种：

第一种：上影线比下影线长且上影线的长度是阴线实体长度的 2 倍以上。信号含义：见顶暴跌。无论在任何位置出现，都要注意风险。这种 K 线叫顶杀线，做多者杀无赦。

第二种：上影线比下影线长，且上影线的长度没有阴线实体的长度长。信号含义为下跌中继，跌势确认。这种 K 线叫下跌趋势线。因为下跌趋势会延续。

第三种：上影线比下影线长，且上影线的长度和阴线实体的长度相等或者略长。信号含义为下跌趋势的中继。下跌中继线。下跌趋势会加速。

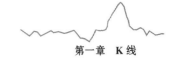

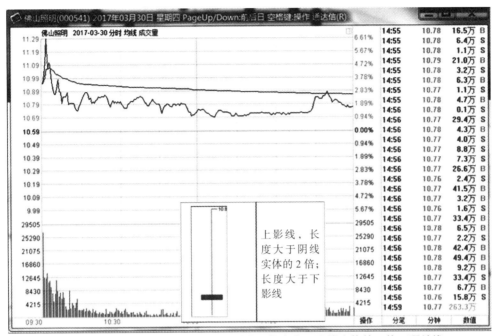

图示：第一种：上影线长度大于下影线，长度大于阴线实体的2倍，顶杀线

图示：2017年3月30日，佛山照明（000541）的超长上影线，上影线长度远远大于阴线实体
长度的2倍；这意味着股价见顶，后来果然连续暴跌

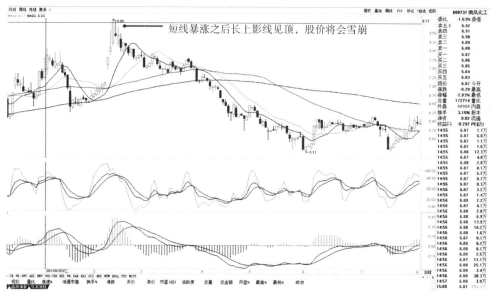

图示：2017 年 2 月 15 日，南风化工（000737）股价短暂暴涨后出现长上影线短下影线小实体的阴线，快收盘时当日的 K 线已经基本决定了，当下判断应该果断出局，获利了结，后来果然阴跌不断

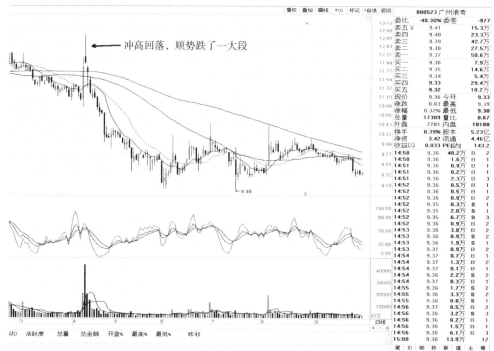

图示：2017 年 4 月 12 日，广州浪奇（000523）股价一个拉高后就出现了长上影线短下影线小实体阴线，当下判断可能是制造假突破，后续果然暴跌

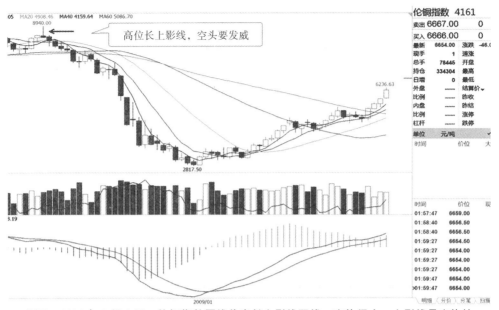

图示：2008 年 7 月 4 日，伦铜指数周线收出长上影线阴线，实体很小，上影线是实体的
2 倍以上，下影线极短

周线收出这种 K 线对多头极其不利，加上当时金融危机背景，判断空头的趋势行情可能很快到来，后续果然暴跌。

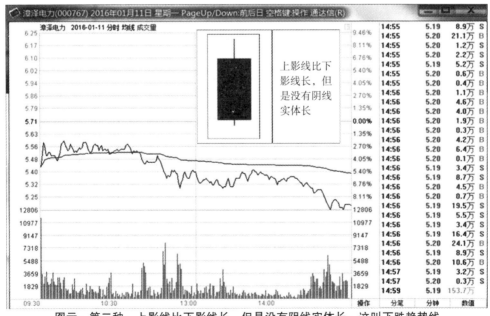

图示：第二种：上影线比下影线长，但是没有阴线实体长。这叫下跌趋势线

图示：2016年1月11日，漳泽电力（000767）收出一根下跌趋势线，开启了漫长的下跌之路

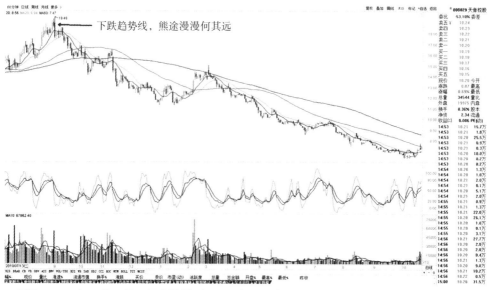

图示：2010年9月1日，天音控股（000829）以一根下跌趋势线开启了一个超级大跌趋势

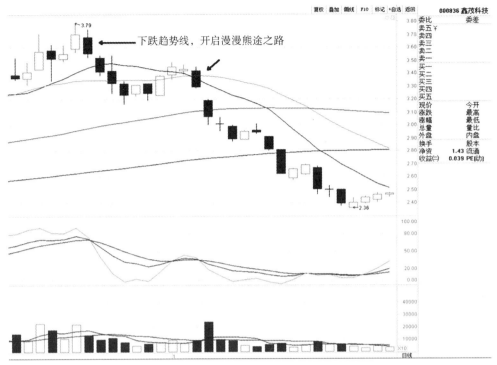

图示：2010 年 12 月 23 日，鑫茂科技（000836）以一根下跌趋势线开启下跌趋势，随后又以一根下跌趋势线确认跌势，并加速了下跌趋势

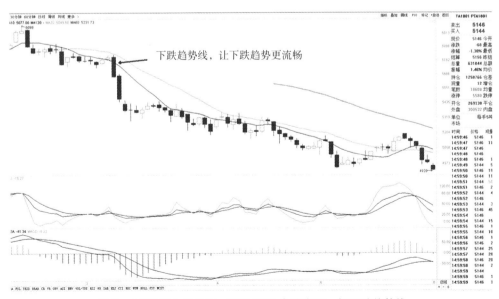

图示：2017 年 3 月 8 日，PTA1801 合约出现一根下跌趋势线

当时笔者感觉空头要加速，是一个加仓做空点，于是空单加仓入场，后来果然持续暴跌。

图示：**2017 年 4 月 18 日**，华茂股份（**000850**）已经跌了一段时间，出现了一根下跌趋势线，后续果然加速下跌

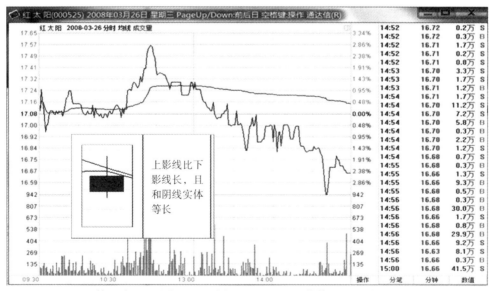

图示：第三种：上影线比下影线长，且和阴线实体等长。这叫下跌中继线

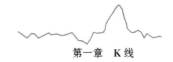

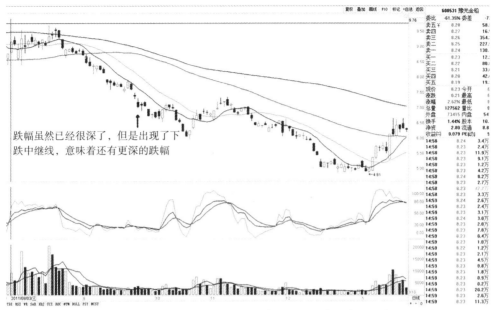

跌幅虽然已经很深了，但是出现了下跌中继线，意味着还有更深的跌幅

图示：2011 年 9 月 26 日，豫光金铅（600531）出现了下跌中继线，后续又跌了将近 50%

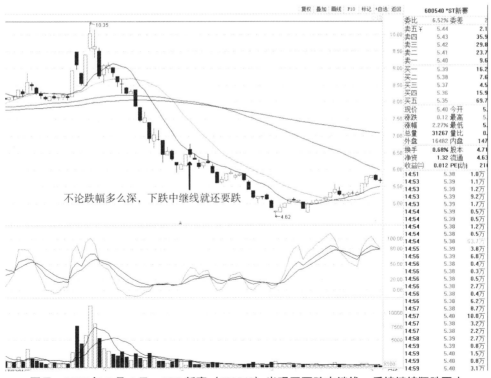

不论跌幅多么深，下跌中继线就还要跌

图示：2017 年 5 月 4 日，*ST 新赛（600540）出现了下跌中继线，后续继续狂跌不止

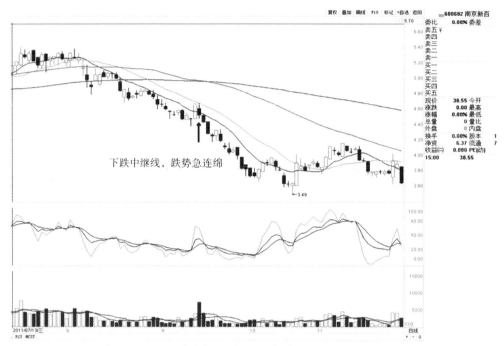

图示：**2011 年 9 月 15 日，南京新百（600682）出现了下跌中继线，后续加速下跌**

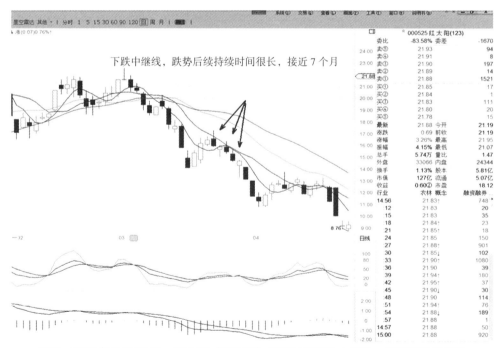

图示：**2008 年 3 月 24 日，红太阳（000525）连续三根下跌中继线，后续又跌了半年**

图示：大豆一主连 **2015 年 12 月 25 日**出现了下跌中继线，虽然跌了很久，但是又接着急速
下跌很深

上影线短下影线长的阴线

这种线分为两种：

第一种是下影线比上影线上，且下影线的长度是阴线实体长度的 2 倍以上。
这种 K 线叫"绿中线"，是反转信号，出现在顶部区域，作用等同于吊颈线，是
多翻空的信号；出现在底部区域，作用等同于锤子线，是空翻多的信号。

第二种是下影线比上影线长，但是下影线的长度小于阴线实体的 2 倍。这是
一种下跌中继的信号。这种 K 线叫力量线，意思是下跌的力量很大，做多或者买
股票的人暂时不能进场。

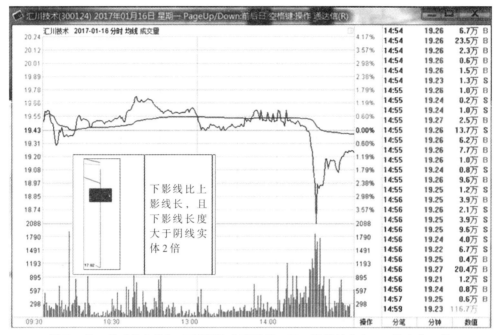

图示：第一种"绿中线"：下影线比上影线长，且下影线长度大于阴线实体 2 倍

图示：2017 年 1 月 16 日，汇川技术（300124）收出绿中线，股价触底回升，连续上涨

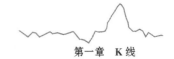

图示：2013 年 6 月 25 日，交大昂立（600530）收出绿中线，股价转跌为涨

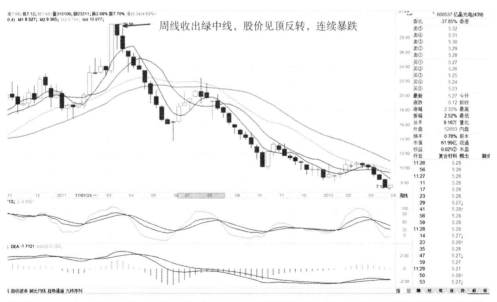

图示：2011 年 3 月 21 日，亿晶光电（600537）周线收出绿中线，股价由上涨趋势转为长期的下跌趋势

图示：2016 年 9 月 30 日，电科院（300215）股价翻 2 倍之后的顶部出现绿中线，股价连续暴跌

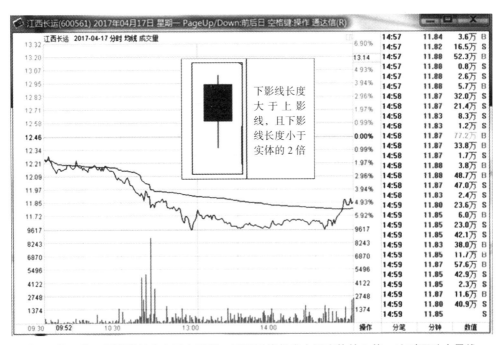

图示：第二种：下影线长度大于上影线，且下影线长度小于实体的 2 倍，这叫下跌力量线，意味着下跌趋势将会持续

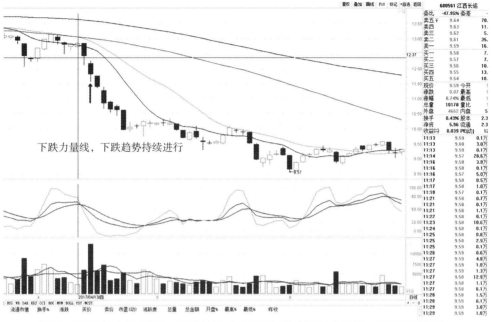

图示：2017 年 4 月 17 日，江西长运（600561）收出下跌力量线，后市加速下跌，跌势既猛又急

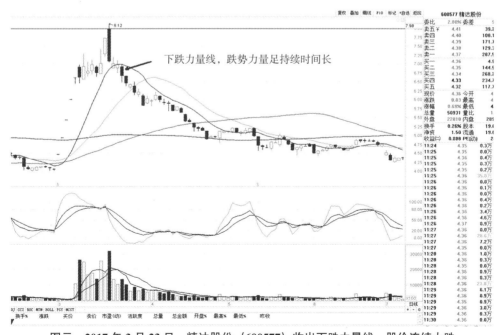

图示：2017 年 3 月 23 日，精达股份（600577）收出下跌力量线，股价连续大跌

图示：2014 年 10 月 10 日，美国原油主力合约周线在跌势中途连续收出下跌力量线，
后市连续暴跌

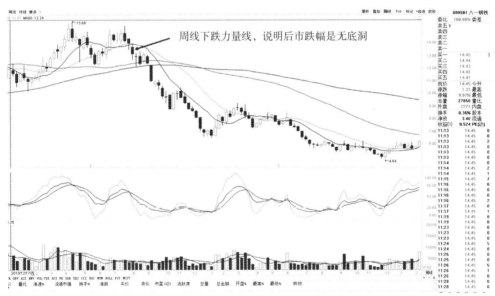

图示：2011 年 8 月 5 日，八一钢铁（600581）周线收出下跌力量线，预示着跌幅将会是无底洞

T 字线

T 字线没有实体，因此也就不分阴阳线，只有下影线没有上影线。在技术分

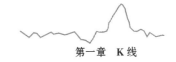

析中，T字线一般被认为是一种庄家线，是由庄家控盘所造成的。短小下影线的T字线被认为是筹码高度集中，庄家控盘良好，出现在任何位置都可以被认为是强力做多的信号。

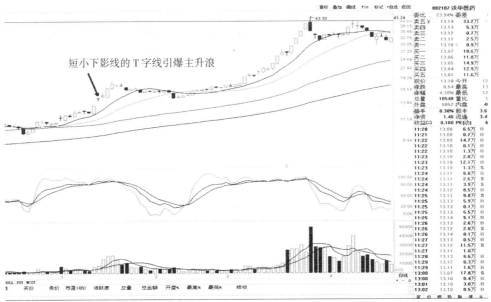

图示：2015年1月15日，沃华医药（002107）收出短小下影线T字线，掀起主升浪

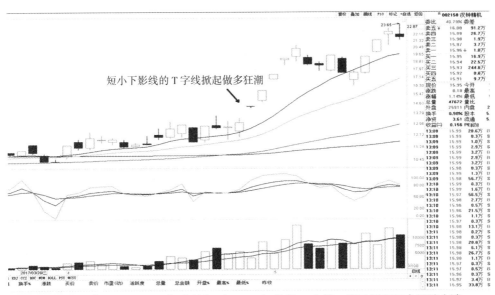

图示：2017年4月27日，汉中精机（002158）收出T字线，当时判断还会继续大涨，后来果然连续大阳线上涨

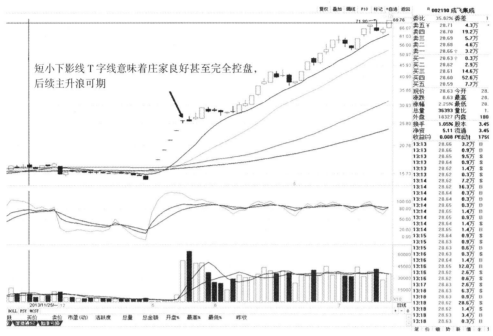

图示：2014 年 5 月 26 日，成飞集成（002190）当时就判断价格不会下来，后续还有至少 1 倍空间，后续果然大涨

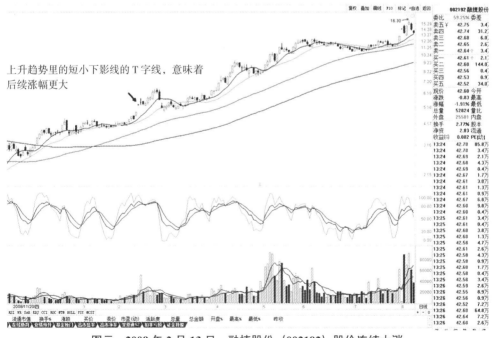

图示：2009 年 2 月 13 日，融捷股份（002192）股价连续大涨

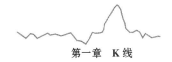

　　而下影线超长的 T 字线，出现在累计涨幅极大的顶部区域，可以起到吊颈线的作用，是一种多头衰竭，空头力量将会表演的开始。

图示：2016 年 11 月 11 日，金路集团（000510）股价经过连续大涨后，收出长下影线的 T 字线，股价立即变脸转势，后续连续大跌

倒 T 字线

　　倒 T 字线没有实体，因此也就不分阴阳线，只有上影线没有下影线。与 T 字线不同的是，倒 T 字线不管上影线多长，它的出现往往意味着趋势的大转折，大

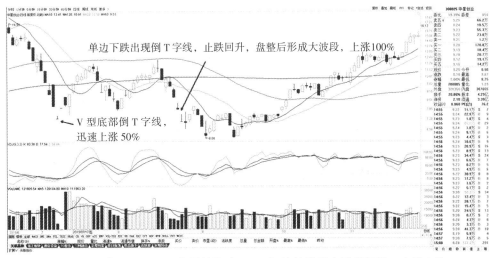

图示：2015 年 7 月 7 日，华星创业（300025）连续暴跌之后出现倒 T 字线止跌，迅速大涨 50%；8 月 25 日再次止跌回升，股价翻倍

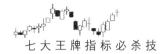

幅上涨之后出现倒 T 字线，行情必然由上涨转为下跌；大幅下跌之后出现倒 T 字线，行情也必然由下跌转为上涨。在顶部的倒 T，是空头不顾一切砸盘形成的。在底部的倒 T，是多头主力向上试盘形成的。

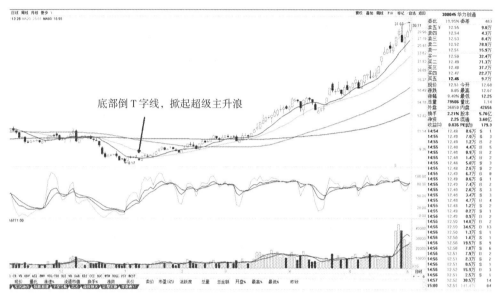

图示：2015 年 1 月 9 日，华力创通（300045）在底部横盘，当日收出倒 T 线，随后止跌反涨，走出超级主升浪大行情

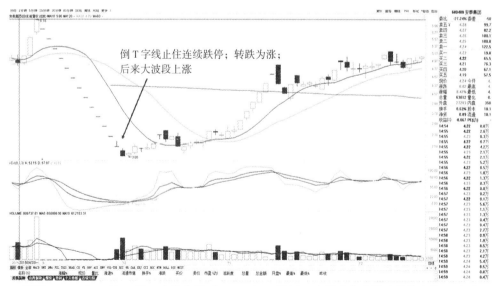

图示：2015 年 9 月 30 日，安泰集团（600408）一根倒 T 字线止住连续跌停的走势，随后股价连续大涨

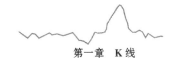

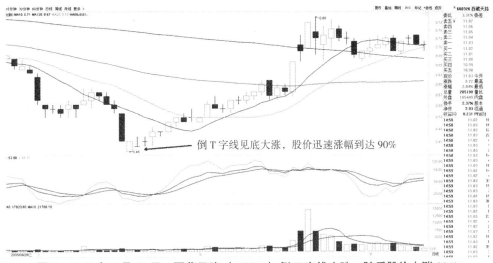

倒T字线见底大涨，股价迅速涨幅到达90%

图示：2005年7月20日，西藏天路（600326）倒T字线止跌，随后股价大涨90%

高位倒T字线，多翻空

图示：2016年1月7日，中能电气（300062）股价连续暴涨之后出现倒T字线，这是非常明确的转折信号，应该果断地多翻空

一字线

连续封死涨停或者连续封死跌停的K线，只有一个一字，意义就是只有做多或者做空的力量。例如连续封死涨停的、没有卖盘只有强力的买盘，意味着上涨

动能非常强劲。这种K线的意义是显而易见的，同时也是可遇不可求的。

十字线

十字线又称十字星，是指只有上下影线，没有实体的K线。没有实体就意味着开盘价和收盘价相等，是一种多空基本平衡的表现。但是要看上下影线的长度，如果下影线较长，说明跌了之后收回来，是多空激战后多方反击胜利的意思；如果上影线较长，说明涨了之后又跌回来，是多空激战之后空头势力占优的意思。

短十字星是指上影线和下影线都短小，影线长度均不超过2%。这是一种中继信号，意味着趋势的等待和继续。

长十字星可以分为三种：

第一种是上影线比下影线长。这种线往往出现在顶部，是必然下跌的信号，和顶杀线类似，但是杀伤力比顶杀线还要大，所以被称为超级顶杀线。

第二种是下影线比上影线长。出现在底部地区往往意味着止跌上涨，作用和红中线，光头锤子下影线类似。

第三种是上下影线等长。这种K线是后期博弈加剧的信号，行情迅速往往一边倒。它的信号含义就是博弈会加剧，但是方向不确定，一旦方向确定了，力量会很足，行情会一边倒。

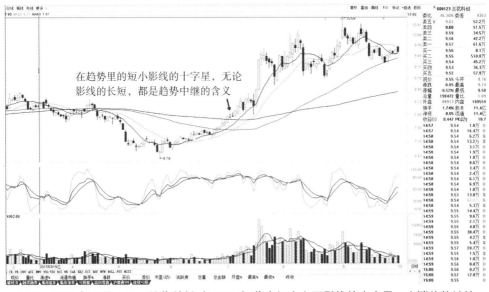

图示：2017年7月4日，兰花科创（600123）收出短小上下影线的十字星，上涨趋势继续

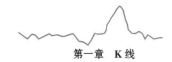

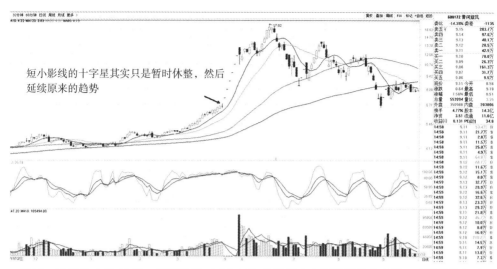

短小影线的十字星其实只是暂时休整，然后延续原来的趋势

图示：2015 年 3 月 25 日，黄河旋风（600172）收出短小上下影线的十字星，上涨趋势加速

下影线超长的十字星，上涨力量猛，发力足

图示：2017 年 6 月 2 日，金龙汽车（600686）收出超长下影线的十字星

这意味着行情的转折，股价果然止跌回升，随即走出一波趋势性上涨的大行情。笔者就是下午快收盘时十字线接近完成时第一次买进的，后来又有加仓操作。

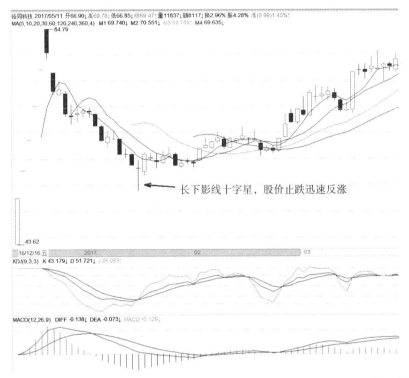

图示：2017 年 1 月 16 日，裕同科技（002831）收出长下影线的十字星，股价迅速止跌回升大涨

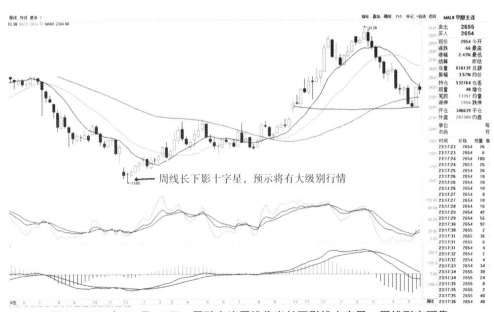

图示：2015 年 12 月 11 日，甲醇主连周线收出长下影线十字星，周线形态可靠

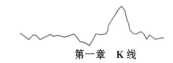

　　周线级别出现长下影线十字星预示着后续会有多头行情，笔者看到这个周线以后就多单陆续进场了，因为后面只能做多不能做空。

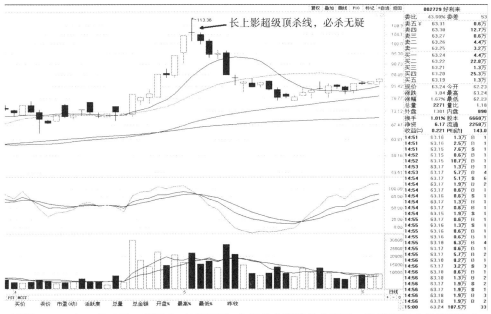

图示：2016 年 5 月 4 日，好利来（002729）收出长上影线的十字星，这种超级必杀线出现在连续暴涨之后，铁定要见顶，后续果然大跌

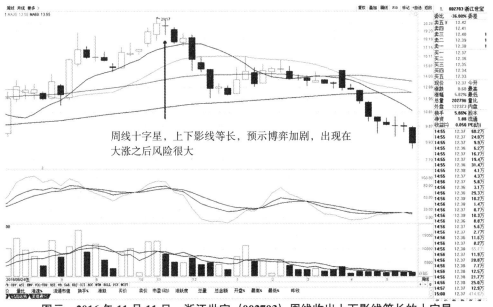

图示：2016 年 11 月 11 日，浙江世宝（002703）周线收出上下影线等长的十字星

考虑到这种 K 线往往意味着波动加大，又是出现在大涨之后，意味着后市风险加大，后市该股果然连续暴跌。

第二节　K 线的组合分析

两根 K 线组合

乌云盖顶

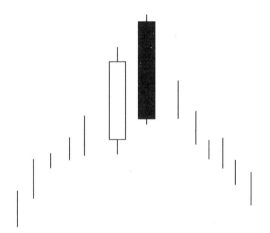

图示：乌云盖顶形态

定义：前溯涨幅 50%以上，两根 K 线组合，前一根是阳线，后一根是阴线，且第二根 K 线应高开于第一根 K 线的最高价之上，但收盘价应大幅回落，且深入到第一根 K 线实体部分至少一半以下，也即收盘价应该至少低于前一天阳线的开盘和收盘价的平均价，再低一点也可。

信号含义：见顶，果断卖出。

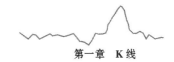

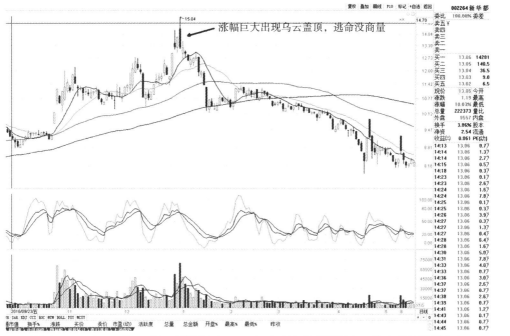

图示：2016 年 12 月 30 日，新华都（002264）出现乌云盖顶组合，笔者当日果断卖出

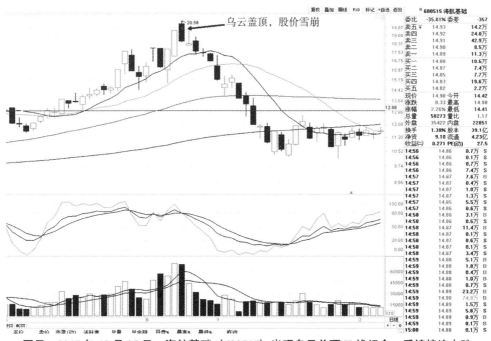

图示：2015 年 12 月 25 日，海航基础（600515）出现乌云盖顶 K 线组合，后续接连大跌

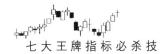

图示：2015 年 11 月 26 日，创业板指数（399006）出现乌云盖顶，指数虽有反抗但是最终还是暴跌，酿成第四次股灾

旭日东升

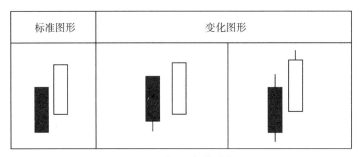

图示：旭日东升形态

定义：该 K 线组合由两根 K 线组成，第一根为中大阴线，第二根阳 K 线是一根高开高走的中大阳线，且该阳线的收盘价超过了前一根大阴线的开盘价。

信号含义：进场做多。

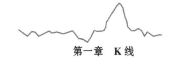

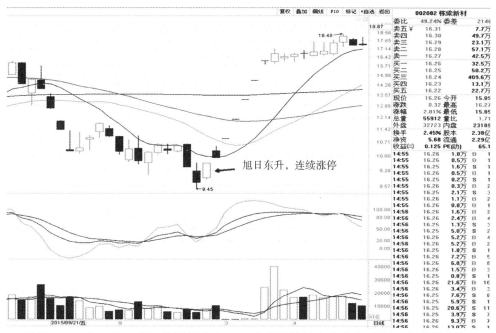

图示：2015 年 9 月 15 日，栋梁新材（002082）经过连续大跌以后，风险已经释放完毕，此时形成旭日东升，股价连续涨停

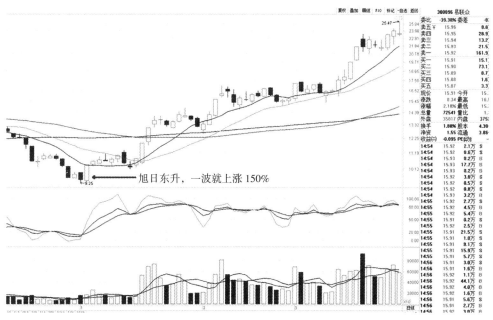

图示：2015 年 1 月 6 日，易联众（300096）形成旭日东升组合，股价急速大涨 150%

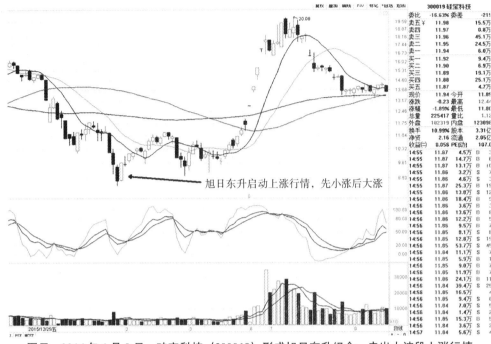

旭日东升启动上涨行情，先小涨后大涨

图示：2016 年 1 月 9 日，硅宝科技（300019）形成旭日东升组合，走出大波段上涨行情

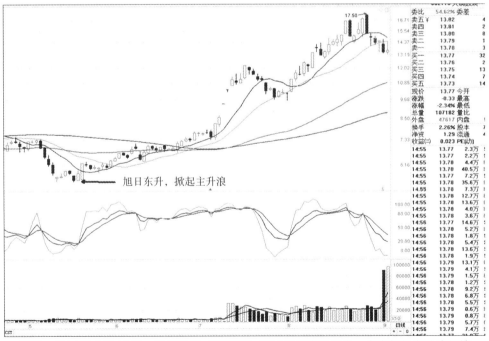

旭日东升，掀起主升浪

图示：2016 年 5 月 19 日，天润数娱（002113）形成旭日东升组合，走出超级主升浪行情

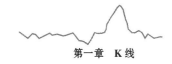

曙光初现

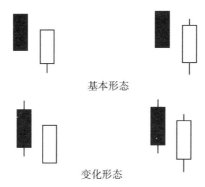

基本形态

变化形态

图示：曙光初现形态

定义：第一根 K 线为处于跌势的大阴线，第二根 K 线为大阳线，其开盘价必须低于第一根 K 线的最低价，而收盘价则必须高于第一根 K 线的 1/2 实体以上。

信号含义：入场做多。

图示：**2017 年 6 月 14 日，沪锌（ZN1801）主力合约经过连续下跌调整以后形成了曙光初现，立即进场做多，随后价格连续暴涨**

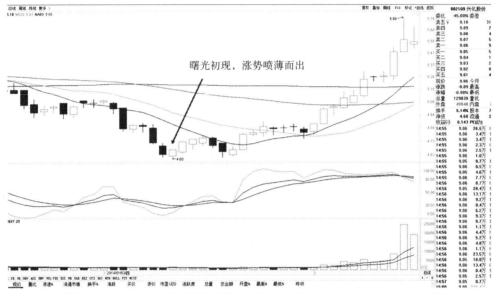

图示：2014 年 1 月 13 日，兴化股份（002109）形成曙光初现，价格连续大涨

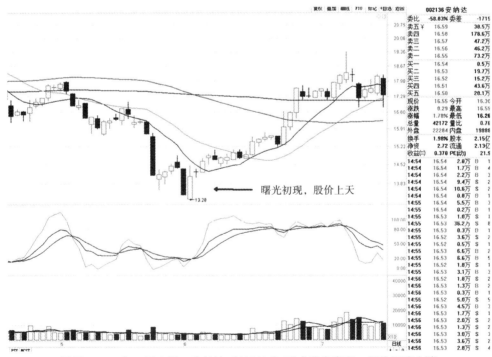

图示：2017 年 6 月 2 日，安纳达（002136）形成曙光出现，股价迅速大涨

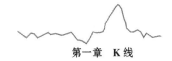

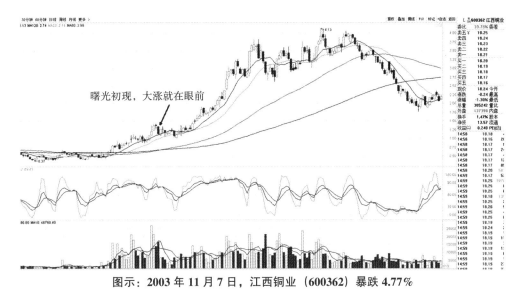

曙光初现，大涨就在眼前

图示：2003年11月7日，江西铜业（600362）暴跌4.77%

　　第二个交易日即11月10日，该股承接前一天的跌势跳空低开，以5.75元低开，但没有继续下跌，最低仅下探到5.72元就展开反攻，终盘以5.96元报收，涨幅为3%，形成了曙光出现K线组合，相当可靠。由于江西铜业在11月7日的下跌中换手率为7.19%，而在11月10日的上涨过程中换手率只有2.94%，所以笔者认为，该股是下跌放量、上涨缩量，后市行情一定不乐观。然而，该股经过短暂的调整走势后，随后，就发动了新一轮强势行情，股价几乎是直线上升，涨到8.39元，涨幅超过40%。这说明曙光初现K线组合的可靠性是非常强的。

倾盆大雨

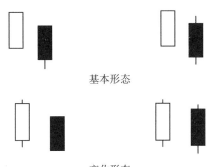

基本形态

变化形态

图示：倾盆大雨形态

　　定义：倾盆大雨K线组合中的第一根K线是阳线，在下一个交易日跳空低开，开盘价低，位于阳线的实体中。此后低开低走，收成阴线，收盘价低于前一

根阳线的开盘价。完完全全是一个跌势形态，而且顶部倾盆大雨的杀伤力还要大于乌云盖顶。

信号含义：卖出股票或者进场做空。

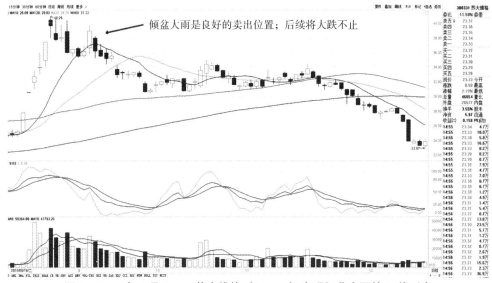

图示：2016 年 9 月 6 日，苏大维格（300331）出现倾盆大雨的 K 线形态

此位置正好在高点 41 元附近，此时在高位震荡走势中出现明显的见顶 K 线组合，此后股价开始加速下跌，并长时间处于下跌趋势当中。

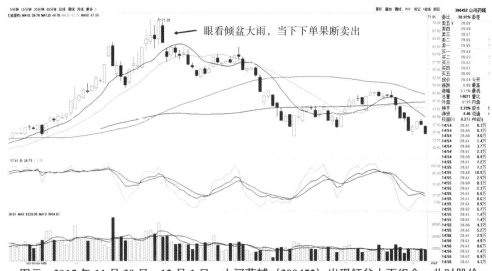

图示：2015 年 11 月 30 日、12 月 1 日，山河药辅（300452）出现倾盆大雨组合，此时股价已经翻倍，所以当时笔者确认形成倾盆大雨的时刻，下单卖出了这只股票

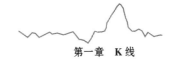

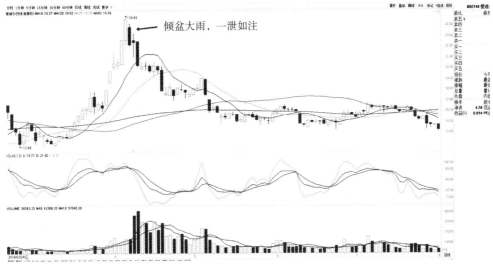

图示：2016 年 4 月 8 日，爱迪尔（002740）形成倾盆大雨组合，股价如同瀑布，一泄如注

淡友反攻

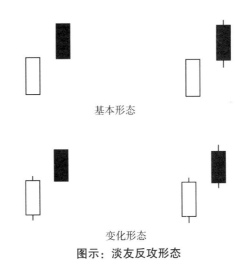

基本形态

变化形态

图示：淡友反攻形态

定义：由一根阳线和一根阴线两根 K 线组成。第一根阳 K 线为大阳线；第二根 K 线必然是一根高开低走的大阴 K 线，而且第二根高开低走阴 K 线的收盘价与第一根阳 K 线的收盘价相同或相近，或者略高一点点，从而留下一个很小的缺口。

信号含义：下跌趋势启动。

图示：2017 年 9 月 4 日，丙烯（PP1801）收出淡友反攻，当日平多翻空，一把多，一把空，踩准节奏

图示：2001 年 5 月 17 日，三峡水利（600116）股价见顶，后续接连暴跌

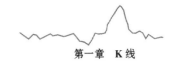

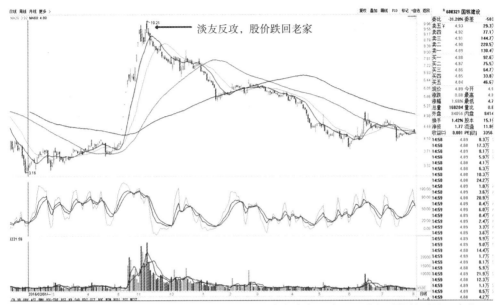

图示：2016 年 11 月 10 日，国栋建设（600321）收出淡友反攻，股价经过爆炒后处于高位，后续连续大跌，股价回到原点，且下跌极其顺畅，基本没有反弹

好友反攻

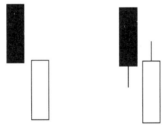

图示：好友反攻形态

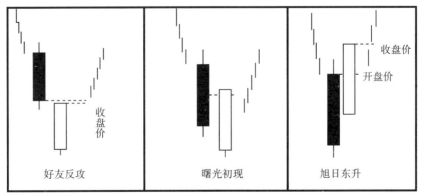

图示：好友反攻与曙光初现和旭日东升的区别

定义：第一根为大阴线或中阴线，第一根阴线下跌的幅度越大越好，表示空头力量强劲，持续下降。接着跳空低开，拉出一根大阳线或中阳线，大阴线后没有继续下降，反而低开高走，表示空头力量枯竭，多头力量反击。并且与前一根阴线的收盘价相同或相近。

信号含义：上涨启动。

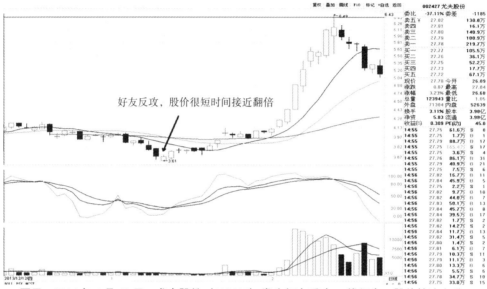

图示：2014 年 1 月 13 日，尤夫股份（002427）发生好友反攻 K 线组合，股价接连上升，很短时间内接近翻倍

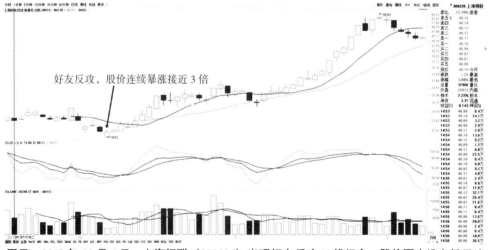

图示：2013 年 12 月 6 日，上海钢联（300226）出现好友反攻 K 线组合，股价再也没有低于这日的 K 线，一口气涨了近 3 倍

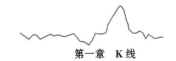

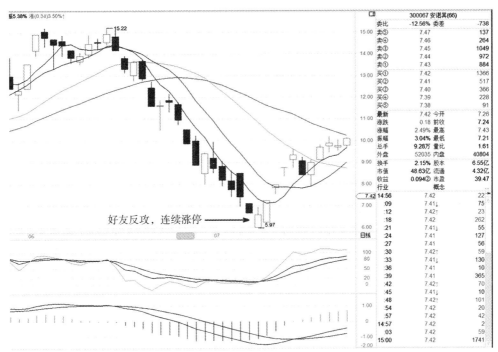

图示：2015 年 7 月 8 日，安诺其（300067）出现好友反攻 K 线组合，股价止住大跌，
并翻身上攻，连续涨停

平顶山

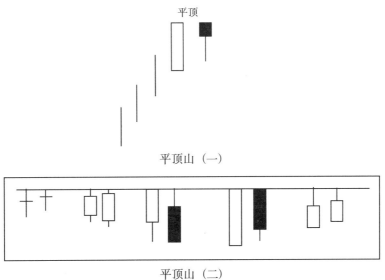

平顶

平顶山（一）

平顶山（二）

图示：平顶山形态

定义：第一天与第二天的最高价相同而不是收盘价。平顶山形态既可以由实体构成，也可以由影线或者十字线构成。这是因为股价在上升过程中，在一定高位的抛售压力非常大，在股价连续两次上冲依然失败的情况下可能见顶回落。

信号含义：迷惑性很大，很多人会误以为是庄家洗盘，但价格就见顶回落，做多的应该获利了结，出局观望。

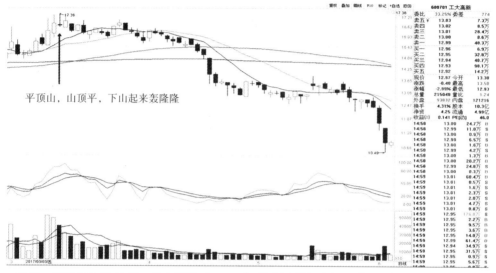

图示：2017 年 3 月 13 日，工大高新（600701）收出平顶山形态，3 根 K 线共平顶更加确认平顶山 K 线组合成立，预示果断获利了结，后续股价连续暴跌

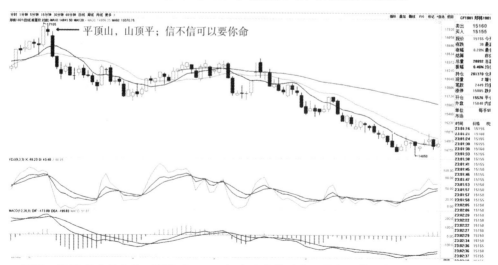

图示：2017 年 3 月 7 日，郑棉（CF1801）主力合约形成平顶山 K 线组合形态，当时笔者立即将多单平掉，并在第二天开空单进场，后面一泻千里

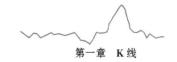

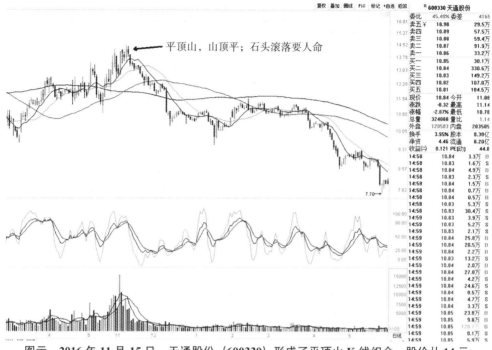

图示：2016 年 11 月 15 日，天通股份（600330）形成了平顶山 K 线组合，股价从 14 元一口气跌到 7 元多

平底锅

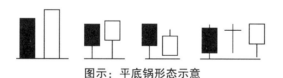

图示：平底锅形态示意

定义：第一天与第二天的最低价相同，而不是收盘价相同。平底锅形态既可以由实体构成，也可以由影线或者十字线构成。

平底锅的出现是因为在多空双方战斗中，多方力量强于空方力量。空方力量在长时间的下跌过程中已经消耗殆尽，多方力量趁机而入，导致股价止跌回升，形成底部。普通投资者没有能力提前入场。要做的就是掌握底部形态特征，跟在主力后边操作就可以了。

信号含义：空单离场，多单入场。

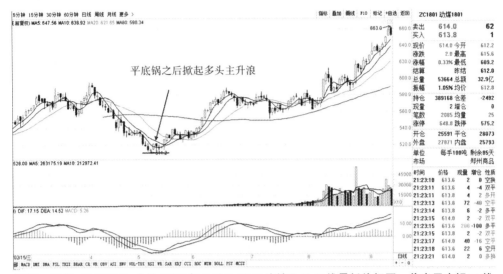

图示：动煤（ZC1801）合约 2017 年 5 月 8~12 日连续几日 K 线最低价相同，收出平底锅 K 线组合，然后行情以一根中阳线启动，是非常流畅的大波段做多行情

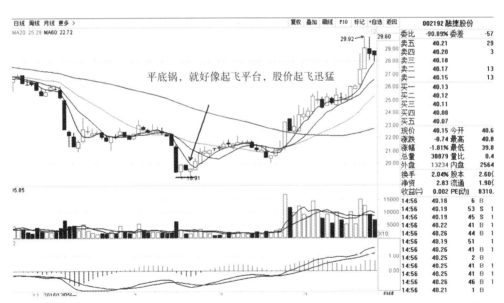

图示：2017 年 1 月 19 日，融捷股份（002192）K 线的最低价和前天也即 1 月 17 日最低价基本相同，构成平底锅 K 线组合

　　笔者注意到这个现象时就买入一点，由于当天的最低价是上午开盘后不久创出来的，笔者在下午快收盘时确认了最低价已经基本成功时买入的，后来又再次加仓，做到了一波主升浪。

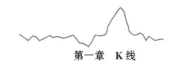

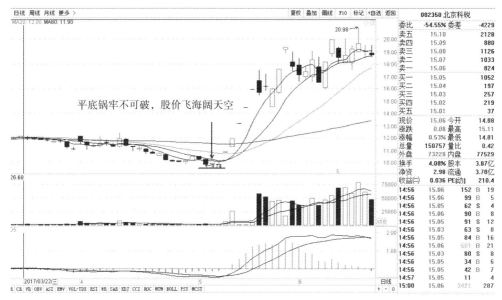

图示：北京科锐（002350）走势

2017 年 5 月 3 日最低价 9.74 元，5 月 4 日最低价仍然是 9.74 元，当时该股股价已经跌幅很深，可能见底，于是笔者买入一点；5 月 5 日最低价 9.77 元也基本相同，确认平底锅 K 线组合成立，当日买进一部分加仓操作。股价接着就连续涨停，连续大涨翻倍。

身怀六甲

身怀六甲又名"母子相连"或者孕线、停二线，阴孕阳见底，阳孕阴见顶。为连续的两天 K 线的组合。

定义：

（1）前一天也即左边的 K 线是一根大实体的阴线或者阳线。

（2）第二天的也即右边的 K 线的最低价和最高价都包含在左边 K 线的最低价和最高价之内。

（3）右边的 K 线实体不能超过左边的 K 线实体。也即第二天的开盘价和收盘价都被包含在第一天之内。

（4）如果右边 K 线的最高价和最低价也即上下影线都被包含在左边 K 线的实体之内，这被称为绝对的孕线。

（5）一般情况下，左右两根 K 线的实体阴阳并无关紧要，重要的是前一天也即昨天的 K 线实体要足够大，后一天也即右边 K 线上下影线不要过长。

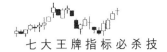

本质：孕线是 K 线形态中的转折组合的一种，按照字面可以理解为一根长 K 线把另一根短 K 线包含住了，多空变化上，以第一个交易日出现单边下跌或上涨，为多头或空头的单边市场，第二个交易日突然在第一个交易日的波动范围内开盘，收盘的上升或下跌幅度也比第一个交易日要小，此为多头或空头市场由趋势明确的单边市变得犹豫不决，在寻找新方向的态势。抓住这个本质就能更好地理解孕线的真正含义了。

信号含义：前面一波趋势的停止，同时孕育着新的趋势。

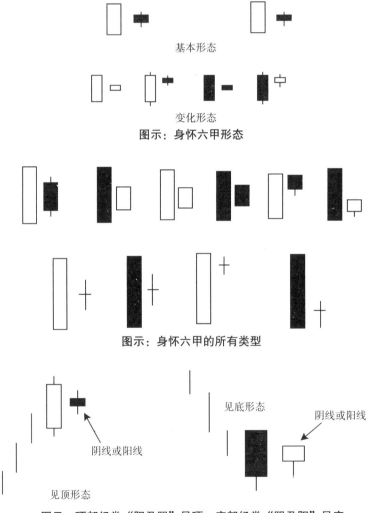

图示：身怀六甲形态

图示：身怀六甲的所有类型

图示：顶部经常"阳孕阴"见顶；底部经常"阴孕阳"见底

图示：顶部身怀六甲

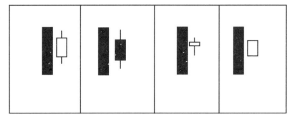

图示：底部身怀六甲

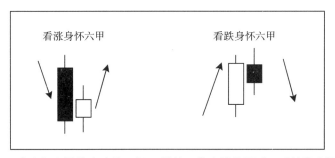

图示：当身怀六甲的右边的一根 K 线处于靠上的位置时，反转势头就更强烈

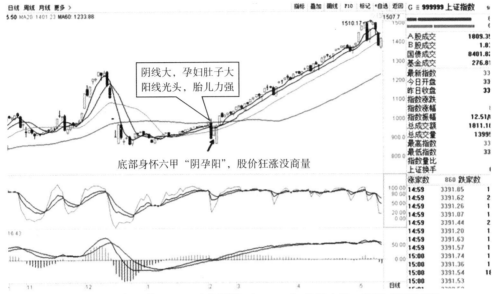

图示：1997 年 2 月 19 日，上证指数（999999）身怀六甲，底部"阴孕阳"

这个孕线特别有力量，因为阴线就像是肚子，阴线实体大，说明孕妇身体健康，营养充足；阳线只有实体没有上下影线，说明在集中力量吸收阴线实体的营养。紧接着上证指数狂涨 50%，股市里许多股票纷纷翻倍。

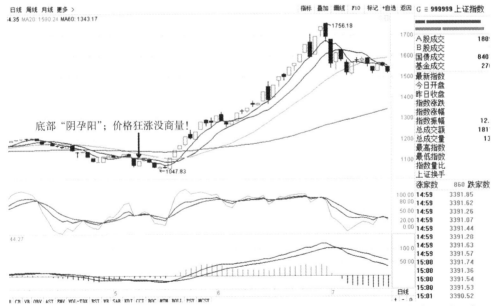

图示：1999 年 5 月 11 日，上证指数（999999）身怀六甲，底部"阴孕阳"，指数短时间内连续狂涨 70%，大部分股票翻倍

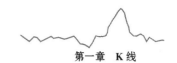
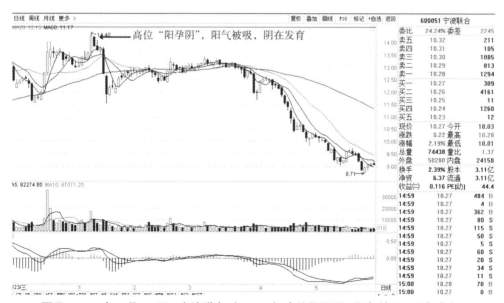

图示：2015 年 9 月 28 日，全通教育（300359）周线底部阴孕阳，股价迅速翻倍

图示：2017 年 1 月 10 日，宁波联合（600051）高位阳孕阴，阳气被吸，阴气发育，
股价跌跌不休

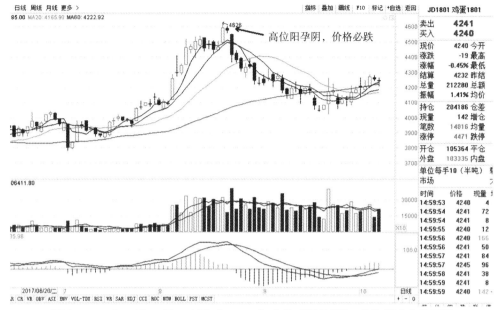

图示：2017 年 8 月 22 日，鸡蛋（JD1801）高位"阳孕阴"，价格迅速节节下滑

男女拥抱线

定义：男女拥抱线又名抱线、包容线、吞没线、吞并线，其中顶部阴包阳又有一个专有名称叫穿头破脚，底部阳包阴又叫破脚穿头。

为什么叫男女拥抱线呢？因为这种 K 线组合必须由两根实体阴阳不同的 K 线组成，并且右边的 K 线必须完全吞没左边的 K 线实体；好像男女在拥抱一样，也像男女阴阳交合一样。左阴右阳男抱女，左阳右阴女抱男。

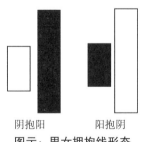

阴抱阳　　　阳抱阴
图示：男女拥抱线形态

对于抱线形态的基本判断标准是：

（1）在抱线形态之前，市场必须处于清晰可辨的上升趋势或下降趋势中，哪怕这个趋势只是短期的，但不能是横盘整理。

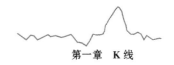

（2）抱线形态必须由两根 K 线组成，其中第二根 K 线的实体必须覆盖第一根 K 线的实体（但不一定吞没前者的上下影线）。

（3）抱线形态的第二根 K 线必须与第一根 K 线类型（阴线或阳线）相反。

信号含义：趋势反转。

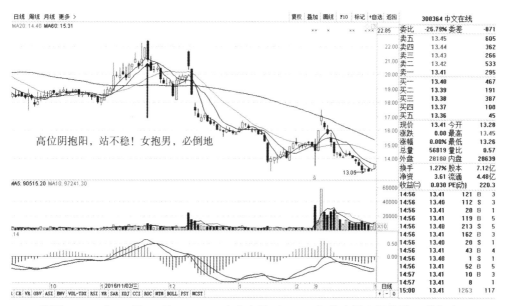

图示：2016 年 11 月 22 日，300364 中文在线（300364）收出男女拥抱线 K 线组合，高位阴抱阳

这对组合中，阳线实体非常大，一个女人是不可能抱得动一个大男人的，即使勉强抱起来，也坚持不了多久，价格必然崩塌。笔者当时犹豫不决，最终还是卖出了。因为女抱男，位置又高，这姿势显然不可能持久，后续股价接连暴跌。

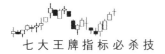

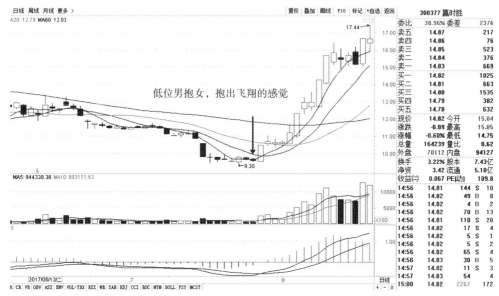

图示：2017年7月27日，赢时胜（300377）收出男女拥抱线组合

在这对K线组合里，男方也即阳线非常高大威武，女方也即左边的阴线非常娇小瘦弱，可以预见一定抱得起来，不但抱得起来，抱着转几个圈，做几个飞翔动作都可以实现，跟大人抱小孩没区别。在右边这根大阳线起来时，笔者判断股

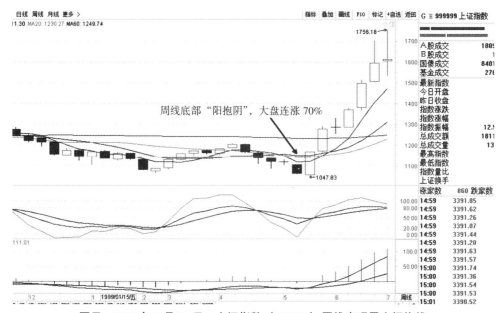

图示：1999年5月21日，上证指数（999999）周线出现男女拥抱线

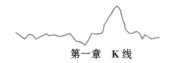

价要起飞了，果然该股连续大涨，迅速翻倍。

　　女方差不多是男方的一半高，比例协调，由于是周线，相当可靠，阴阳和谐琴瑟共鸣，后续应该有行情，当时股票数量很少，大部分股票都涨得很好，上证指数周线连拉大阳线，短期上涨70%，真是难得。这波行情笔者也挣了不少钱。

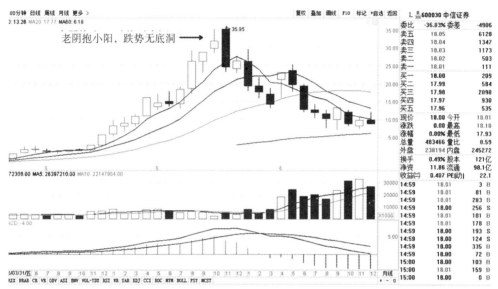

图示：2007年11月30日，中信证券（600030）月线收出高位女抱男男女拥抱线，
后续跌势惨烈

　　虽然月线收得非常难看，但是由于市场持续了两年牛市，大家的思维空前一致，很多人看到1万点，当时也有很多人认为这只是大牛市里的一次强势调整而已。分歧非常大，没人相信熊市那么快就会到来。但是仔细研究了月线以后，这个月线的男女拥抱线坚定了笔者离场的决心，因为女方实在太强了，男方只有一点点阳气。所以坚决回避。之后，就是一波月线级别的大跌。

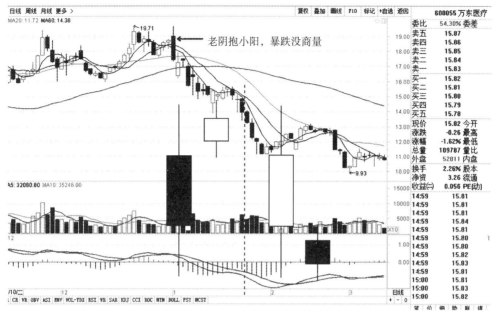

图示：2016 年 1 月 4 日，万东医疗（600055）出现老阴抱小阳的男女拥抱线，久经沙场的女人来抱一个不解风情的小伙子，小伙子哪里是对手？股价果然一败涂地

尽头线

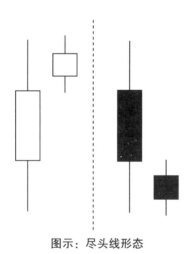

图示：尽头线形态

定义：由 2 根一大一小 K 线组成。

上涨尽头线：第一根 K 线为大阳线或中阳线，并留有一根上影线，第二根 K 线为小十字线或小阳小阴线，第二根 K 线的实体部分和上影线必须在第一根 K 线的上影线之内，不得超过上影线的范围。第二根小 K 线的下影线部分则无要求。

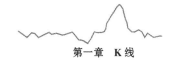

下跌尽头线：第一根K线为大阴线或中阴线，并留有一根下影线，第二根K线为小十字线或小阳小阴线，第二根K线的实体部分和下影线必须在第一根K线的下影线之内，不得超过下影线的范围。第二根小K线的上影线则无要求。

信号含义：顾名思义，是一段上涨或者下跌趋势的尽头。

注意：第二根K线的实体部分越小反转力量越强。

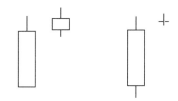

图示：标准的上涨尽头线

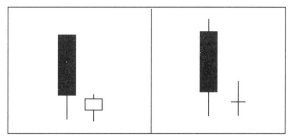

图示：标准的下跌尽头线

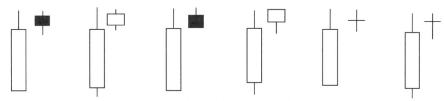

图示：上涨尽头线的不同类型

以上几种图形均属于顶部尽头线的变化形态，一根带有长上影的大阳线或中阳线，右上角配合一根很小的K线（小阳、小阴、十字星均可），依附在第一根阳线的上影线之内。

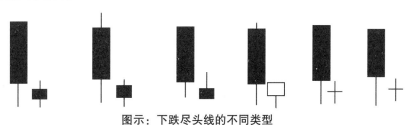

图示：下跌尽头线的不同类型

以上几个图形均属于底部尽头线的变化形态，一根带有长下影的中阴线或大阴线，配合一根很小的 K 线实体（小 K 线、小阳、小阴或十字星均可），依附在第一根阴线的下影线之内。

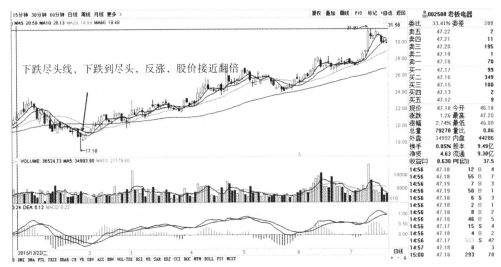

图示：2016 年 1 月 27 日，老板电器（002508）收出一根标准的下跌尽头线，股价转跌为涨，连续上涨 90%

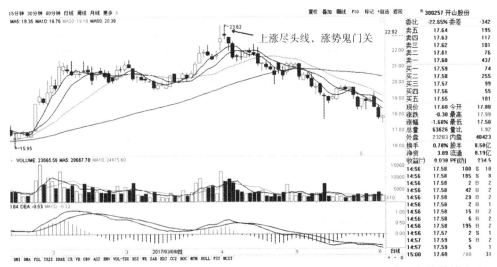

图示：2017 年 4 月 6 日，开山股份（300257）收出一根上涨尽头线 K 线组合，股价转涨为跌，连续暴跌

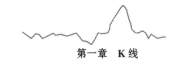

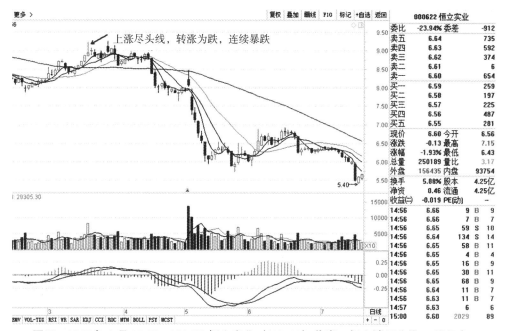

图示：2017 年 3 月 20 日，000622 恒立实业（000622）收出一根上涨尽头线 K 线组合，
股价转涨为跌，连续暴跌

三根 K 线组合

红三兵与三只乌鸦

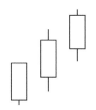

图示：红三兵形态

定义：连续创新高的三根阳线；第二根和第三根阳线必须在前一根 K 线实体
的中心线之上开盘，在前一根 K 线的最高价之上收盘。没有影线则力量更强。

信号含义：只有在底部才有意义，当前溯 3 个月大幅下跌时，此时出现红三
兵是上涨信号。

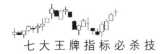

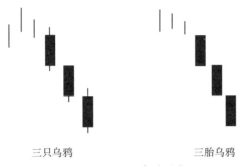

三只乌鸦　　　　　　　　　三胎乌鸦

图示：三只乌鸦形态

定义：连续创新低的三根阴线；第二根和第三根阴线必须在前一根 K 线实体的中心线之下开盘，在前一根 K 线的最低价之下收盘。没有影线则下跌力量更强，叫三胎乌鸦。

信号含义：只有在高位才有意义，当前 3 个月大幅上涨时，此时出现三只乌鸦是下跌信号。

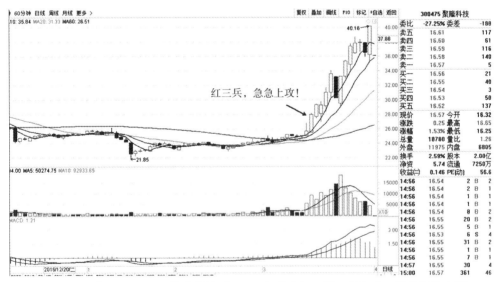

图示：2017 年 3 月 16 日，聚隆科技（300475）收出红三兵 K 线组合，股价连续大涨

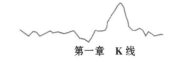

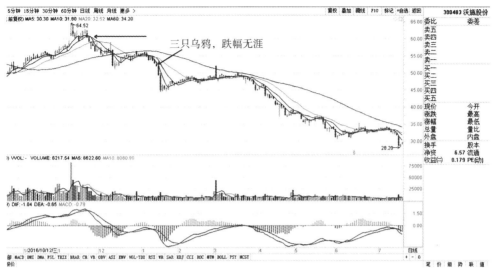

图示：2016 年 11 月 28 日，沃施股份（300483）收出三只乌鸦 K 线组合，股价开启下跌趋势；
2017 年 1 月 13 日该股再次收出三只乌鸦 K 线组合，股价跌跌不休

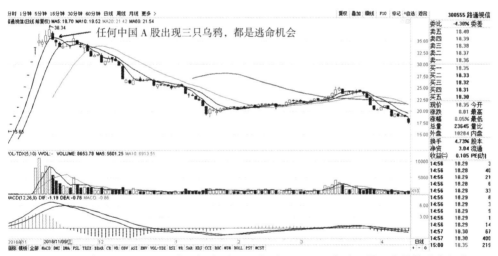

图示：2016 年 11 月 15 日，路通视信（30055）出现了三只乌鸦，是一个最佳逃命机会

多方炮与空方炮

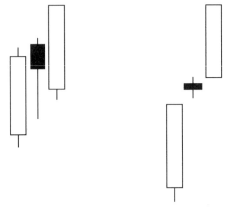

强势形态的多方炮　　　　　超强势形态的多方炮

图示：多方炮形态示意

定义：多方炮是一种K线组合形态，走势上呈现两阳夹一阴的K线技术形态。第二天的阴线实体不能太大，第三天的阳线收盘价必须高于第一天的阳线。

信号含义：只有在底部才有意义，当前溯3个月大幅下跌时，此时出现多方炮是上涨信号。

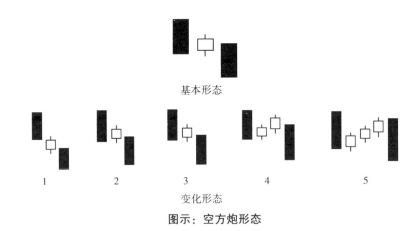

基本形态

1　　　　　2　　　　　3　　　　　4　　　　　5

变化形态

图示：空方炮形态

定义：空方炮是一种K线组合形态，走势上呈现两阴夹一阳的K线技术形态。第二天的阳线实体不能太大，第三天的阴线收盘价必须低于第一天的阴线。

信号含义：只有在顶部才有意义，当前溯3个月大幅上涨时，此时出现空方炮是上涨信号。

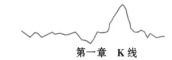

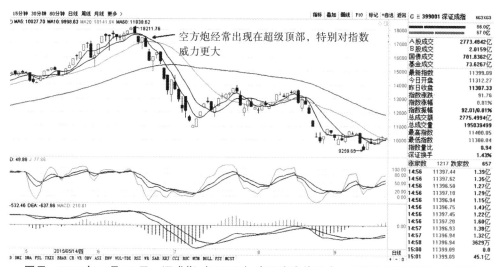

图示：**2015 年 6 月 18 日，深成指（399001）出现空方炮组合，只要中国的任何一个指数出现在空方炮组合，笔者是必然跑的**

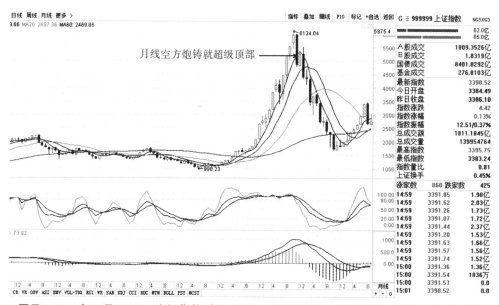

图示：**2008 年 1 月 31 日，上证指数（999999）月线空方炮，史无前例的金融危机单边下跌**

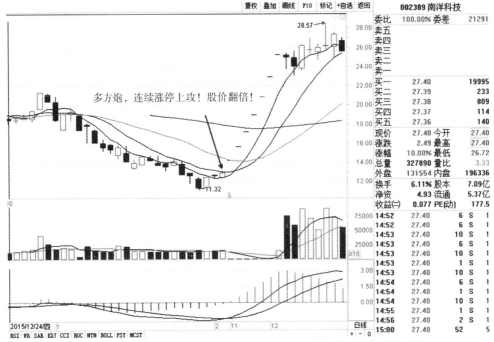

图示：2016年2月2日，南洋科技（002389）多方炮，股价连续大涨

揉搓线

定义：顾名思义，股份像织物在洗衣机里反复揉搓一般，一般多出现在上涨的趋势中，第一天出现股价上攻走势，但收盘回落至开盘价附近，呈上T字线或者只有上影线的小实体K线；第二天股价出现下探趋势，收盘则反弹到开盘价附近，形成下T字线或者只有下影线的小实体K线。

揉搓线可以不分正反，也即上影线在前或者下影线在前其实影响不大。

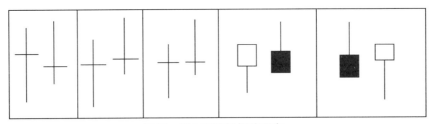

图示：长上下影揉搓线形态

揉搓线的主体只有两根K线，它的方向需要第三根K线来决定，一般是后面的那根K线来确定方向。

150

信号含义：加速线、洗盘线，最常出现在上涨趋势初期，起到加速上涨的作用。

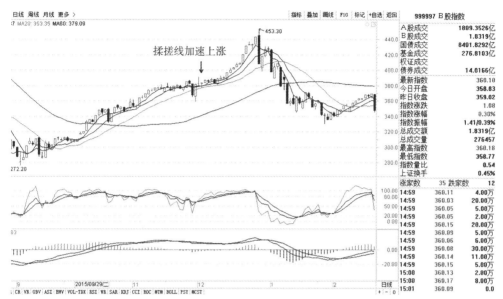

图示：2015年12月2日，B股指数（999997）出现揉搓线组合，直接加速上涨

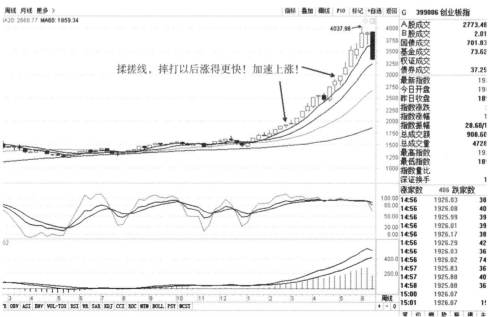

图示：2015年3月6日，创业板指（399006）周线都收出了揉搓线组合，上升角度变得更陡，
5月8日创业板指周线再度出现揉搓线组合，上升速度更快

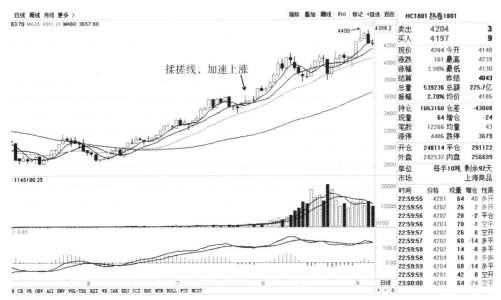

图示：2017 年 7 月 26 日，热卷（HC1801）合约出现揉搓线组合，上涨力度变得更猛

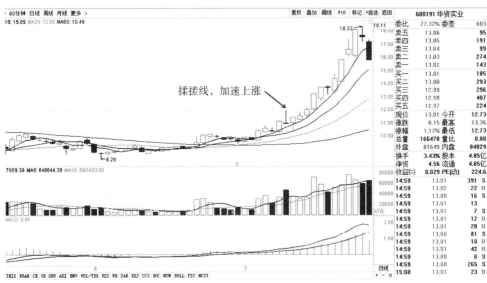

图示：2017 年 7 月 12 日，华资实业（600191）出现揉搓线组合，从 20 度角上升变成 45 度角上升

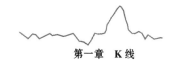

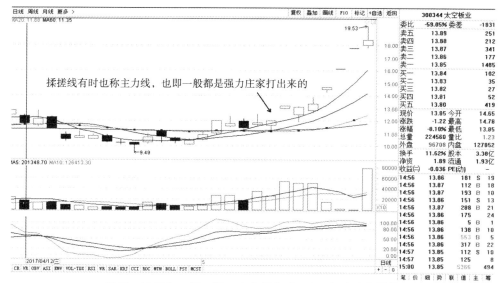

图示：2017年5月9日，太空板业（300344）出现揉搓线

揉搓线是主力资金强大的表现，也代表着极强的上攻欲望，该股笔者果断买进，3个涨停走人。

树上挂两鸦

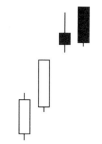

图示：树上挂两鸦形态

定义：连续上涨之后，一根大阳线之后，向上跳空形成并排的两根阴线，就像两只乌鸦站在树上一样，但是缺口较大，随时会飞走，所以股价随时会跌。

向上跳空的两根可以是阴线，也可以是十字星，还可以是一阴一阳，但是必须至少一根阴线，也即不能两根都是阳线。并且如果是阳线，阳线应该为小实体有上下影线的阳线。

当上面挂的是一阴一阳两根K线时，称为树上双飞鸦，具备更强的下跌意愿，且震荡剧烈。

信号含义：即将大跌，离场观望。

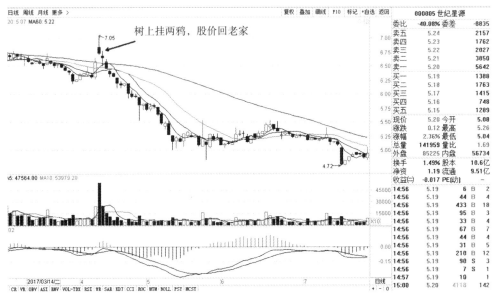

图示：2017 年 4 月 12 日，世纪星源（000005）树上挂两鸦 K 线组合，股价迅速大跌

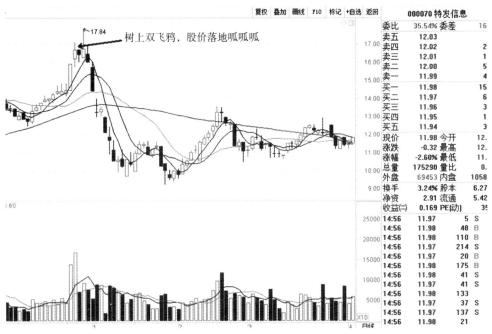

图示：2015 年 12 月 29 日，特发信息（000070）出现树上双飞鸦 K 线组合，股价连续大跌

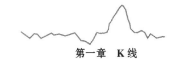

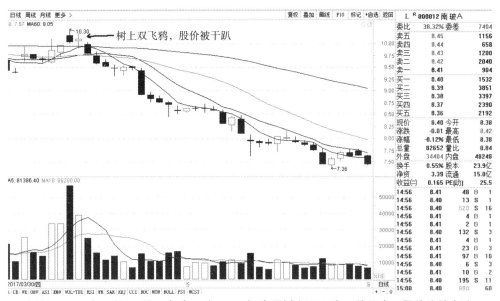

图示：2017 年 4 月 13 日，南玻 A（000012）出现树上双飞鸦 K 线组合，股价连续大跌

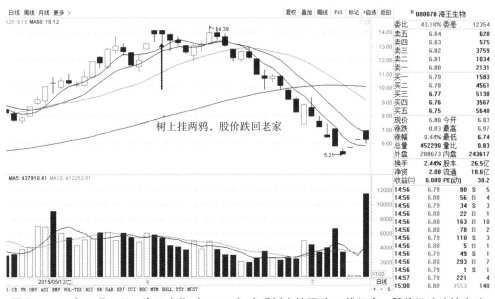

图示：2015 年 6 月 3 日，海王生物（000078）出现树上挂两鸦 K 线组合，股价迅速连续大跌

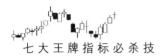

前方受阻线

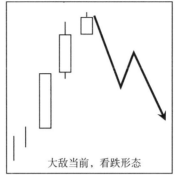

大敌当前，看跌形态

图示：前方受阻线形态

定义：连续的三根阳线，后面一根实体都比前面一根的实体小。

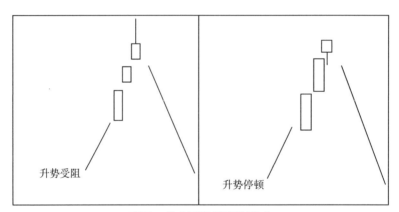

升势受阻　　　　　　　　升势停顿

图示：前方受阻线变化形式

信号含义：升势受到阻拦，获利了结，离场观望。

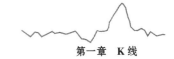

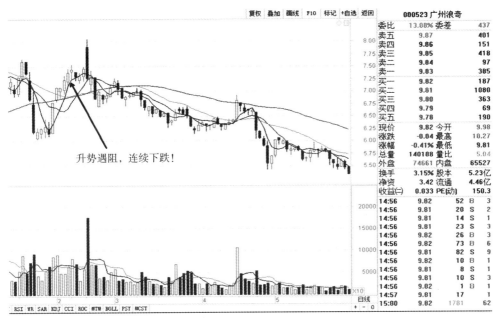

图示：2011年2月14日，广州浪奇（000523）出现前方受阻线，连续下跌

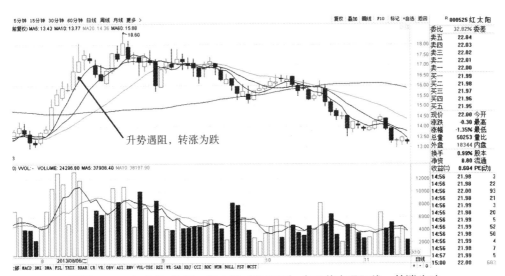

图示：2013年8月13日，红太阳（000525）出现前方遇阻线，转涨为跌

思考线

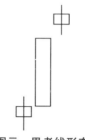

图示：思考线形态

定义：连续的三根阳线，中间是涨幅大于 3% 的大实体阳线，两侧都是小实体阳线。但是两个小实体阳线不能被大实体吃掉。

股价在上行途中连续拉出三根阳线，其中的第一根阳线实体比较短小，第二天由于空头斩仓，价格快速上升，阳线实体很大，第三天再次形成一根小阳线。显示行情极其犹豫不决。

信号含义：顾名思义，这是在"思考"还要不要继续涨。涨势行情的发展肯定不会很顺利。是见顶的信号。在个别情况下，"红三线思考星"出现后，股价还会出现再升一程的走势，但大家不能贪图这最后的一涨，这一涨势是无法判断的，有可能出现，有可能不出现，不能恋战。

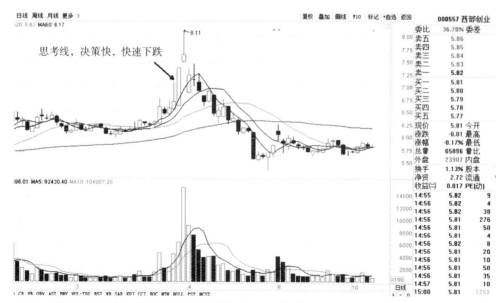

图示：**2017 年 3 月 31 日，西部创业（000557）出现思考线之后，股价快速下跌**

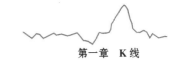

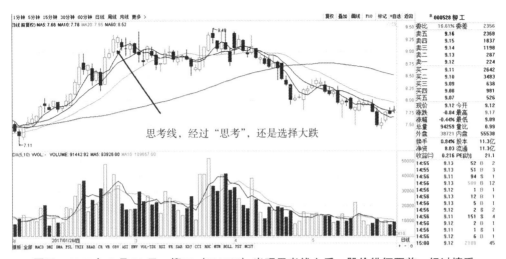

图示：**2015 年 2 月 23 日**，柳工（000528）出现思考线之后，股价徘徊不前，经过慎重"思考"，行情最终选择大跌

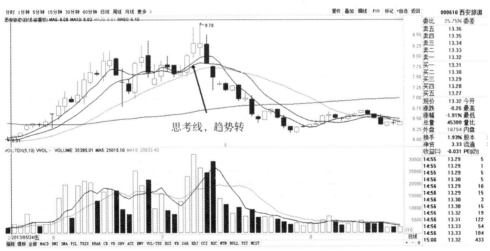

图示：**2013 年 7 月 8 日**，西安旅游（000610）收出思考线，意味着涨势不再继续，进入了"思考"阶段，但是仅仅经过 1 天的思考，就果断选择了暴跌

早晨之星与黄昏之星

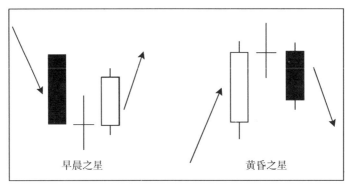

图示：早晨之星与黄昏之星形态

早晨之星定义：第一天，股价继续下跌，并且由于恐慌性的抛盘而出现一根巨大的阴线，大势不妙。第二天，跳空下行，但跌幅不大，实体部分较短，形成星的主体部分。构成星的部分，既可以是阴线，也可以是阳线。第三天，一根长阳线拔地而起，价格收复第一天的大部分失地，市场发出明显看涨信号。

信号含义：确认见底，股价起涨。

黄昏之星定义：第一天，市场在一片狂欢之中继续涨势，并且拉出一根长阳线。第二天，继续冲高，但尾盘回落，形成上影线，实体部分窄小，构成星的主体。第三天，突然下跌，间或出现恐慌性抛压，价格拉出长阴，抹去了前两天大部分走势。

信号含义：确认见顶，启动下跌。

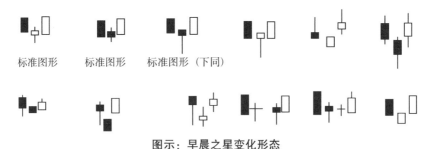

图示：早晨之星变化形态

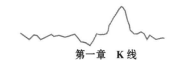

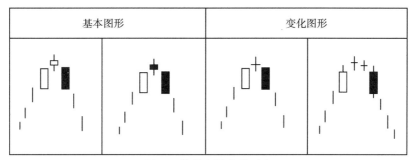

图示：黄昏之星变化形态

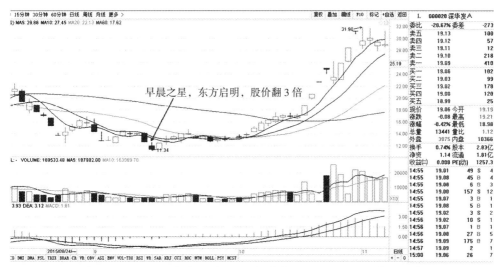

图示：2015 年 9 月 16 日，深华发 A（000020）收出早晨之星 K 线组合，股价迅速翻 3 倍

深华发 A 是笔者经常进出操作的股票，这么好的机会当然不会放过，还好早晨之星帮了笔者。

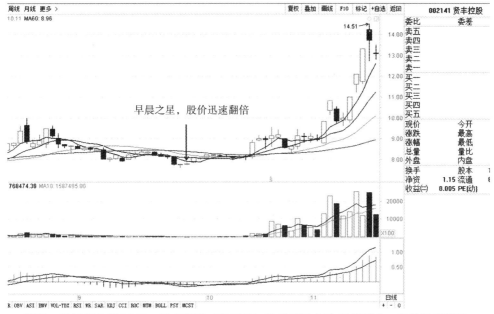

图示：2016 年 9 月 29 日，贤丰控股（002141）收出早晨之星 K 线组合，股价迅速翻倍，干净利索不拖泥带水

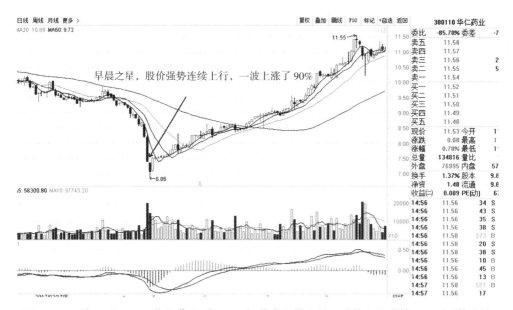

图示：2017 年 5 月 4 日，华仁药业（300110）收出早晨之星，跌势立即逆转，V 形反转连续上涨了 90%

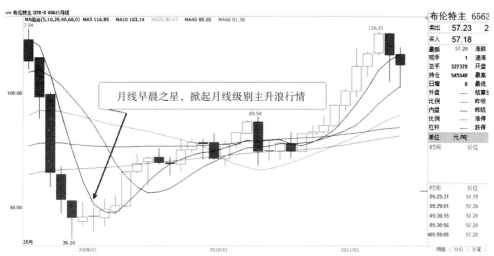

图示：2009年3月31日，布伦特石油期货主力合约月线收出早晨之星，掀起了一轮月线级别的超级主升浪大行情，笔者也是反复确认后才进场做多的

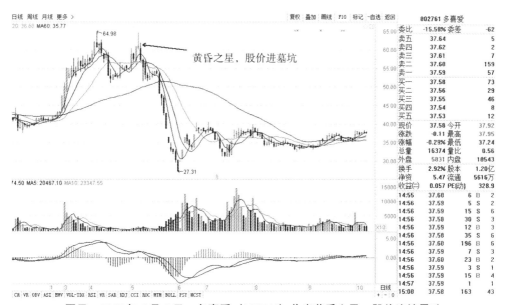

图示：2017年5月8日，多喜爱（002761）收出黄昏之星，股价连续暴跌

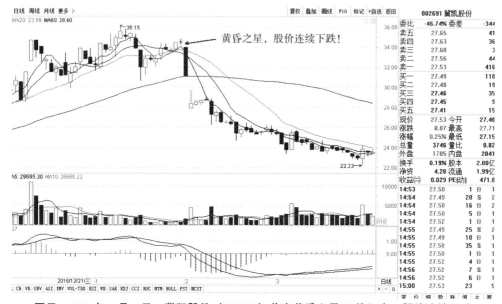

图示：2017 年 2 月 3 日，冀凯股份（002691）收出黄昏之星 K 线组合，股价连续下跌

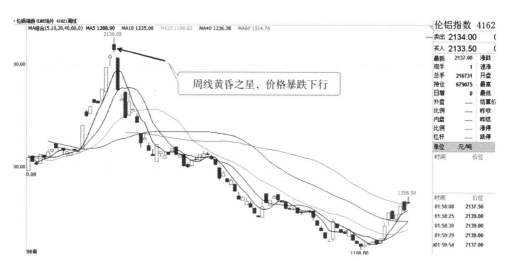

图示：1990 年 9 月 28 日，伦敦铝指数周线收出黄昏之星 K 线组合，价格连续暴跌，跌幅高达 50%

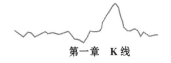

弃婴线

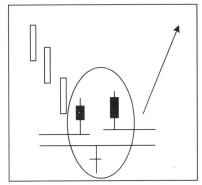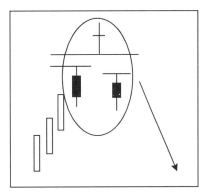

图示：底部和顶部弃婴线形态

定义：弃婴线可以看作是早晨之星和黄昏之星的一种极端形式，其他的定义相同，但是对中间一条 K 线，要求有包含影线在内的绝对的跳空缺口（即中间一根 K 线的影线不能和两侧的 K 线有任何接触，影线也不能有重合的部分），并且只能是十字星。中间的一个小十字星就像被抛弃的婴儿一样，孤苦伶仃，故名弃婴线。

在顶部的弃婴线必须左边是阳线，中间是十字星，右边是阴线；在底部的弃婴线必须左边是阴线，中间是一根十字星，右边是阳线。

信号含义：极端的反转力量。

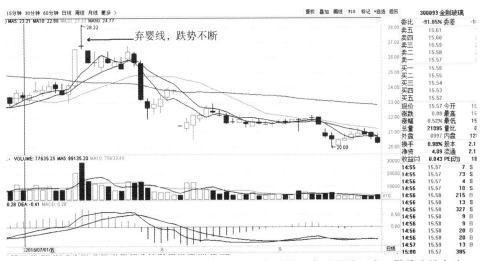

图示：2016 年 7 月 15 日，金刚玻璃（300093）收出顶部弃婴线组合，股价连续大跌

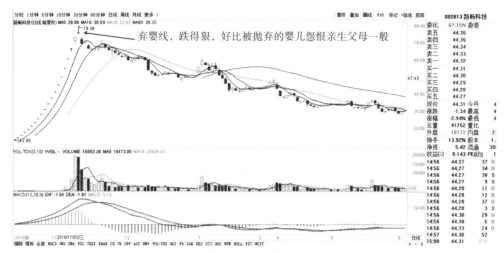

图示：2016 年 11 月 14 日，路畅科技（002813）收出顶部弃婴线组合，股价如同坠入无底深渊

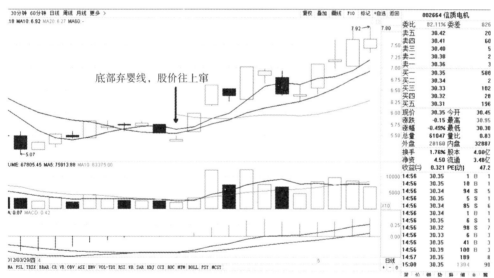

图示：2012 年 4 月 19 日，信质电机（002664）收出底部弃婴线组合，股价连续拉升

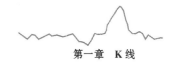

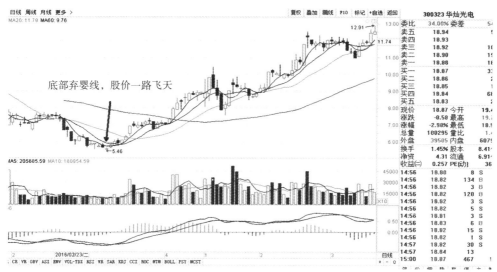

图示：2016 年 3 月 14 日，华灿光电（300323）收出底部弃婴线 K 线组合，股价迅速翻倍，并在翻倍的基础上继续连续大涨

三根以上的 K 线组合

上升三部曲与下降三部曲

上升三部曲与下降三部曲是上升趋势和下降趋势中最常见的 K 线组合，除了连续涨停和连续暴跌的走势之外，几乎所有上升和下降的趋势都会经历这个阶段。

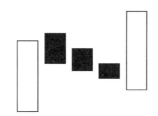

图示：标准的上升三部曲形态

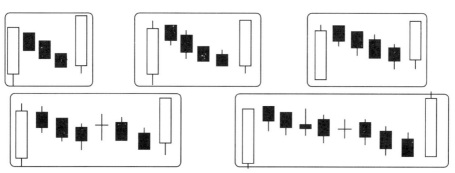

图示：上升三部曲的变化形态

上面几个图形均属于上升三部曲K线组合，股价首先拉出一根中阳线或大阳线向上发动攻击，随后股价接连收小阴、小阳或十字星向右下方逐渐回调，最终股价回调止跌的点位并没有跌破第一根中阳线或太阳线的开盘价位，之后股价再次拉中阳线或大阳线向上发动攻击，并一举创出整个K线组合的新高。

上升三部曲定义：标准图形出现在上涨途中，由大小不等的5根K线组成，先拉出一根大阳线或中阳线，接着连续出现三根小阴线，但都没有跌破前面阳线的开盘价，并且成交量也开始减少，随后出现了一根大阳线或中阳线，其走势有点类似英文字母N。

中间的小K线只要满足不跌破第一根阳线的开盘价，数量可多可少。

信号含义：多方牢牢掌控局面，并在积蓄力量伺机上攻。投资者遇到这种情况，不要以为三连阴后股价就会转弱，这往往会使投资产生失误。

图示：标准下降三部曲形态

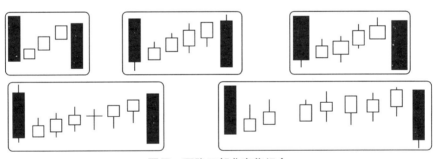

图示：下降三部曲变化组合

上面几个图形均属于下降三部曲K线组合，股价首先由一根较有力度的中阴线或大阴线开始，随后股价展开小阴、小阳反弹行情，但小阴、小阳反弹的最高点并没有向上突破第一根大阴线的开盘价位，紧接着股价在拉一根较有力度的大阴线或中阴线向下回调，并一举跌破第一根阴线的收盘价位，股价再次创出整个K线组合的新低。

下降三部曲定义：标准图形由五根K线组合而成，首先由一根较有力度的大阴线或中阴线开始，随后接连出现三根小阳线持续反弹，但三根小阳线的实体均

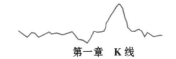

依附在前一根大阴线的实体之内，三根小阳线的最高收盘价并没有向上突破第一根阴线的开盘价，紧接着股价再拉出一根较有力度的大阴线或中阴线向下破位下行，并一举跌破第一根大阴线或中阴线的收盘价，股价再次创出整个K线组合的新低。

中间的小K线只要满足不升破第一根阴线的开盘价，数量可多可少。

信号含义：股价将节节下滑。

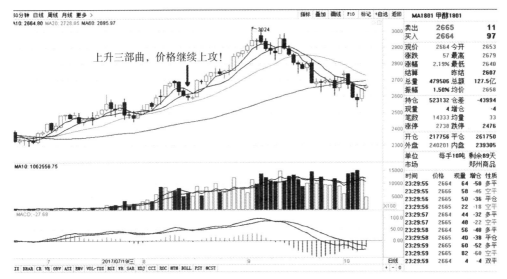

图示：2017年8月17日，甲醇（MA1801）主力约出现上升三部曲K线组合，大胆入场做多，收获满满

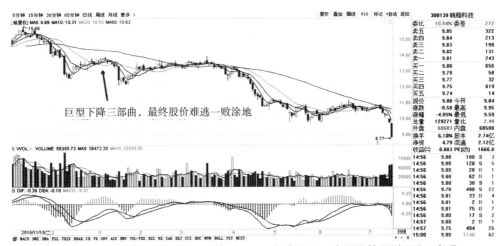

图示：2017年1月16日，晓程科技（300139）出现了一个罕见的巨型下降三部曲，后来股价怎么也涨不上去，最终股价连续暴跌

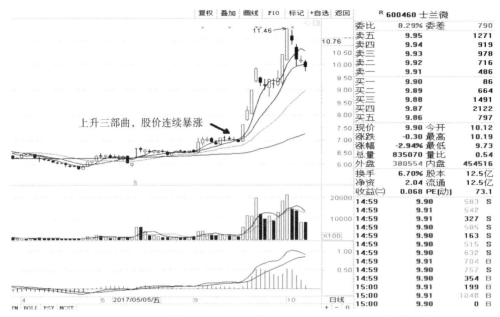

图示：**2017 年 9 月 18 日**，士兰微（600460）形成上涨三部曲 K 线组合，强者恒强，高者必有新高，看见这个上升三部曲，笔者就大胆跟进，赚了一把

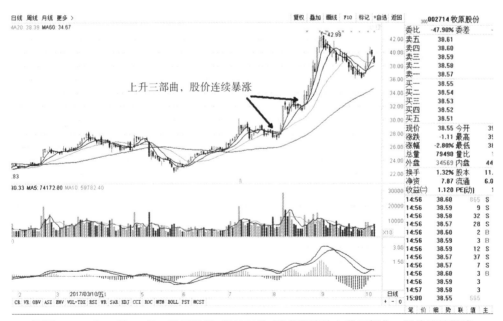

图示：**2017 年 8 月 22 日**，牧原股份（002714）形成连续的上升三部曲，股价连续暴涨

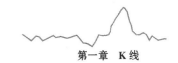

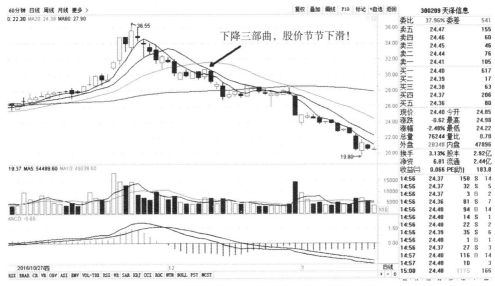

图示：2016 年 12 月 12 日，天泽信息（300209）形成下降三部曲 K 线组合，股价跌跌不休

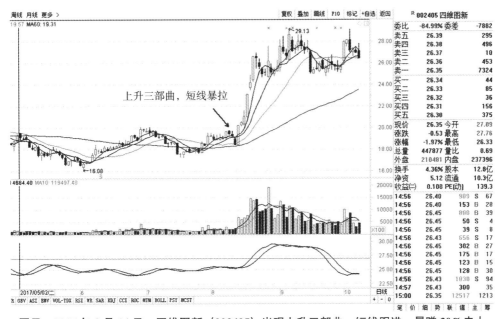

图示：2017 年 8 月 14 日，四维图新（002405）出现上升三部曲，短线跟进，暴赚 30% 走人

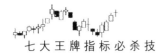

下降覆盖线

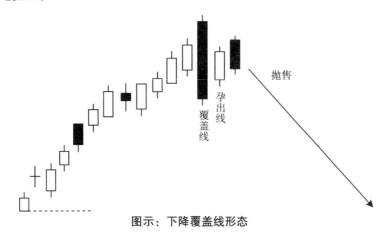

抛售

覆盖线

孕出线

图示：下降覆盖线形态

定义：下降覆盖线是由四根 K 线组成的 K 线组合。第一根 K 线为阳线；第二根 K 线为阴线，并且其最低价低于第一根阳线的最低价；第三根 K 线是一根中阳线或小阳线，但阳线的实体通常比前一根阴线短；之后，又出现一根阴线，阴线实体至少占前一根阳线实体的一半，有时会跌破前一根阳线的最低价。

信号含义：启动下跌趋势，是形成头部的重要标志。

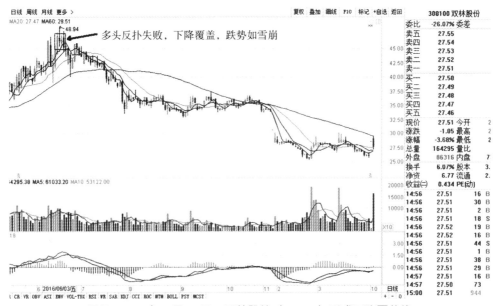

多头反扑失败，下降覆盖，跌势如雪崩

图示：2016 年 6 月 21 日，双林股份（300100）形成下降覆盖线

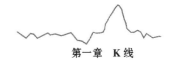

锯齿底

定义：不限定 K 线根数，指的是在底部区域以小 K 线、十字星、锤子下影线连续多次（至少 3 次）回踩同一个价格位置，形成一个水平带。

有时偶尔有一两根下影线特别长，就像不规则的锯齿，因此得名。

信号含义：底部牢不可破，必有大涨。

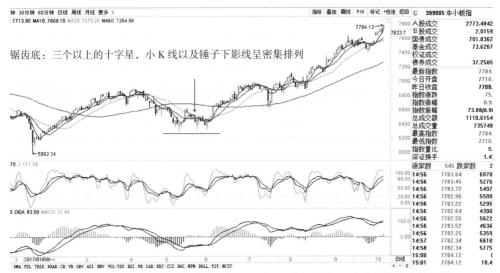

图示：**2017 年 6 月，中小板指数（399005）形成锯齿底，随后该指数连续大涨**

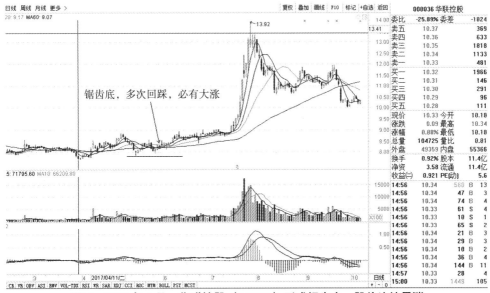

图示：**2017 年 6 月，华联控股（000036）形成锯齿底，股价连续暴涨**

七大王牌指标必杀技

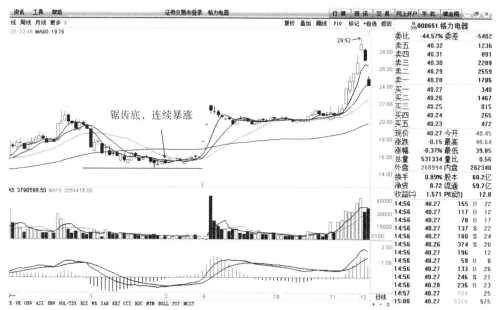

图示：2016 年 2 月，格力电器（000651）形成锯齿底，股价接连上涨

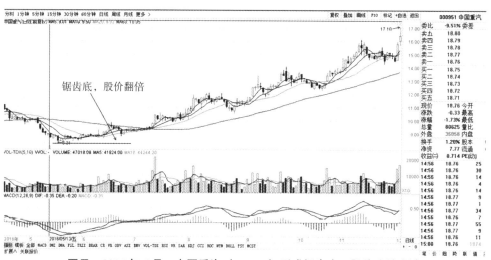

图示：2016 年 6 月，中国重汽（000951）形成锯齿底，股价连续大涨

174

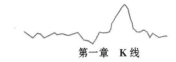

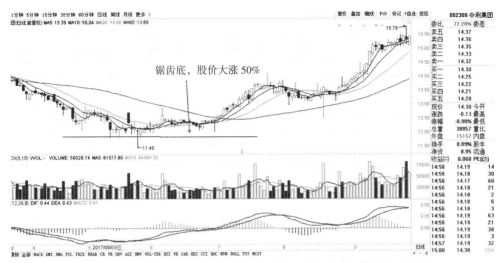

图示：2017年6月，中利集团（002309）形成锯齿底，股价迅速大涨

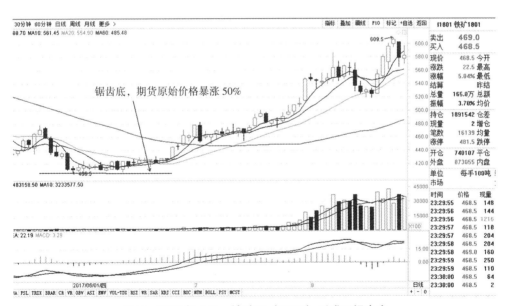

图示：2017年6月，铁矿石（I1801）形成了锯齿底

由于笔者经常操作锯齿底，所以放心进场做多，此后价格连续大涨，形成大多头趋势行情。

打桩底

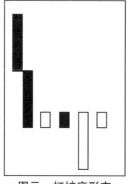

图示：打桩底形态

定义：在底部区域，大幅度低开并创出新低，但是收盘时却收出光脚大阳线，略带上影线也可，就好比盖楼时往地基深处打下的桩一样。

信号含义：见底回升。

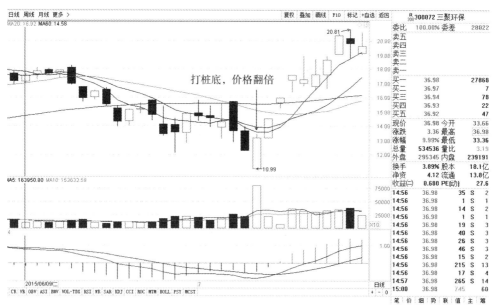

图示：2015 年 7 月 8 日，三聚环保（300072）收出打桩底，价格连涨翻倍

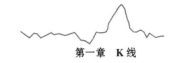

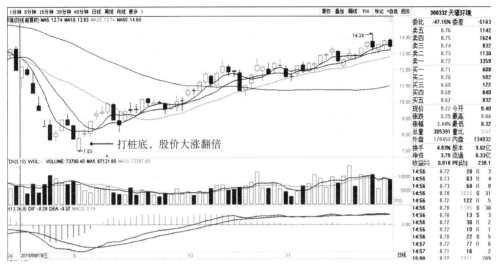

图示：2015年9月2日，天壕环境（300332）收出打桩底，价格连涨翻倍

塔形顶与塔形底

图示：塔形底形态

上面两个图形均属于塔形底K线组合，一根大阴线中阴线的右下方，出现一连串的小阴小阳线止跌，最后一根大阳线突然拉升，图形类似于一个倒转的塔顶。

定义：塔形底因左右两根塔线得名。塔线即一根大阴线和一根大阳线，两根塔线中间均为小阴线或小阳线。塔形底，见塔必买。

信号含义：确认见底，将要上涨。

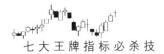
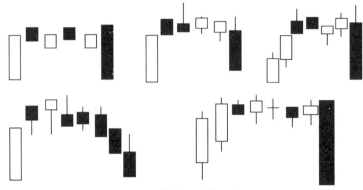

图示：塔形顶形态示意

上面几个图形均属于塔形顶 K 线组合，该组合是由多根 K 线组合而成，塔形顶的顶部既可以是平顶，也可以是尖顶，夹在塔形顶中间的小 K 线可以是十字星、射击之星或锤头 K 线，最后一根长阴线将整个塔形顶构造完成。

定义：塔形顶出现在上涨行情中，由一根大阳线、一根大阴线和中间的若干根小阴线、小阳线组成。塔形顶的左边虽然看似多方强势，但之后股价持续横盘整理，说明这次上涨可能是多方的最后一搏。同时，表明多方力量已经衰竭，空方力量逐渐占据主动。之后，出现的阴线更加验证了这个信号。

信号含义：确认见顶。

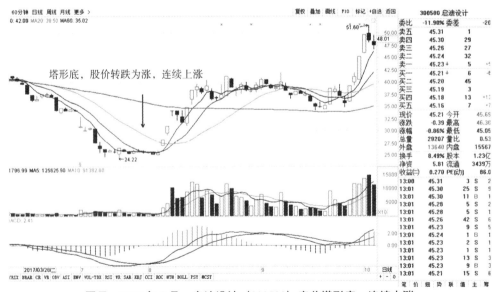

图示：2017 年 8 月，启迪设计（300500）完美塔形底，连续大涨

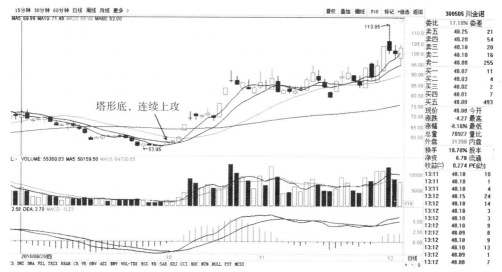

图示：2016 年 10 月 10 日，川金诺（300505）塔形底，股价大涨

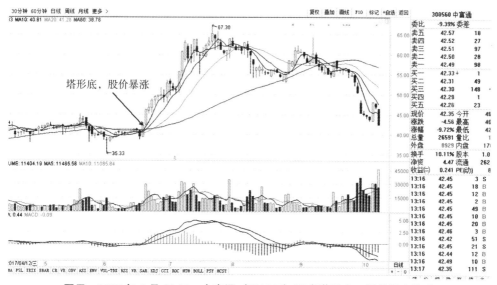

图示：2017 年 6 月 20 日，中富通（300560）形成塔形底，股价暴力拉升

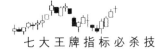

七大王牌指标必杀技

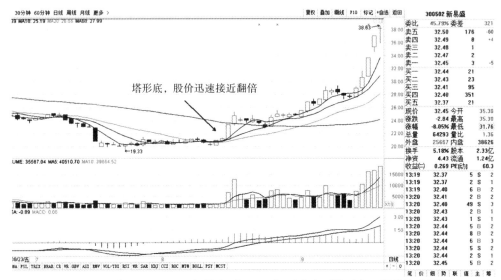

图示：2017 年 8 月 16 日，新易盛（300502）形成大型塔形底，股价接连暴涨

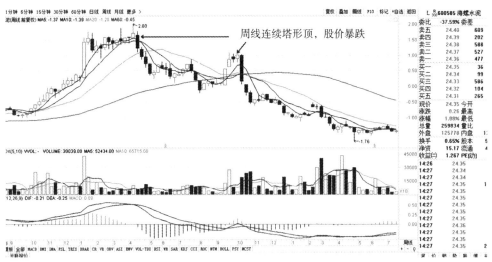

图示：2004 年 4 月，海螺水泥（600585）周线形成塔形顶，股价连续大跌；10 月略反弹再度
形成周线的塔形顶，股价再度连续暴跌

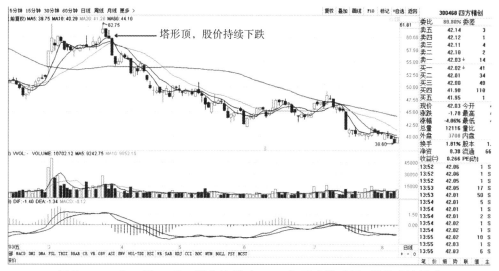

图示：2017 年 3 月 29 日，四方精创（300468）形成塔形顶，股价连续暴跌

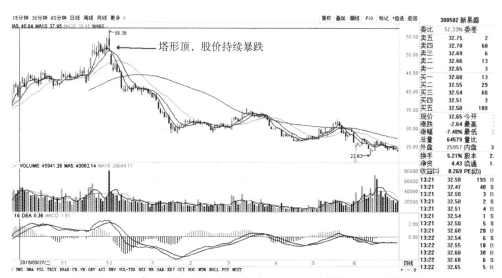

图示：2016 年 12 月 5 日，新易盛（300502）形成塔形顶，股价暴跌

岛型反转

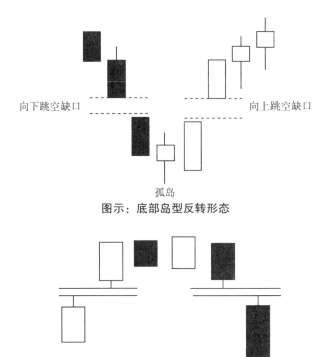

图示：底部岛型反转形态

图示：顶部岛型反转形态示意

底部岛型反转定义：股价在经过持续下跌后，突然跳空低开出现一个下跌缺口，随后股价继续下行，下跌到某低点又出现回升，向上跳空开始快速拉升，这个向上跳空缺口与前期向下跳空缺口，基本处在同一价格区域的水平位置附近，使整个底部形态在K线图上就像是一个远离海岸的孤岛形状，左右两边的缺口使这岛屿孤立地立于海洋上，这就是底部岛型反转形态。

信号含义：依托缺口做多。

顶部岛型反转定义：股价在经过持续上涨后，突然跳空高开出现一个上涨缺口，随后股价继续上涨，上涨到某高点又出现回落突然向下跳空，这个向下跳空缺口与前期向上跳空缺口，基本处在同一价格区域的水平位置附近，中间的K线图上就像是一个远离海岸的孤岛形状，左右两边的缺口使这岛屿孤立地立于海洋上，这就是顶部岛型反转形态。

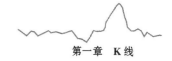

信号含义：依托缺口做空。

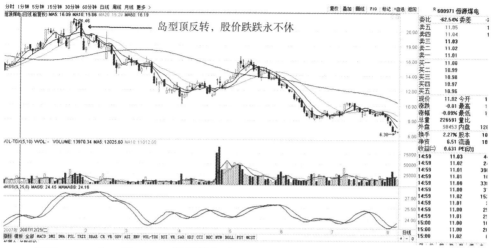

图示：2008 年 1 月 30 日，恒源煤电（600971）顶部岛型反转，股价跌入无底深渊

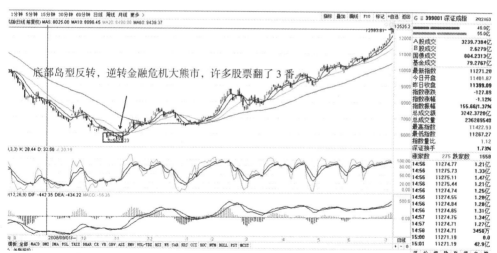

图示：2008 年 11 月 7 日，深证成指（399001）底部岛型反转，大部分深市股份翻了两 3 倍，
多的有三五倍

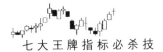

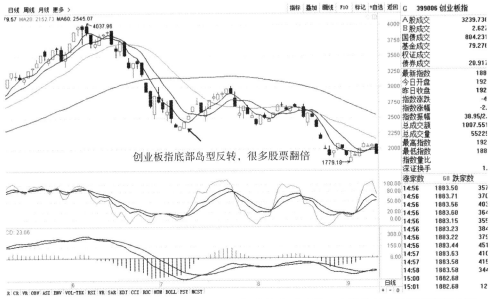

图示：2015 年 7 月 9 日，创业板指（399006）底部岛型反转，大部分创业板股票连续大涨

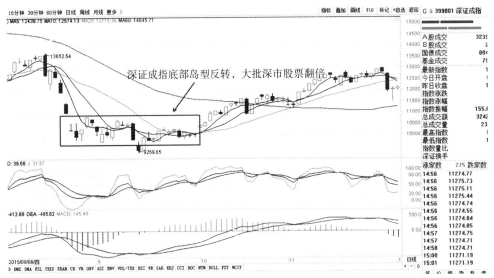

图示：2015 年 10 月 8 日，深证成指（399001）岛型反转，大部分股票暴涨番倍

看见岛型反转是一定要重仓进场的，大家都知道笔者 9 月底就发布 "who dars win" 号令，自己也满仓进场买中小创股票。

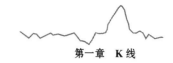

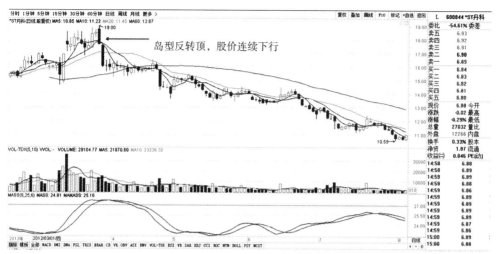

图示：2012 年 3 月 28 日，600844 丹化科技（600844）（现名 *ST 丹科）形成顶部岛型反转，意味着要大幅下跌，后续股价连续狂跌

步步登高

定义：K 线位于多条均线上方，由连续 5 根或者大于 5 根小实体 K 线组成，突然一天出现涨幅大于 5% 的大实体阳线。

信号含义：在大阳线那天跟进买入。

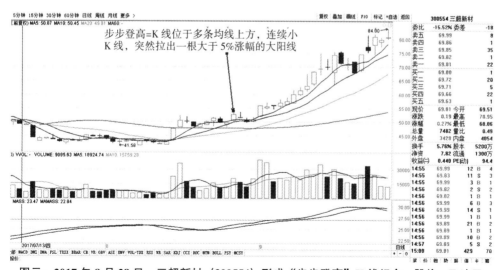

图示：2017 年 8 月 28 日，三超新材（300554）形成"步步登高"K 线组合，股价一飞冲天

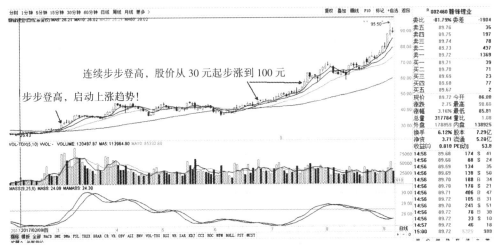

图示：赣锋锂业（002460）走势

这是 2017 年笔者第一重仓循环操作的股票，2 月底就买进了，3 月 3 日发出步步登高 K 线组合买入信号，步步登高信号是笔者的独家发明，笔者当天加仓，之后一路持有，咬定青山不放松。6 月 26 日和 7 月 20 日再度发出步步登高信号，笔者知道这股肯定还要继续大涨，一路加仓，直至 9 月 12 日的大阴线完全清仓。感谢步步登高 K 线组合帮助笔者操作。

对该股笔者的微博有直播提示：

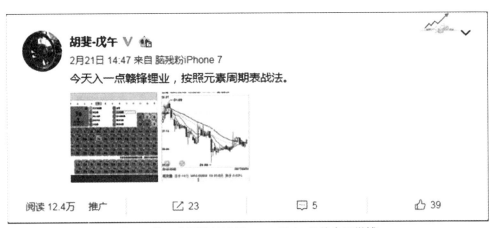

图示：第一次买进的当天——2 月 21 日就发了微博

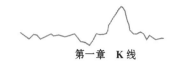

图示：**2月26日发了一篇研究报告**

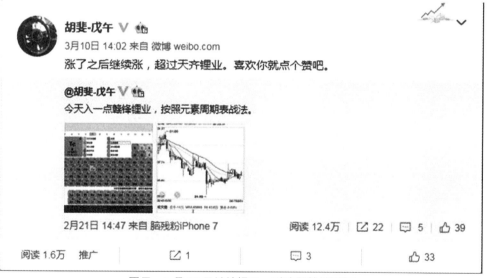

图示：**3月10日继续提示，对该股持续看好**

九阳神功

定义：连续9根振幅很小，实体很小的小阳线，中间允许不超过3根的小阴线或者十字星，但是不允许有涨跌幅大于5%的大实体K线，出现这样的K线组合，被称为九阳神功。

信号含义：可以在第10天以及以后加仓买进，后续即使调整也会有大行情。

图示：2014 年 5 月 23 日，南大光电（300346）出现九阳神功

九阳神功是笔者的独门绝技，岂可不买，笔者第一次建仓该股，高抛低吸一路持有，一年后才卖出，在该股上赚了 300%。

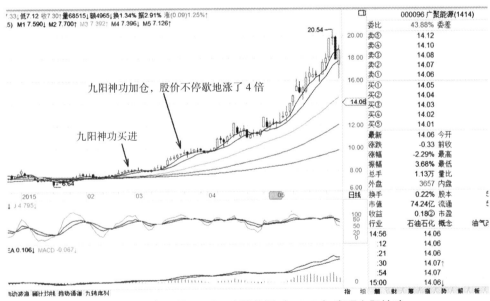

图示：2015 年 2 月 25 日，广聚能源（000096）出现九阳神功

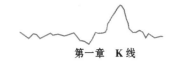

笔者第一次买进，随后 3 月 19 日再度出现九阳神功，再度加仓；之后笔者本来想高抛低吸这只股票，但是高"抛"了一部分就再也"吸"不回来了，所以就不敢再抛出，一直守仓，该股不停歇地涨了 4 倍。

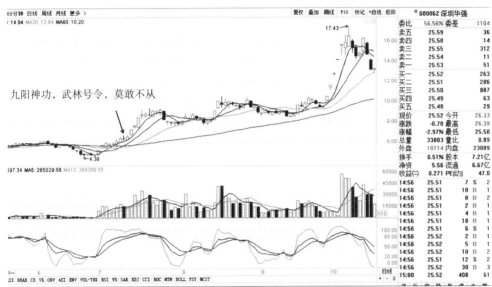

图示：**2013 年 7 月 10 日，深圳华强（000062）符合了笔者的九阳神功 K 线信号**

笔者立即买入，循环操作，绝对收益很好，相对收益更好，因为 2013 年股票指数是跌的。

图示：**2007 年 7 月 31 日，厦门钨业（600549）出现九阳神功信号**

出现九阳神功后笔者是没有任何犹豫就买进了，这只股票买进就是主升浪，一路上涨。

空中加油

定义：连续的 3 根 K 线，一般都是阳线，出现连续两个跳空缺口（但不是连续涨停的那种，都是正常的阳线），中间的一根阳线就好像油管，两个缺口就好像是两个接口，一个是加油机，另一个是受油机。加油机和受油机必须是大实体阳线，中间的输油管可以是任何 K 线，但必须保持有足够的缺口。

信号含义：极其强烈的做多信号。

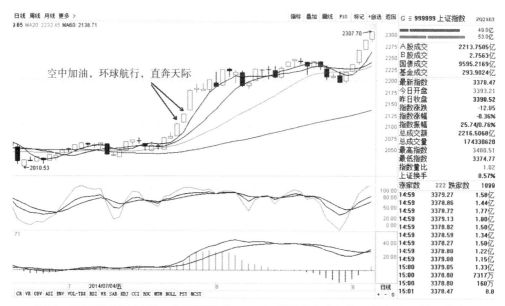

图示：2014 年 7 月 26 日，上证指数（999999）出现了空中加油 K 线组合，缺口较大，支撑非常强，感觉马上要起飞

空中加油组合笔者极其熟悉，特别对于上证指数，笔者更是感慨万千，那晚笔者一夜没睡，感觉一波大牛市就要来了，这种激动的感觉中还带有一丝不安，因为笔者知道，每一轮大牛市都有很多人进场，参与度会非常广，涨到顶部的时间人们如果不能警觉，没准再来一次 2008 年金融危机。以后的事情大家都知道了，指数狂涨到 5178 点，中小创股票翻了 10 倍，成交金额超过 2 万亿元，行情软件爆表以及随之而来的 4 次股灾。

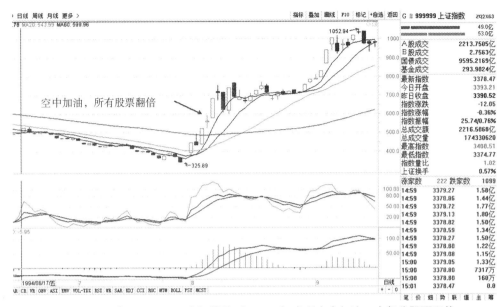

图示：1994 年 8 月 5 日，上证指数（999999）出现空中加油，大部分股票翻倍

那时候没有涨跌停板制度，大盘出现了空中加油，个股大多一天涨 50%、70%。

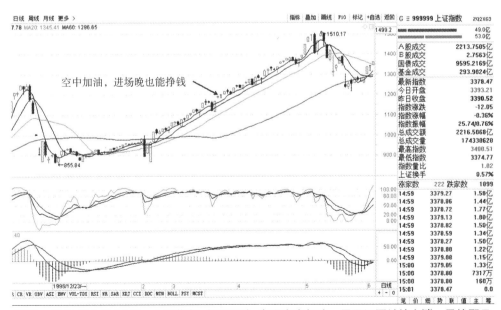

图示：1997 年 3 月 26 日，上证指数（999999）出现空中加油，显示还要继续上涨，果然那只是一半的涨幅而已，后面涨得更猛

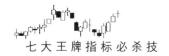

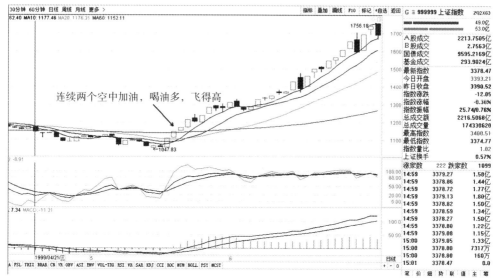

图示：1999 年 5 月 24 日，上证指数（999999）出现空中加油

笔者就知道一波超级大行情要来了，果然大盘和股票全面开花。事后才知道，这被媒体称为"5·19"行情。

多方尖兵与空方尖兵

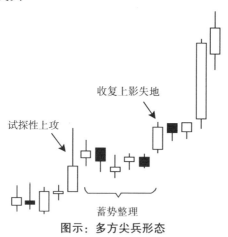

图示：多方尖兵形态

多方尖兵定义：以一根带长上影线的阳实体 K 线向上攻击试盘，就好像派出去的侦察兵一样，之后是连续的小实体 K 线回踩调整，然后以一根大阳线向上攻击，大阳线收盘在第一根上影线的上方。整理的小 K 线数目为 3~10 根。

信号含义：多头拉升。

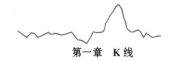
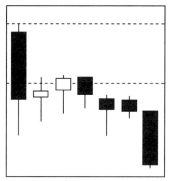

图示：空方尖兵形态

空方尖兵定义：以一根带长下影线的阴实体 K 线向下攻击试盘，就好像派出去的侦察兵一样，之后是连续的小实体 K 线回踩调整，然后以一根大阴线向下攻击，大阴线收盘在第一根下影线的下方。整理的小 K 线数目为 3~10 根。

信号含义：空头发动向下攻击。

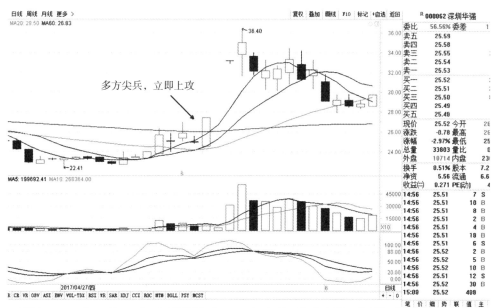

图示：**2017 年 5 月 16 日**，深圳华强（**000062**）出现了多方尖兵，根据资金情况，笔者跟进了一点，赚了两个涨停板果断卖出

图示：**2012 年 9 月 7 日，潍柴动力（000338）出现了多方尖兵的信号**

当时市场不是很强势，笔者没敢买太多，这个股很顽强，还是一直在攀升，涨了 60%~70%，也算是不错了。

图示：**2007 年 1 月 10 日，徐工机械（000425）出现多方尖兵信号，当时市场很强势，笔者就大胆重仓买入，一路持有，赚到了主升浪**

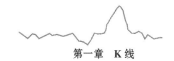

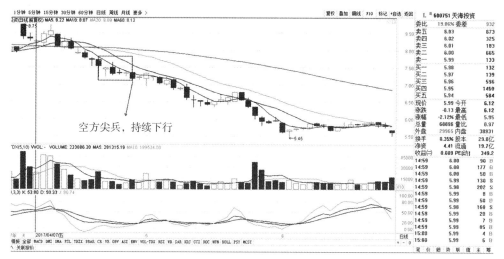

图示：**2017 年 4 月 27 日，天海投资（600751）出现空方尖兵 K 线组合信号，股价节节下行**

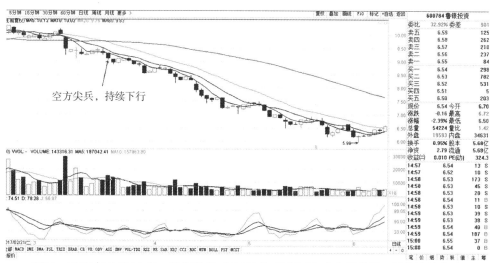

图示：**2017 年 3 月 21 日，鲁银投资（600784）出现了空方尖兵信号，股价连续大跌**

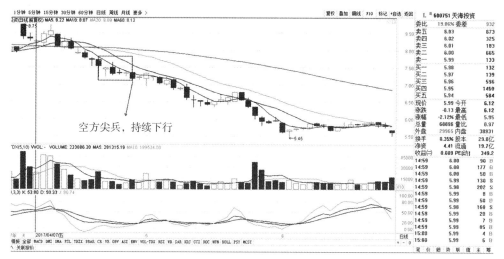

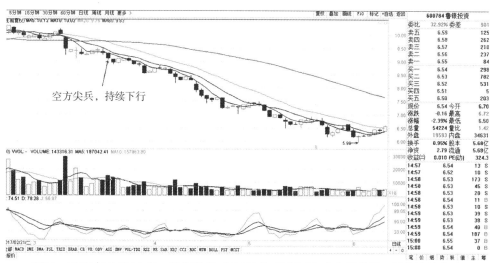

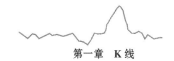

图示：2010 年 4 月 19 日，深南电 A（000037）出现了空方尖兵的组合信号，果断出局，避免了重大损失

更上层楼

定义：股价经过小幅拉升启动多头趋势，突然横盘盘整，连续的多根小 K 线（可以允许有 1~2 根实体较大的 K 线夹杂其中）。基本在同一价位区，随后又以中阳线突破，这是将要进入连续上涨的征兆。

信号含义：会持续上涨。

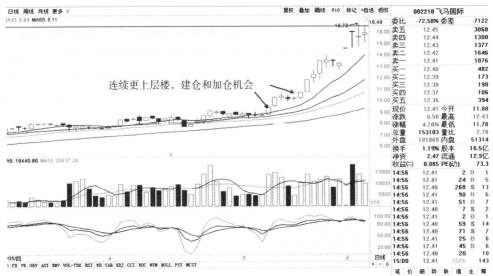

图示：2015 年 5 月 8 日，飞马国际（002210）连续更上层楼信号，给了笔者建仓和加仓的机会

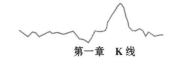

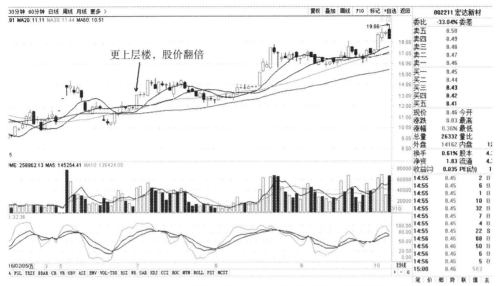

图示：2016 年 7 月 1 日，宏达新材（002211）出现更上层楼信号，股价大涨

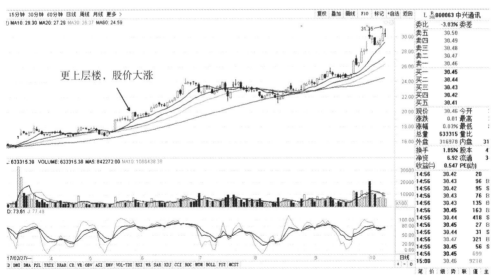

图示：2017 年 5 月 25 日，中兴通讯（000063）出现更上层楼信号，果断买进，股价连续上涨

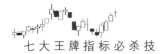

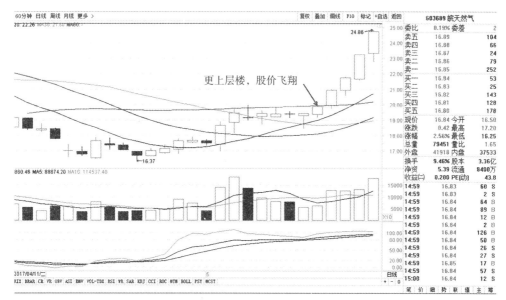

图示：2017 年 5 月 12 日，皖天然气（603689）出现更上层楼信号，笔者果断杀入，连续几根大阳线后卖出

图示：2017 年，股指期货主力合约沪深 1712（IF1712）出现了更上层楼信号，判断股指期货要有大行情，预示果断全面做多股指期货，收益满满

回马枪

定义：股价在上升趋势初期拉出第一个涨停板或者连续几个涨停板，然后突然调整，斜向下杀甚至来一个跌停板，让人以为要结束行情；然后再次以一根至少涨幅大于 5% 的大阳线或者涨停板收盘。

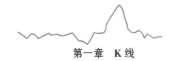

信号含义：调整结束，即将大涨。

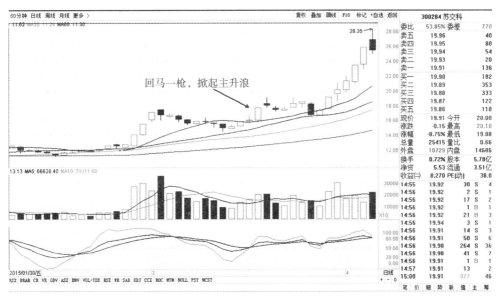

图示：2015 年 3 月 18 日，苏交科（300284）收出回马枪形态，笔者及时买进，股价顺势大涨

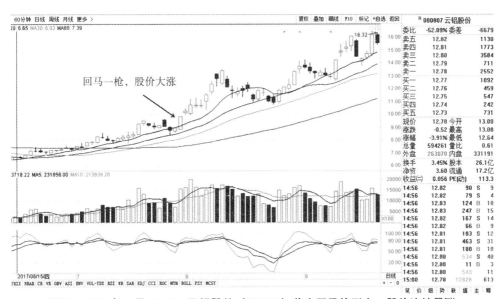

图示：2017 年 8 月 31 日，云铝股份（000807）收出回马枪形态，股价连续暴涨

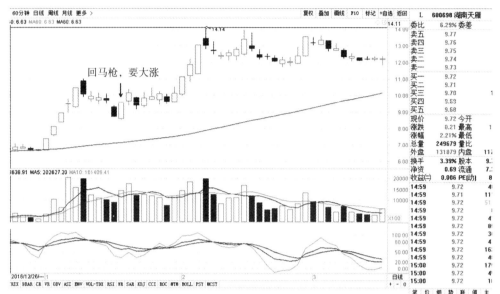

图示：2017 年 1 月 17 日，湖南天雁（600698）收出回马枪形态，股价继续大涨

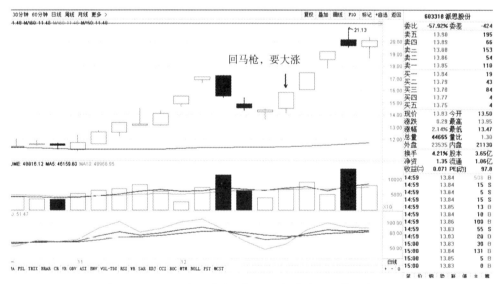

图示：2015 年 12 月 15 日，派思股份（603318）收出回马枪形态，股价连续大涨

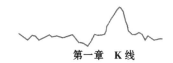

第三节 狙击庄家 K 线感觉

从 K 线图来判断庄家，锁定强庄股，精准判断拉升时机，是非常可行的。因为庄家的任何动作，必然在盘面上留下痕迹，有经验的狙击手只需读取这些信息即可。而大家一贯称为"盘感"的那种东西，虽然不能完全用语言文字表达清楚，但是通过感知庄家的动作，跟随庄家的舞步狙击庄家，就好比狙击手随着目标的来回跳动来调整呼吸一样，最终，是为了扣下扳机的一刹那。

独立横盘

定义：不管同期大盘是涨是跌，在 1~3 个月内，某股票呈现连续的小上下影线 K 线、小实体 K 线、十字线等 K 线，且股价在某一近似水平直线正负 5% 摆动，由于行情图显示的是 K 线图，价格就好像在同一水平价位上，说明这只股票的庄家控制性良好。

信号含义：庄家都不想让别人抄了自己的底，所以控制住连续横盘，一般都是在自己的成本附近。横盘的时间长，还可以多吸一点筹码。

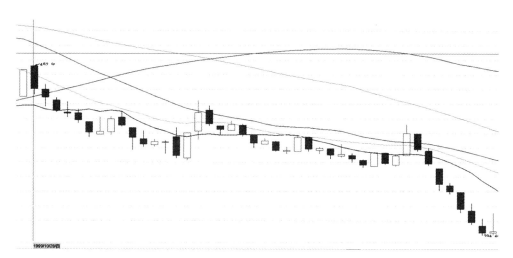

图示：1999 年 10 月 29 日~12 月 29 日，深证综指呈现连续下跌，12 月 16 日，开始暴跌，但是海虹控股（000503）的走势一直独立横盘，到了 12 月 16 日反而逆势拉升

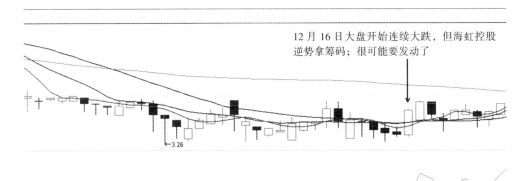

12 月 16 日大盘开始连续大跌，但海虹控股逆势拿筹码；很可能要发动了

图示：1999 年 10 月 29 日~12 月 29 日，海虹控股（000503）的 K 线图

　　和大盘走势完全两样；一直都是主动的控制，连续的小 K 线横盘，特别是到了 12 月 16 日大盘连续大跌，但海虹控股不但不跌，还拉升，但拉升之后只是维持这个平台，并不盲目地暴力拉涨停板，这说明庄家非常聪明，有计划有目的。至于目的是什么，大家很难去判断，但是在这个平台去跟进买入肯定是可以的。已经横盘 3 个月了，继续横的可能性降低。果然，不久就开始拉升了，这一拉升一战成名，打出了中国第一猛庄股的名号。

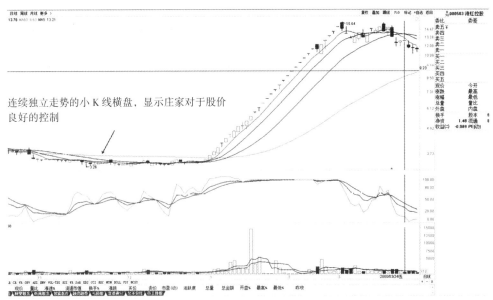

连续独立走势的小 K 线横盘，显示庄家对于股价良好的控制

图示：海虹控股（000503）从 1999 年 12 月 29 日开始，连续三个月大阳线或者涨停板

　　每天都大涨，越到后面越涨停，共有 20 多个涨停板，剩下都是大阳线。当

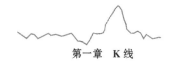

时市场上股票很少，成交也不是特别火爆，几乎所有的股民看到这一幕都觉得要为之疯狂，刚开始是怀疑，但是后来天天封涨停，想买又买不进，只能看着电脑屏幕兴叹了。这是强庄股的风范，让大家包括很多机构都见识到了大庄的疯狂。

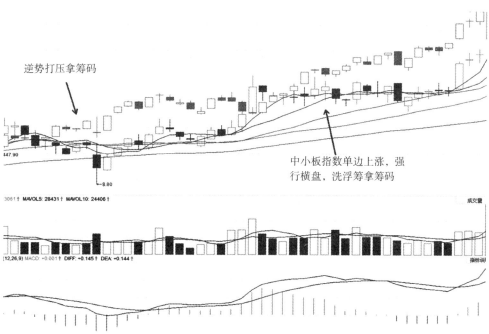

图示：罗莱生活（002293）（时名：罗莱家纺）2015 年 1 月 28 日~3 月 18 日的 K 线图

罗莱生活是中小板股票，所以笔者叠加的是中小板指数，大家可以看到，罗莱生活的股价呈现极为清晰的两个台阶，第一个是 2015 年 1 月 28 日~2 月 9 日，这段时间中小板指数一直在上涨，但是罗莱生活总是逆势打压，笔者当时判断是为了拿到筹码；2015 年 2 月 6~9 日，中小板指数连续 4 个交易日阴跌调整，罗莱生活却逆势连续中阳线和大阳线拉升，买盘的意图暴露了。第二个是 2 月 9日~3 月 18 日，一个多月时间，中小板指数单边连续上涨，罗莱生活股价却呈现一条直线式的横盘，连续的小 K 线、小十字星，显示庄家已经胜券在握，成竹在胸。估计这一个多月有很多沉不住气的人把筹码交了出来。笔者就是 3 月 16~20日连续买入进场的。后续的股价表现果然没有让笔者失望，按照笔者的目标价测算方法，目标价是庄家成本的 3 倍，当时横盘的价格是 30 元左右，笔者是 70元卖出的。后来股价不多不少刚好到了最高点 90 元（当时的价格）。

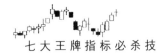

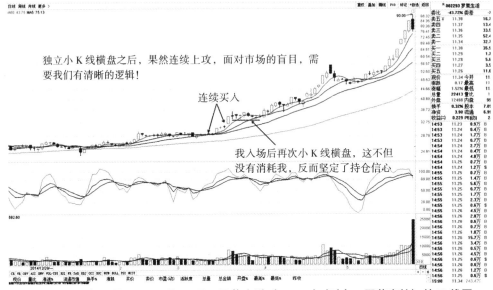

独立小 K 线横盘之后，果然连续上攻，面对市场的盲目，需要我们有清晰的逻辑！

连续买入

我入场后再次小 K 线横盘，这不但没有消耗我，反而坚定了持仓信心

图示：2015 年 3 月 18 日~5 月 27 日，罗莱生活（002293）（时名：罗莱家纺）的 K 线图

笔者在 3 月 16~20 日买入后，股价并未立即上涨，而是又陷入了将近 2 周的小 K 线横盘，当时大盘和别的股都涨得很好，笔者坚信自己的逻辑，坚信自己的清晰的目标位。最终迎来了春天。坚守，是获利的第一要义。

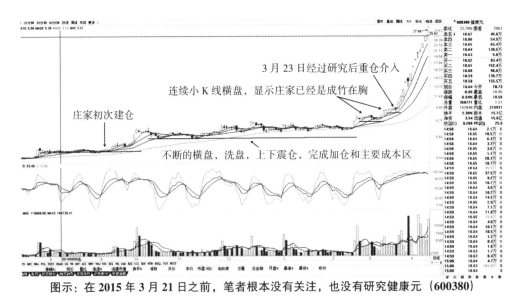

3 月 23 日经过研究后重仓介入

连续小 K 线横盘，显示庄家已经是成竹在胸

庄家初次建仓

不断的横盘，洗盘，上下震仓，完成加仓和主要成本区

图示：在 2015 年 3 月 21 日之前，笔者根本没有关注，也没有研究健康元（600380）

当时去杭州某全国重点大学讲授期货，但是笔者对 100 多名期货学员一天十

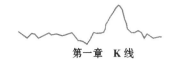

几次强调，一定要注意股市大行情，2015 年上半年期货可以先放一放不要看；重点关注股市的暴涨行情，提高资金的效率。

　　期间，一位投资人询问笔者健康元股票如何，于是笔者仔细研究了健康元的 K 线图和相关的股票信息，发现这只股票的走势非常有特点，庄家已经完成了初次建仓，二次加仓洗盘等一系列步骤，当时的时间点刚好是最后的拉升前的小 K 线连续横盘，几乎一切强庄股的要素都完全具备了，两个横盘的平台，有步骤、有计划的控制，小横盘时完美的小 K 线，这一切都意味着这只股票随时可能拉升，至于何时拉升，当时笔者也不敢断定；但是周一也就是 2015 年 3 月 23 日一开盘笔者就开始买了，当天主要买了一些，随后稍微加了点。没想到拉升来得那么快，但是笔者对目标价的判断是有数的。按照主要成本区 9 元计算，这只股票的目标价是成本的 3 倍也就是 27 元。有趣的是，健康元果真很快一口气就到了目标位 27 元。世事机缘难测，重要的还是把握机会的能力，如果没有扎实的基本功，狙击庄家的经验，操盘枪林弹雨的那种真实感觉，机会来了也不一定抓得住。大家看见这些 K 线，就像熟悉自己的手机一样，就像吃饭、刷牙这种动作一样娴熟，这样才行。

独立连续小 K 线上涨

　　定义：连续的小 K 线大约沿 45 度角上扬，同期大盘下跌或者横盘。

　　信号含义：庄家在建仓。

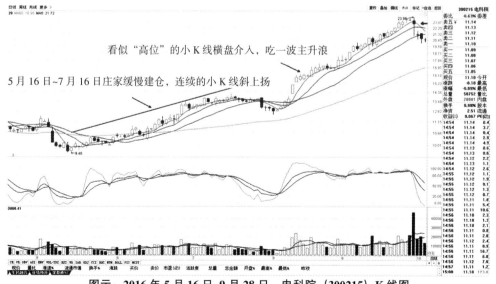

图示：**2016 年 5 月 16 日~9 月 28 日，电科院（300215）K 线图**

2016年上半年股市刚刚经过4次股灾的重创，处于大病未愈的状态，创业板股票是2016年下跌的重灾区，杀估值，杀幻想。

当时笔者想，只有找到逆势的庄股，才能在这样的市场环境里获利，但是庄股特别是强庄股，是很难主动搜寻获得的。

早在2016年4月笔者就注意到了电科院这只股票，但是当时电科院走势和大盘同步，没什么亮点。到了2016年7月初，笔者无意中翻到了电科院这只股票，发现它已经连续一个多月45度角上扬，同期创业板指数和上证指数都是横盘震荡的，这种独立性是连续买盘所导致的，很可能是庄家在建仓连续买入；过了几天到了7月15日，股价还是稳定的小K线控制性走势。由于该股一直没有调整，且连续上涨了2个月，笔者不敢贸然买进，害怕一买就调整被套。

7月18日直到8月初，电科院股票一直在调整，但是由于创业板指数大跌，上证指数也跌，市场环境悲观，盈利效应和上涨连续性很差，笔者并没有在调整的低点介入，也看不清楚到底是一次调整还是行情就此结束了。

2016年8月15日，电科院以一根跳空涨停的大阳线开启了上涨空间，处于准确的定位之前的建仓阶段和洗盘调整阶段。但是笔者已经没有机会再建仓了。

不过，非常幸运，随后的几天是小K线的横盘，对于笔者这种经常狙击庄股的猎手来说，太熟悉不过了，多次的操作经验驱使笔者在那几天连续买入，准备吃后面一波的主升浪行情。

当然连续的小K线拉升如果只是跟随大盘，并不能确定是庄家建仓，只有独立于大盘的控制性走势才是大家要的。

电科院叠加当时的创业板指数会看得更清楚一些：

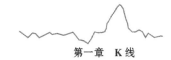

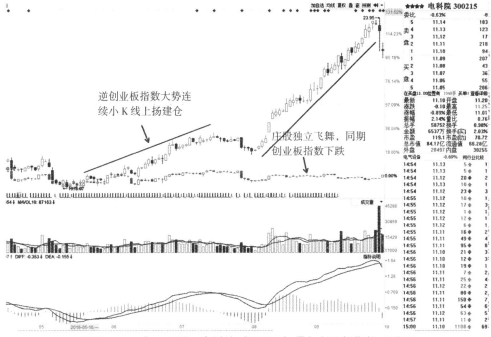

图示：2016 年 5~9 月，电科院（300215）叠加创业板指数 K 线图

笔者从 2014 年 5 月开始操作沃华医药，直到 2015 年，操作了两次。2012年底到 2015 年中的沃华医药是一只极其典型的强庄股，庄家手法娴熟，庄家控盘自然，拉升凶悍，是一只当时难得的长庄、强庄、猛庄股。

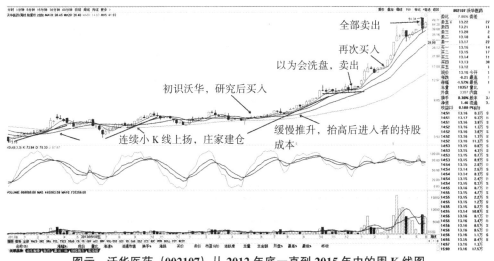

图示：沃华医药（002107）从 2012 年底一直到 2015 年中的周 K 线图

在周 K 线图上，大家依然很十分清晰地看出连续小 K 线上扬、连续小 K 线横盘。在周 K 线图上尚且如此，何况在日线图上，更是连续很久的小 K 线上扬和横盘，光这一点就能确定这是一只庄股，只需再去核实确定庄家的主要成本区和拉升目标价即可。

笔者注意到沃华医药已经是 2014 年 5 月，大家可以去看一下当时的日线图，股价是连续的横盘，而之前是连续小 K 线上涨两波，但是涨幅不太大；笔者当时判断认为庄家已经基本完成建仓了，后面肯定开始向上攻击，也许会暴力洗盘。但是这个庄家确实厉害，进去之后股价就一直涨，卖了就必须以更高的成本买回来。这是庄家在利用心理战，打明牌博弈，意思就是让你看出来了又怎样，就是只涨不跌。所以第一波赚了将近 1 倍就在年底卖出，当时横了很久，阴 K 线摇摇欲坠。不料股价又返回向上，后面无奈把长线拆成短波段，2015 年 3 月又吃了一波。

对于这个庄家的操盘手法，只有欣赏和钦佩。大家可以欣赏一下这完美的日 K 线图，可以和任何一件艺术品媲美。

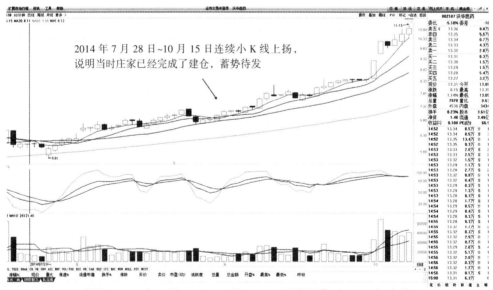

图示：2014 年 7 月 28 日~10 月 15 日，沃华医药（002107）走势

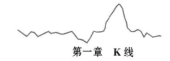
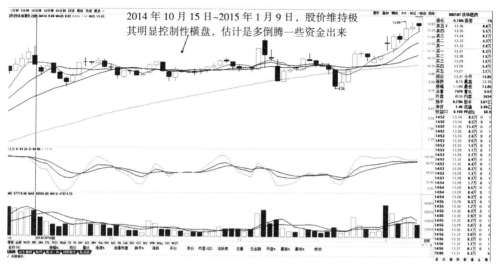

2014 年 10 月 15 日~2015 年 1 月 9 日，股价维持极其明显控制性横盘，估计是多倒腾一些资金出来

图示：2014 年 10 月 15 日~2015 年 1 月 9 日，沃华医药（002107）走势

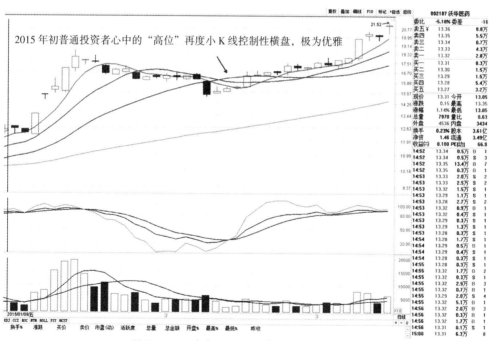

2015 年初普通投资者心中的"高位"再度小 K 线控制性横盘，极为优雅

图示：2015 年初，沃华医药（002107）走势

通过以上三张在不同时段的日线图大家可以看出，沃华医药在 2014 年 6 月左右基本已经完成控盘，以后的走势可以说是完全随心所欲了。

上下翻飞

定义：正所谓阴阳交错必有高潮，要想有高潮，大阴和大阳交错必不可少。阳线代表男人，阴线代表女人，强壮的男人和饥渴的女人来回交合。上下翻飞就是指大阴线和大阳线来回交错，一会儿拉一会儿砸，有一种上下翻飞的感觉。

信号含义：强庄介入，希望快速建仓，后续快速洗盘后往往会快速拉升。

2014年初刚上市的全通教育，由于盘子小，具备互联网教育概念，并且定位不算很高。获得了庄家的青睐，上市没有几天就有新庄家介入。

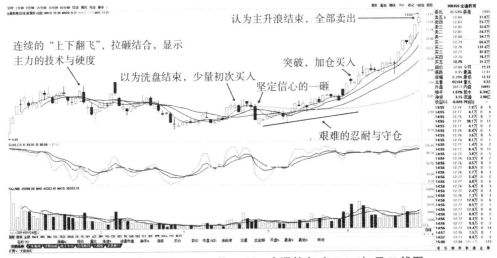

图示：2014年1月22日~6月27日，全通教育（300359）日K线图

这个股票上市不像别的股，一下子连续很多个涨停，把上涨空间给挤占完了。上市不久就不涨了，而是从2月12日开始，连续用上影线试盘，同时用大阳线和大阴线又拉又砸，反复地蹂躏折腾散户，直到他们全部交出筹码。

2014年4月17日一根大阳线拉起，感觉要启动，4月18日和21日笔者连续两天买了一部分，不过很快庄家又故伎重施，又继续来大阳线拉紧跟着大阴线砸的把戏，不过笔者决心与他对抗到底，死拿着不放手，直到6月初再度加仓。不过6月底笔者赚了40%就卖出。

后面陆陆续续又在全通教育上做了两波，但是都只是赚了百分之几十就卖出。主要是不知道庄家的目标位，如果知道最终目标会是将近500元，笔者肯定一开始就放着了。做股票，目标价非常重要，否则很难赚到大钱。

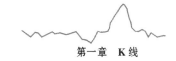

笔者把同时期创业板指数的日线图调出来，大家可以清晰地看出来，全通教育完全是按照庄家的思路在走，跟创业板指数毫无关系。

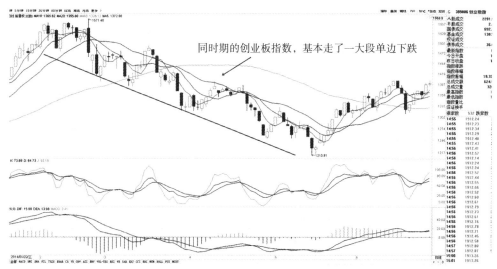

图示：2014 年 1 月 22 日~6 月 27 日创业板指数（399006）日 K 线图

而同样是上下翻飞的 K 线，笔者做过的另外一只万孚生物更加有性格，刚开始是拉砸结合上下翻飞，第一波过后立即换了手法（刚开始笔者没理解，后来看懂了），后来的手法就换成了连续地砸、连续地拉，砸的时候如果不卖，前面的利润就没了。而等到你觉得庄家已经完全退出的时候，它突然又连续地拉，如果不及时跟进，这波利润可能又没赚到。这也显示出操盘的庄家就像一只鳄鱼，手法更加隐蔽，耐心十足，同时也更加阴狠。

图示：2016 年 7 月 27 日~12 月 28 日，创业板指数（399006）日 K 线图可以看出当时创业板
指数是"下跌+横盘+下跌"结构，绝对价格只跌不涨

而同时期的万孚生物呢？

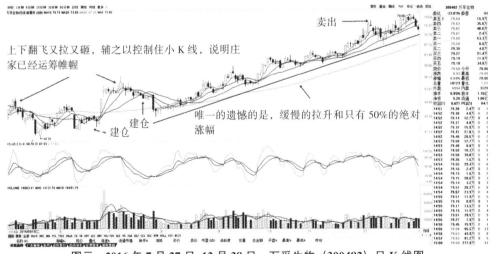

图示：2016 年 7 月 27 日~12 月 28 日，万孚生物（300482）日 K 线图

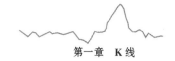

　　可以看出，万孚生物的走势是绝对独立于大盘的，甚至绝对逆势于创业板指数。一只创业板个股，可以和创业板指数如此逆势，毫无疑问只有强庄才能做到。

　　笔者建仓的综合成本约是 49 元，后来也一直涨，但是涨得非常慢，基本上涨一天就调整好几天，当时由于第一次跟这个庄家交手，摸不透脾气，也不敢做高抛低吸，这样到了 75 元，大约 50% 利润时就卖出了。准备空仓观察一段时间，看看万孚生物到底要玩什么花样，空仓更冷静。谁知道好戏才刚刚开始。

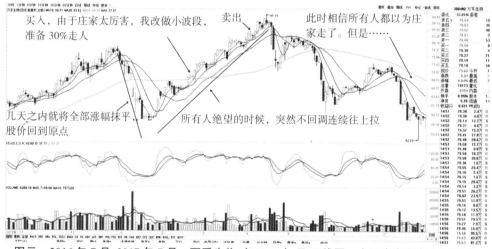

图示：2016 年 7 月~2017 年 7 月，万孚生物（300482）日 K 线图，由于庄家实在太猛烈了，笔者不敢恋战，第二波起来时跟进，按照事先制定的目标赚了 30% 就果断走人了

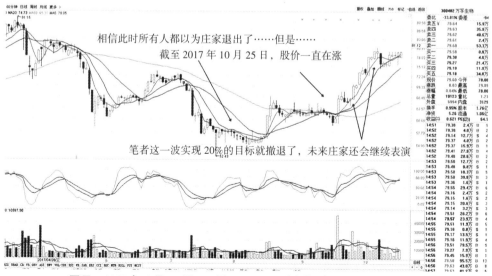

图示：2017 年 4 月 14 日~10 月 25 日，万孚生物（300482）日 K 线图

股价在连续两次大跌、连续大阴线砸盘之后，相信所有人都认为庄家已经退出运作了。但是神奇的是，在没有明确迹象的情况下，股价神奇地又开始连续上涨，而且是熟悉的 K 线痕迹，庄家真是太老到了。笔者也进一步缩小了目标，跟进赚了 20% 就离开了。

拉高建仓

定义：由于预期未来股市将会快速升温，全体股价将会上一个台阶，为了加快建仓速度，庄家采取先拉后砸的做法。具体就是在没什么征兆，前期成交量和股价都很低迷的状态下，突然一举拉升 2~3 个涨停板，将股价推高到一个 20% 左右幅度的平台上，利用阴线、小阴线或者长期横盘，让前面几个月甚至一年内"有些许盈利的，盈亏平衡的，被套已解套的"这几种投资者交出手里的筹码（由于看到股价涨了 20%~30% 又不涨了，担心庄家出货，就会在向下砸的阴线里卖出股票），从而庄家反而实现了获取大量筹码的机会。

注意：拉高建仓一般都在 3 个涨停板以内，20% 左右的幅度最划算。拉得太高，成本就太高了，拉得太低，1~1.5 个涨停板这样没什么吸引力，筹码不出来。拉高以后的一个平台区，这是庄家的主要成本区，以后的目标价往往是成本价的 3 倍。

拉高建仓是主力利用散户喜欢猜庄家心思的惯性，拉高之后只要有往下砸得狠的大阴线，往往能完成很迅速的建仓，能砸出很多筹码。

为什么要拉高建仓，因为庄家手里没货，想往下"砸低"建仓成本也没有办法实现啊。其实对于庄家来说，拉高这 20%~30%，后期的主升浪也就多两三个涨停板而已。大家会注意到任何一个庄股或者其他大牛股，在主升浪里，打一个涨停板基本不费什么资金，几百万元成交额能打上涨停板很轻松。

信号含义：拉高建仓是庄家极度自信，并且迅速建仓的方式。

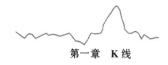
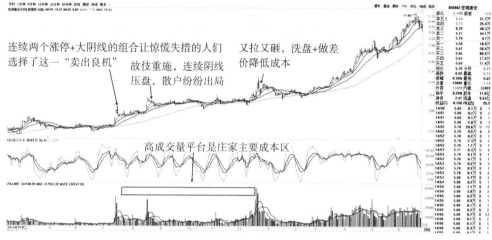

连续两个涨停+大阴线的组合让惊慌失措的人们选择了这一"卖出良机"

故伎重施，连续阴线压盘，散户纷纷出局

又拉又砸，洗盘+做差价降低成本

高成交量平台是庄家主要成本区

图示：**2014 年 3 月~2015 年 7 月，宏润建设（002062）日 K 线图**

　　2014 年 7 月 14 日，宏润建设突然连续拉了两个涨停板，然后一根大阴线，成交量放出来，前期微套的以及想"涨起来一点就止损"的长期被套的人都卖了出来。股价在比前面几个月高 15% 的一个平台上横盘运行，但是还是买不到足够的货，于是 2014 年 8 月 15 日又拉起一个涨停板，8 月 18 日开始连续做了七八根高开低走的阴线，给人以"这个庄家实力不强"的感觉，许多没有耐心的持仓筹码都抛了出来，成交量同步放大。

　　实际上，当时庄家嗅到了股市火爆的味道，要快速建仓一个合适的标的。经过连续两次拉高建仓动作后，庄家基本完成了第一次建仓。之后是连续 3 个月的横盘，在同一个成本区又把几乎大部分不坚定的散户给震了出来，因为没人可以忍受连续这么久的横盘，还时不时弄两根大阴线砸一下。同时进一步控制了外面的流通筹码。

　　进入 2014 年 12 月，马上开始揉搓式洗盘，大阳线和大阴线交替上场，让人摸不着头脑；使跟风盘以及内部泄露风声的老鼠仓也都被震了一些出来。

　　往后就是一马平川的主升浪了，没什么好说的。但是，如果没有扎实的基本功，是判断不出前期庄家的动作的，最终也不会有好的结果。

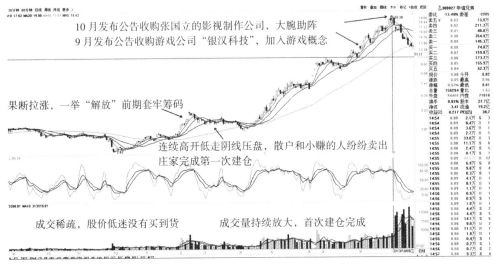

10月发布公告收购张国立的影视制作公司，大腕助阵
9月发布公告收购游戏公司"银汉科技"，加入游戏概念

果断拉涨，一举"解放"前期套牢筹码

连续高开低走阴线压盘，散户和小赚的人纷纷卖出
庄家完成第一次建仓

成交稀疏，股价低迷没有买到货　　　成交量持续放大，首次建仓完成

图示：华谊兄弟（300027）2013年日K线图

　　2013年2月4日，华谊兄弟的股价突然放大量封住涨停板，有人担心涨停不可持续而卖出特别是前期被套的筹码，遇见"解放军"一般都是会选择卖出，再也不受被套的折磨了；也有有心的机构有货必接，接连几天，该股连续放出大成交量，显示有庄家志在必得。但是，时不我待，很显然庄家显得急不可耐，有侵略性且明确，2月18日再度高开低走，留下一根难看的阴线上吊线，紧接着是密集的连续的阴线压盘，做出一副要出货的样子，使持股不坚定的筹码悉数卖出，很快就完成了第一次建仓。

　　股价在2013年3月底4月初洗盘后，一口气翻了4倍。直到已经涨到4倍的顶点，突然利好接踵而至，9月公告收购银汉科技，从而具备了互联网和手机游戏题材，这在当时算是"风口"了；10月又宣布收购知名演员和导演张国立的影视制作公司，引爆资本市场，属于明星题材。由此可见，2月的拉高建仓是有绝对底气的。

第二章　均　线

第一节　均线的信号

天上井、地下井

定义：当5日均线和10日均线平行上穿20日和30日均线就形成一个天然的"井"字，这是买入信号；当5日均线和10日均线平行下穿20日和30日均线时，也会形成一个天然的"井"字，这是卖出信号。

信号含义：不管是天上井卖出，还是地上井买入，"井"字越清晰、越明显，力量越强。

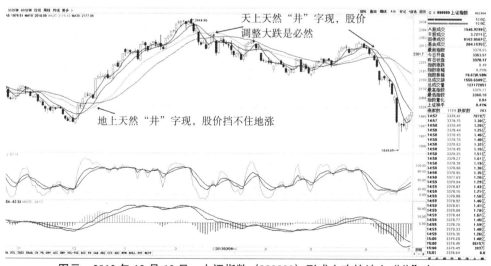

图示：2012年12月12日，上证指数（999999）形成上攻的地上"井"字

217

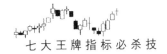

"井"字极其清晰、容易辨认，当时笔者就判断股市会来一波行情。后续股市果然止跌上涨。2012 年 3 月 4 日形成天上井字，股市陷入连续调整阶段，6 月初股市再现天上井字，股市暴跌。

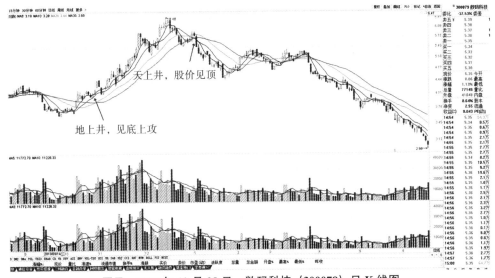

图示：2010 年 10 月 28 日，数码科技（300079）日 K 线图

行情图上出现清晰可辨的地上井字，预示着股价要大涨，后续果然启动了一波行情。2011 年 1 月 5 日，股价出现清晰、明显的天上"井"字，股价连续暴跌。

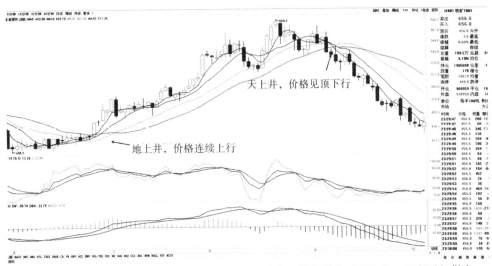

图示：2017 年 6 月 28 日，铁矿石（I1801）出现清晰可辨的地上"井"字，果断进场做多；
9 月 7 日出现明显的天上"井"字，平多单离场

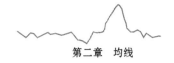
死亡谷、银山谷、金山谷

死亡谷定义：在累积了 50% 以上涨幅的顶部区域，由 10 日均线、20 日均线、30 日均线围成一块里面没有 K 线的尖头朝下的三角形区域，被称为死亡谷，是股价见顶下跌的信号。

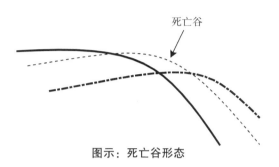

图示：死亡谷形态

银山谷定义：股价经过长期的调整下跌，10 日均线和 20 日均线连续上穿 30 日均线，围成了一块里面没有 K 线的空白区域，这就是银山谷。

金山谷定义：银山谷股价上去以后，往往不是一波就直接拉升到顶的，而是回踩确认。回踩确认的时候、10 日均线、20 日均线、30 日均线再度围成一块里面没有任何 K 线的空白区域，形成强力支撑，这块区域叫作金山谷，金山谷以后往往意味着主升浪的来临，这是最有效率不浪费时间的介入时机。

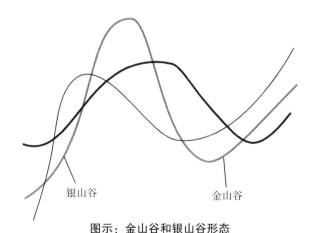

图示：金山谷和银山谷形态

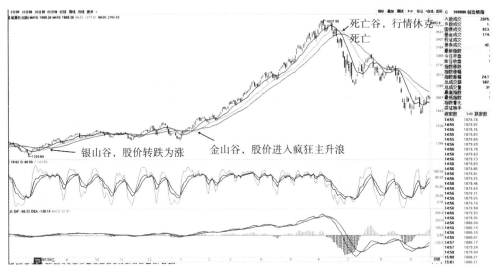

图示：2014 年 8 月 20 日，创业板指数（399006）形成完备的银山谷，里面没有一根 K 线来破坏

这个完好的银山谷让创业板指数连续上涨；在 2015 年 1 月 30 日经过连续的回踩确认，创业板指数终于形成了金山谷，意味着要进入疯狂的主升浪，笔者就是在 2015 年元旦至春节这段时间重仓介入创业板股票和创业板指数基金的。主升浪疯狂之后，2015 年 6 月底，创业板指数形成彻底的死亡谷，死亡谷里没有一根 K 线，意味着创业板行情彻底死亡。之后两年，创业板股票都是最弱的。

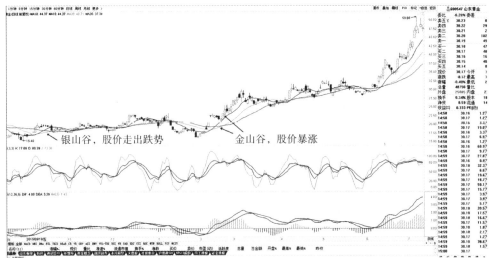

图示：2015 年 10 月 23 日，山东黄金（600547）的股价形成了银山谷，里面没有任何 K 线干扰，信号非常可靠，股价走出了跌势

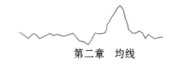

2016 年 2 月 24 日，山东黄金股价经过回踩确认，再次上涨，并于当日形成金山谷，股价进入连续的大爆发。

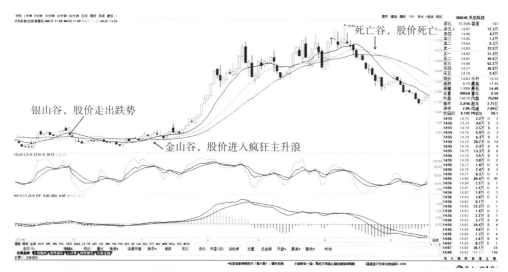

图示：**2013 年 12 月 3 日，天玑科技（300245）形成银山谷，股价走出跌势，随后的 2014 年 1 月 13 日，股价均线形成金山谷，开始主升浪；大幅上涨后 2014 年 4 月形成均线死亡谷，陷入长期调整中**

金蜘蛛与毒蜘蛛

金蜘蛛定义：金蜘蛛是指 5 日均线、10 日均线、20 日均线黄金交叉于一点，也即于某一天同时一起金叉，并且该日的日 K 线收盘于 5 日、10 日、20 日均线之上。

信号含义：加速上涨。

毒蜘蛛定义：毒蜘蛛是指 5 日均线、10 日均线、20 日均线死亡交叉于一点，也即于某一天同时一起死叉，并且该日的日 K 线收盘于 5 日、10 日、20 日均线之下。

信号含义：加速下跌。

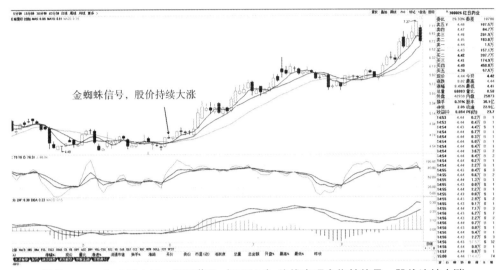

图示：2016 年 6 月 1 日，红日药业（300026）均线出现金蜘蛛信号，股价连续大涨

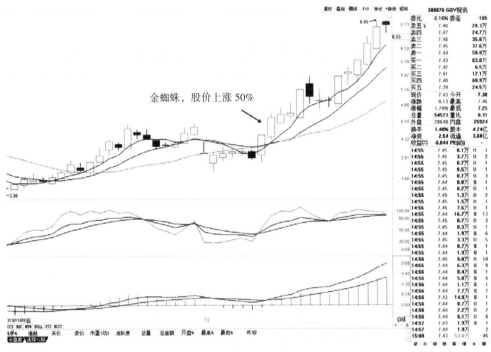

图示：2013 年 12 月 11 日，GQY 视讯（300076）均线出现金蜘蛛信号，股价短期上涨 50%

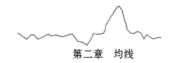

图示：2017 年 3 月 31 日，锦富技术（300128）均线出现毒蜘蛛信号，股价连续大跌

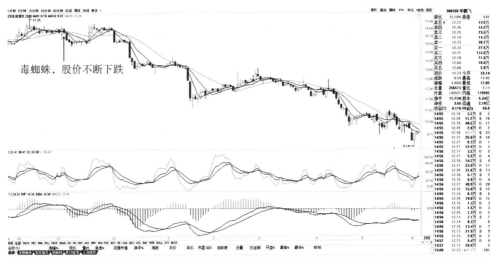

图示：2016 年 11 月 7 日，华鹏飞（300350）均线出现毒蜘蛛信号，股价连续大跌

层峦叠嶂与每况愈下

层峦叠嶂定义：60 日均线呈现约 45 度角上扬，形成接近一条直线的支撑，10 日均线和 20 日均线在 60 日均线上方形成一个个极其清晰可辨的山峰和山谷，

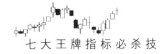

低点和高点都逐步抬高；就好像一座座更高的山峰排列在一起一样，所以叫作层峦叠嶂。

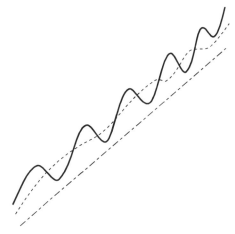

图示：层峦叠嶂形态

信号含义：逢山谷买入。逢山峰可以高抛，也可以守仓。

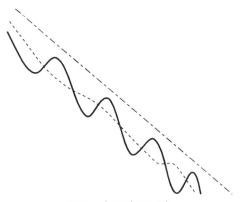

图示：每况愈下形态

每况愈下定义：60日均线呈现约45度角向右下方倾斜，形成接近一条直线的压力，10日均线和20日均线在60日均线下方形成一个个极其清晰可辨的山峰和山谷，低点和高点都逐步降低；就好像一个不断往山下滚的大石头一样，所以叫作每况愈下。

信号含义：逢山峰卖出。

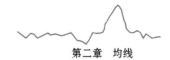

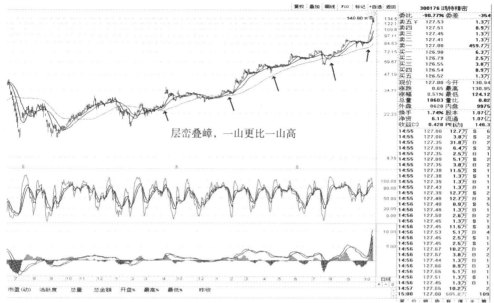

图示：鸿特精密（300176）2016 年 3 月开始，60 日均线呈现明显的 45 度角向上，10 日和 20 日均线在 60 日均线上方形成一个个典型的波峰和波谷，这是典型的"层峦叠嶂"均线形态，每次回踩 60 日均线都是绝佳的低吸机会

这只股票一年翻了 4 倍多。

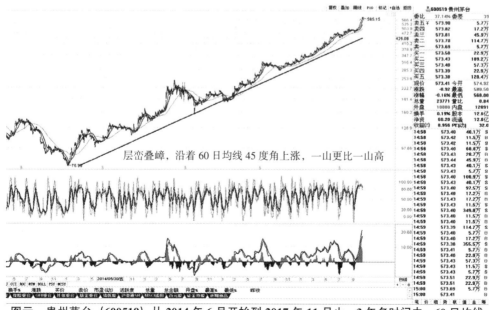

图示：贵州茅台（600519）从 2014 年 6 月开始到 2017 年 11 月止，3 年多时间内，60 日均线呈现 45 度角一条线支撑，10 日均线 20 日均线在 60 日均线上方不断地形成一个个波峰和波谷，每次波谷都是绝佳的买入机会

贵州茅台的股价 3 年涨了 3 倍多。

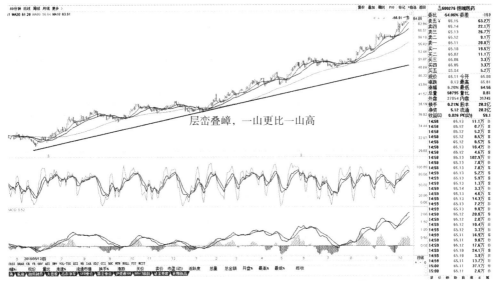

图示：从 2016 年 6 月到 2017 年 11 月的一年五个月时间内，恒瑞医药（600276）60 日均线呈现完美的 45 度角上升，10 日均线和 20 日均线呈现不断的波峰连着波谷的上扬，每次波谷都是低吸的机会

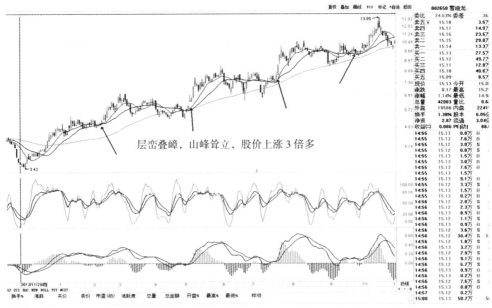

图示：2012 年 12 月~2013 年 10 月，在不到一年的时间内，雪迪龙（002658）60 日均线呈现 45 度角上扬，10 日均线和 20 日均线形成将近 10 个波峰和对应的波谷，这是典型的层峦叠嶂均线形态信号，可操作性极强，笔者就是按照这个做波段高抛低吸的

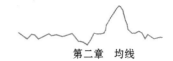

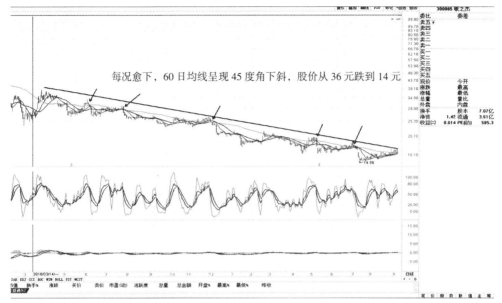

图示：银之杰（300085）从 2016 年 3 月开始直到 2017 年 10 月，60 日均线呈现 45 度角斜向下压，10 日均线和 20 日均线不断地向上碰触 60 日均线，又不断地被压回，这是典型的"每况愈下"均线形态信号，每一次反弹都是逃命机会

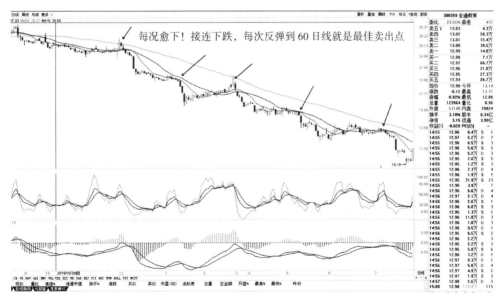

图示：全通教育（300359）这只曾经的创业板第一大牛股，从 2016 年 12 月开始直到 2017 年 10 月，60 日均线呈现绝对标准的 45 度角斜向下压，同时 10 日均线和 20 日均线不断地形成一个个波峰和波谷，每次波峰和波谷的位置都比上一次低，这是极为典型的"每况愈下"均线形态信号，不管波峰还是波谷都是卖出的机会

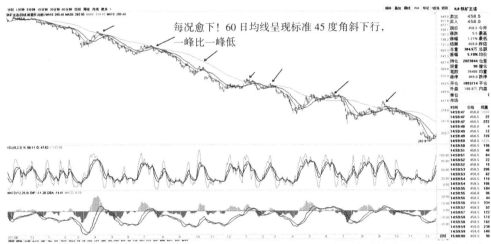

每况愈下！60日均线呈现标准45度角斜下行，一峰比一峰低

图示：铁矿石期货2013年10月刚刚在大连期货交易所上市，主力合约接连下跌，一路跌到2016年1月；60日均线呈现绝对45度角斜向下压，铁矿石价格行情形成一波波高点和低点都更低的波峰和波谷，一路碰触60日均线加仓做空就是最佳的策略

双线上穿与双线下穿

双线上穿定义：10日均线与20日均线双双一前一后上穿60日均线。

信号含义：对于捕捉大波段行情而言，这是良好的做多信号。

双线下穿定义：10日均线与20日均线双双一前一后下穿60日均线。

信号含义：对于捕捉大波段行情而言，这是良好的做空信号。

双线下穿，空头大波段

双线上穿，多头大波段！

图示：2016年7月19日，橡胶指数（RUL9）实现了双线上穿，预示着未来会有一波大多头行情；笔者进场做多，后来橡胶果然大涨；2017年3月14日，双线下穿，形成了空头趋势，果断翻空

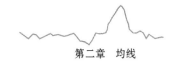

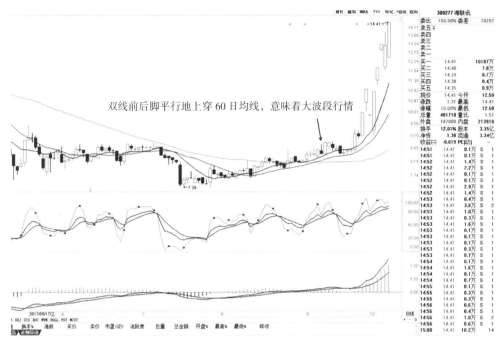

图示：2017 年 9 月 7 日，海联讯（300277）实现了双线上穿信号，股价立即暴涨

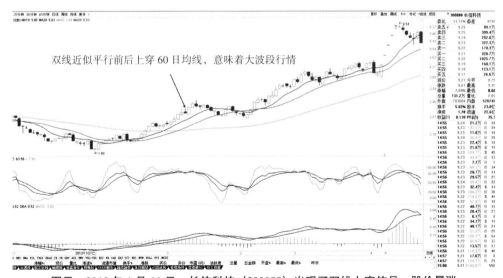

图示：2013 年 1 月 11 日，长信科技（300088）出现了双线上穿信号，股价暴涨

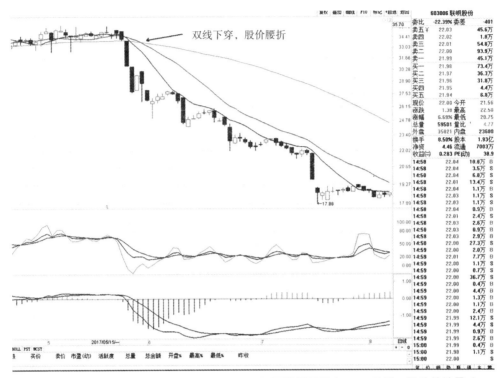

图示：2017 年 5 月 31 日，联明股份（603006）双线平行下穿 60 日均线，股价持续暴跌

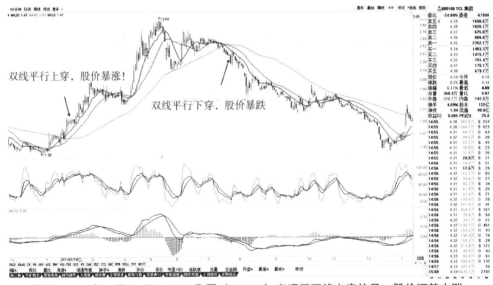

图示：2011 年 2 月 11 日，TCL 集团（000100）出现了双线上穿信号，股价顺势大涨，
2011 年 7 月 25 日，股价高位下跌，均线形成双线下穿信号，股价持续暴跌

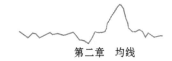

多头排列与空头排列

多头排列定义：当日 K 线收盘价>10 日均线价>20 日均线价>30 日均线>60 日均线价>120 日均线价。

信号含义：多头趋势性行情。

空头排列定义：当日 K 线收盘价<10 日均线价<20 日均线价<30 日均线<60 日均线价<120 日均线价。

信号含义：空头趋势性行情。

性质：多头排列就是多头趋势性行情，空头排列就是空头趋势性行情，大家所说的逆势、顺势其实就是指多头排列和空头排列所决定的趋势。当行情处于多头排列的时候，大家唯一的选择就是做多，最好的策略就是逢低加仓做多；当行情处于空头排列时，大家唯一的选择就是做空，最好的策略就是逢高加仓做空。

有些时候，行情并不是处于严格的多头排列或者空头排列，此时行情是没有明确的趋势方向的，只能称为震荡。

特别的，当行情由完全的空头排列逆转变为完全的严格的多头排列时候，就是见底反转，或者称为牛市来临；当行情由完全的多头排列逆转变为完全的严格空头排列的时候，就是见顶下跌，或者称为熊市来临。

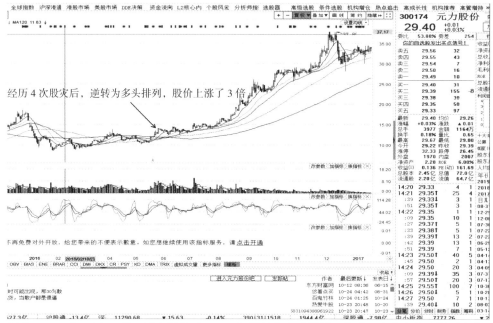

图示：2016年5月30日，元力股份（300174）逆转为多头排列，此后一直走在多头排列之上，股价一年上涨了3倍

图示：2005年12月~2008年1月，上证指数（000001）都是处于多头排列，股价也一直走牛

不少股票上涨了10倍不止；2008年一整年处于空头排列，股市进入大熊市；2009年3月上证指数逆转为多头排列，股市再度走牛。这三波行情，牛一

熊—牛，都是极标准的多头排列与空头排列的转换。

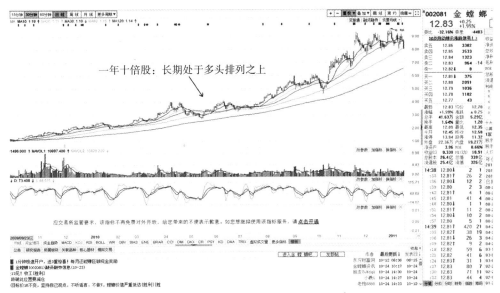

图示：2009 年 10 月~2011 年 1 月，在一年三个月的时间内，金螳螂（002081）始终运行在多
头排列之上，股价上涨了约 10 倍，笔者在这波行情中也挣了不少钱

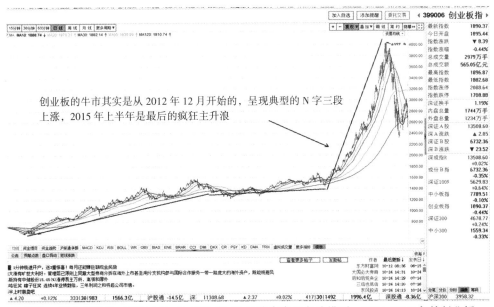

图示：创业板指数（399006）从 2012 年 12 月就走出了多头排列，2014~2015 年的创业板
大行情，只是最后的疯狂而已

这波创业板牛市其实是从 2012 年年底开始的。

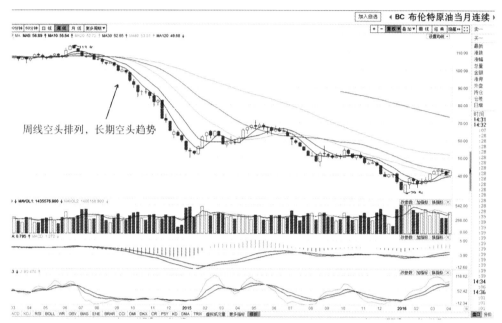

周线空头排列，长期空头趋势

图示：布伦特原油期货从 2014 年 8 月开始，日线和周线都进入完全的空头排列，因此顺势加仓做空便是最好的策略，这波空头行情一直持续到 2016 年 3 月才逆转

这是不可多得的超级大趋势行情。

价托与向上纠缠发散

定义：10 日均线、20 日均线、30 日均线、60 日均线 4 根均线纠结、汇集、缠绕、交叉、黏合在一起，突然形成多头排列的向上发散型，统称为向上纠缠发散。

信号含义：发散的均线代表着支撑和多头趋势，可以继续顺势持股。一般情况下，发散的幅度越大，支撑越强。

同时，在多条均线纠结、汇集、缠绕、交叉、黏合的位置，就自然而然形成一个价托，具备强大的支撑力。

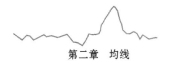

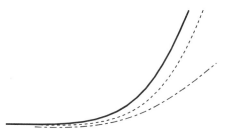

图示：均线首次黏合向上发散形态

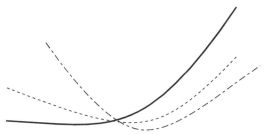

图示：均线首次交叉向上发散形态

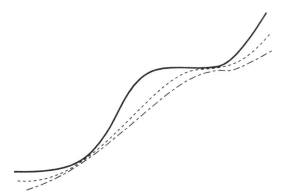

图示：均线再次黏合向上发散形态

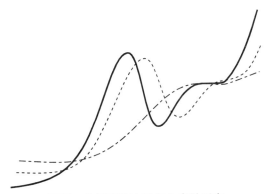

图示：均线再次交叉向上发散形态

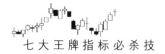

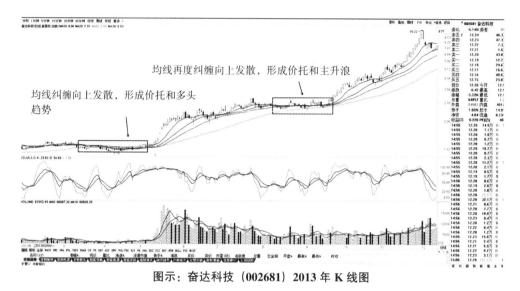

图示：奋达科技（002681）2013 年 K 线图

　　2013 年 5 月 13 日，奋达科技长期纠缠的均线终于向上发散，并且转为多头排列，股价稳步上扬；2013 年 9 月 18 日，均线再次向上发散，并同时形成完全的多头排列，股价走出主升浪。

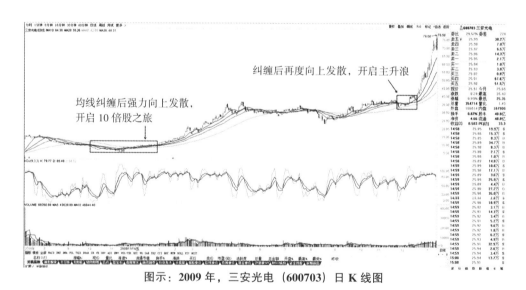

图示：2009 年，三安光电（600703）日 K 线图

　　2009 年 1 月，大盘经历过金融危机，走出小牛市，笔者在选股的时候，专注选择那些走均线向上发散的个股，三安光电就这样进入了笔者的视野，笔者在 10~11 元即刚刚完成均线发散时建仓，第一波就翻了 3 倍，在 34 元左右果断出

局。在 2009 年 12 月的时候，该股迟迟不下跌，该跌不跌，理应看涨，于是买进，又是一波翻倍，选到好股票，操作简单。

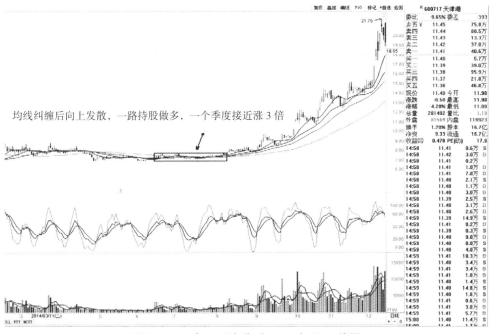

图示：2014 年，天津港（600717）日 K 线图

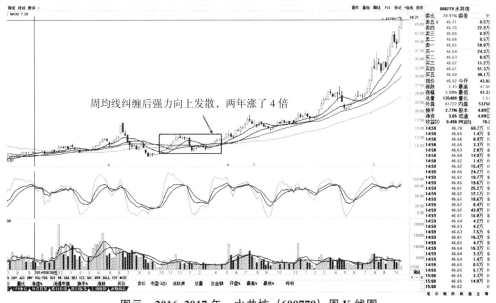

图示：2016~2017 年，水井坊（600779）周 K 线图

2016 年 5 月底 6 月初，水井坊的周均线经过长期纠缠后形成向上发散的形态，笔者及时跟进买入。一路持有到 2017 年年初，发现很多白酒股都走出了均线向上发散的形态，于是加仓买了一些其他白酒，水井坊以及其他的白酒股如贵州茅台等都是当年涨幅冠军股。

价压与向下纠缠发散

定义：10 日均线、20 日均线、30 日均线、60 日均线 4 根均线纠结、汇集、缠绕、交叉、黏合在一起，但是突然形成空头排列的向下发散型。统称为向下纠缠发散。

信号含义：发散的均线代表着压力和空头趋势，应该坚决持币观望。一般情况下，发散的幅度越大，压力越强。

同时，在多条均线纠结、汇集、缠绕、交叉、黏合的位置，就自然而然形成一个价压，具备强大的压力。

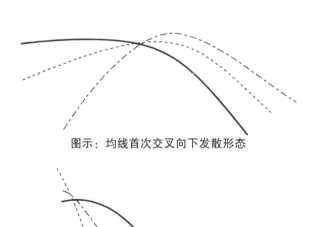

图示：均线首次交叉向下发散形态

图示：均线再次交叉向下发散形态

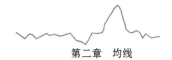

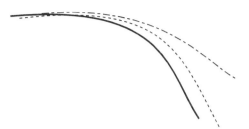

图示：均线首次黏合向下发散形态

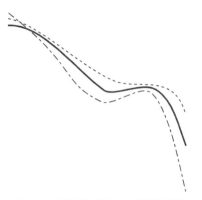

图示：均线再次黏合向下发散形态

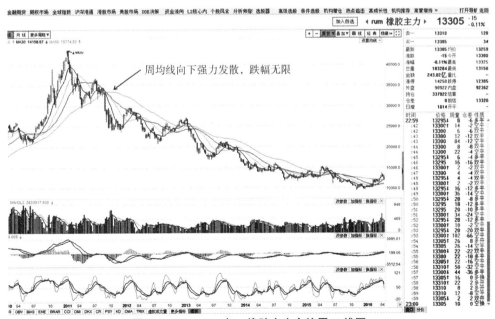

图示：2011~2016 年，橡胶主力合约周 K 线图

橡胶自从 2011 年见到高点后，就震荡下跌，9 月多条均线交叉后向下强力发散，周线图上已经形成绝对的向下趋势，此后只能空不能多，这个空头趋势一路持续到 2016 年 1 月，长达 5 年。

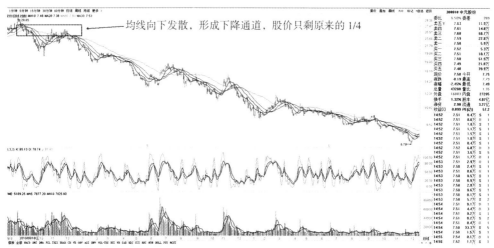

图示：2010 年 8 月~2012 年 12 月，中元股份（300018）日 K 线图

2010 年 12 月下旬，中元股份长期纠缠在一起的均线终于有了结果，开始向下发散并形成空头排列，笔者知道这次空头来势汹汹，恐怕会持续很久。果然股价跌了一年多，价格只剩原来的 1/4。

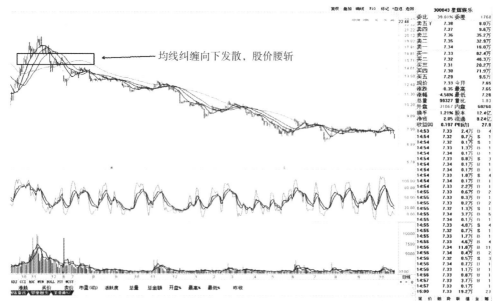

图示：2015 年 10 月~2017 年 10 月，星辉娱乐（300043）日 K 线图

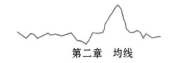

2015 年 11 月，星辉娱乐股份日均线在高位反复纠缠，形成强烈的价压，最终均线向下发散，并形成空头排列，如果没有逃命那必定陷入反复套牢的境地。这只股票一路跌到 2017 年 10 月，跌了 2 年，价格腰斩。

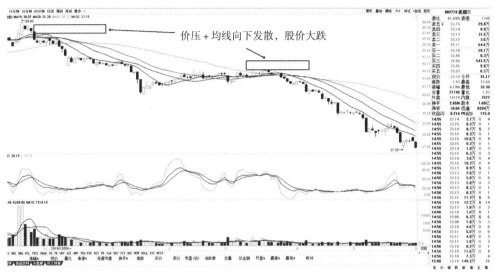

价压 + 均线向下发散，股价大跌

图示：2016 年 12 月~2017 年 6 月，麦趣尔（002719）日 K 线图

2016 年 12 月，麦趣尔日均线纠缠，形成价压，均线迅速向下发散，股价节节下滑。2017 年 3 月底均线再度纠缠后继续向下发散，股价加速下滑。

多头陷阱与空头陷阱

多头陷阱定义：又称诱多陷阱。均线多头陷阱，顾名思义就是主力通过几条均线交叉组合，刻意制造某种做多技术图形，诱惑散户投资者做多买入，从而将散户做多投资者一网打尽，达到主力高位顺利出逃的目的。

均线多头陷阱通常由三条不同时间周期均线 5 日均线、10 日均线和 30 日均线组合而成，较多出现在股价连续大幅上涨之后形成头部的下跌初期，或出现在股价下跌趋势途中，3 条均线首先由空头排列向右下方运行，随后 5 日均线出现止跌并反身向上，同时上穿 10 日均线，但此 30 日均线仍然向右下方倾斜，此时投资者会误以为下降趋势改变从而进场买股票或者做多，但是往往被套牢。

5 日均线弱势上穿 10 日均线后，并没有上穿 30 日均线便再次死叉 10 日均线后突然掉头向下，随后 3 条均线再次形成空头排列向下发散走势。

信号含义：果断卖空。

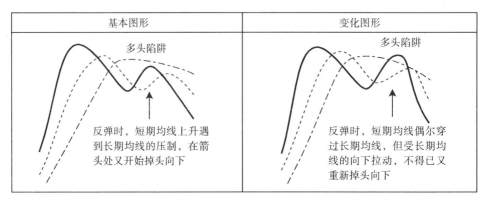

图示：多头陷阱形态

空头陷阱定义：又被称为均线诱空陷阱，顾名思义就是主力通过操纵某种均线组合图形，故意使投资者看空后市，从而交出手中的低廉筹码。而随后股价却大幅走高，使低位出局的投资者后悔莫及。均线空头陷阱也是庄家、主力大幅拉升股价之前惯用的一种骗取低廉筹码的方法，在股价上升趋势途中经常出现。

均线空头陷阱通常由三条不同时间周期均线 5 日均线、10 日均线和 30 日均线组合而成，较多出现在股价连续大幅下跌之后形成底部的上涨初期，或出现在股价上涨趋势途中，3 条均线首先由多头排列向右上方运行，随后 5 日均线出现止涨并反身向下，同时下穿 10 日均线，但此时 30 日均线仍然向右上方倾斜，此时投资者会误以为上升趋势改变从而卖出股票或者做空，但是往往踏空或者做空被套。

5 日均线下穿 10 日均线后，并没有下穿 30 日均线便再次金叉 10 日均线后突然掉头向上，随后 3 条均线再次形成多头排列向上发散走势。

空头陷阱的信号含义：行情的表象使投资者误以为空头市场将要来临，但是多头趋势很快恢复。如果在短期均线下跌的坑底卖出，就要被迫以后来的高价买回。

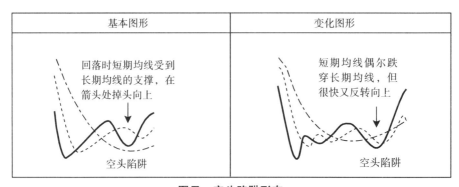

图示：空头陷阱形态

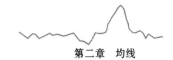

图示：2017 年 4 月 5 日，三维丝（300056）出现多头陷阱，如果被迷惑买入了，等待的将是无底深渊

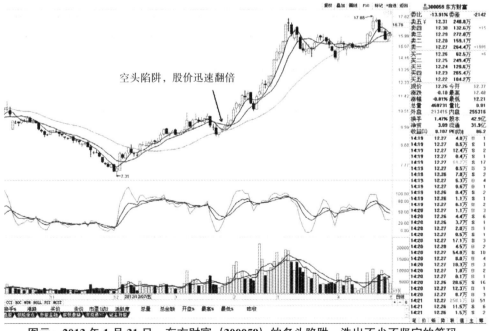

图示：2013 年 1 月 31 日，东方财富（300059）的多头陷阱，洗出不少不坚定的筹码，再次购买需要更高的成本

图示：2017 年 7 月 14 日，沪铜（CU1712）的空头陷阱，价格坚定上行，不容迟疑

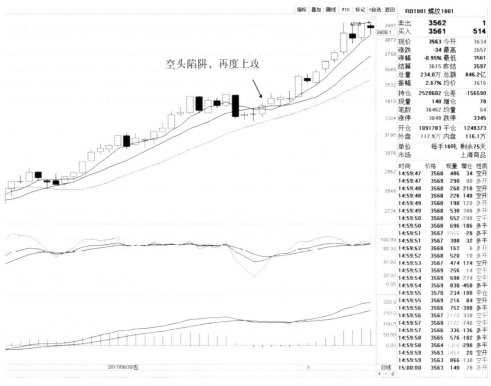

图示：2017 年 7 月 27 日，螺纹（RB1801）的空头陷阱，价格加速上行，如果被迷惑很可能不敢再建多单，不过笔者很坚定地持有

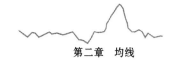

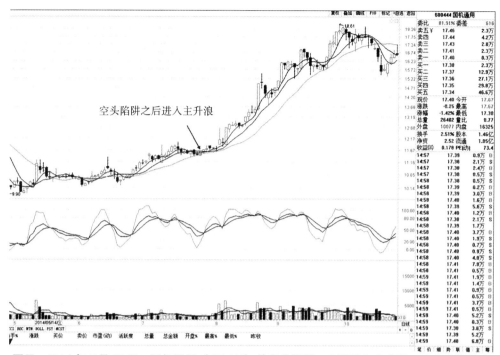

图示：**2014 年 7 月 29 日**，国机通用（**600444**）的空头陷阱，立即进入主升浪，空头陷阱其实是最好的加仓和建仓机会

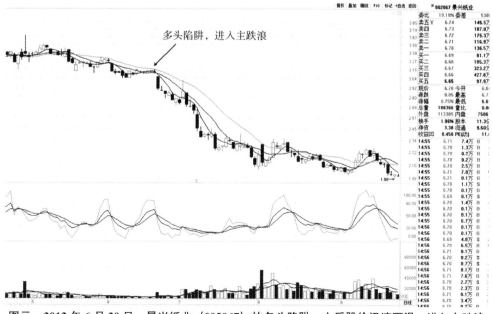

图示：**2012 年 6 月 20 日**，景兴纸业（**002067**）的多头陷阱，之后股价迅速下滑，进入主跌浪

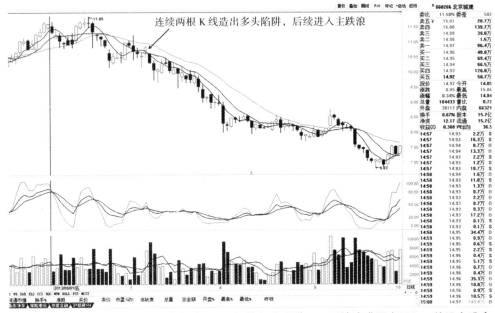

图示：2012 年 7 月 6 日，北京城建（600266）的多头陷阱，一旦被迷惑再度买入，就没有逃命的机会

第二节　特殊均线

大家在运用均线时，一定要注意均线的服从定理：K 线服从均线，短期均线服从中期均线，中期均线服从长期均线；日线服从周线，周线服从月线；长期均线的趋势向上则价格趋势向上，长期均线的趋势向下则价格趋势向下。

斐波那契神奇数字均线 1、2、3、5、8、13、21、34、55、89、144……

当大家习惯了用 5、10、20、30、60、120、240 日均线的时候，但发现市场趋势并不明显，不能够清晰地感受到趋势的力量。大家可以换一种均线系统设置，比如，用斐波那契神奇数字作为均线的设置。

关于斐波那契数列的神奇，笔者认为有必要再次给大家介绍一下。

斐波那契是中世纪人类历史上最有才华的数学家，生于比萨。他一生著有《计算的书》《实用几何学》与《求积法》3 本重要的数学著作。他在《计算的书》

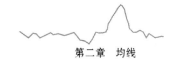

中提出一个问题，产生了数列 1、1、2、3、5、8、13、21、34、55、89、144……
以致无穷，这就是斐波那契数列。这个数列从第 3 项开始，每一项都等于前两项
之和；当 n 趋向于无穷大时，前一项与后一项的比值越来越逼近黄金分割 0.618。
从第二项开始，每个奇数项的平方都比前后两项之积多 1，每个偶数项的平方都
比前后两项之积少 1。

这个问题的来源是：如果一个兔子从第二个月起，每个月生一对新兔子，那
么，置于封闭地区的兔子在一年内有多少只?

斐波那契数列在自然界、科学界、军事界、天文界、艺术界、建筑界都有广
泛的应用和神奇的巧合，大家也可以自己去找相关资料。

笔者这里试举几例：树木以斐波那契数列的方式生长。当一棵树开始长大，
它开始于树干或一个分支。需要一个月的时间才能分支到两个分支。所以，从第
一个月和第二个月的 1 个分支到第 3 个月的 2 个分支，4 个月的 3 个分支。花朵
不仅以树枝几乎相同的方式工作，而且许多花朵有 1、2、3、5、8 等花瓣数量，
如雏菊可以在一朵花上多达 21、34、55 和 89 朵花瓣。动物繁殖中也存在的斐波那
契数列。除了斐波那契提出的兔子繁殖，另一个现实中的例子是蜜蜂家系的序列，
可以通过蜜蜂在每一代中随着斐波那契序列呈指数增长而及时追溯蜜蜂家庭树。

斐波那契数列在艺术和科学方面起着特殊的作用，是一个普遍的神话。在古代
文明中，黄金比例（神圣几何）经常被用于艺术和建筑的设计。从简单的螺旋到复
杂的设计。今天的神圣几何仍然用于规划和建造许多建筑物，如教堂、祭坛、博物
馆、宫殿、住房以及创造宗教艺术品。斐波那契数列在自然界频繁出现，如鲜花
的花瓣数、大树的分支数、向日葵花盘上的种子顺时针与逆时针旋转排列的螺旋
线数、松果的排列、海螺壳上的螺旋纹以及斐波那契数列元素之间黄金分割率，
使人们深信这种规律绝不是偶然的。它充分显示了大自然中，在生命的科学探索
中隐藏着无穷的像斐波那契这样的神奇奥秘，它们正等待着人们去探索和发现。

斐波那契均线：大家可以按照斐波那契数列的数字来设置均线，由此达到更
好的趋势指引效果，事实证明，这是可以改善的。

笔者通常选取 13、34、55 三根均线组合。为什么要采用 3 根这个奇数组合，
这也是要与斐波那契数列吻合。黑客点击、主力会师、梅开二度、穿云过雾、红
衣侠女这几个信号都是根据斐波那契均线 13、34、55 三根均线组合得到的。

黑客点击

定义：13 日均线上穿 34 日均线，阳线之后开始阴线回调，然后刚好在 13

日均线和55日均线的金叉处止跌回升，往往会连续拉升。

信号含义：连续暴涨。

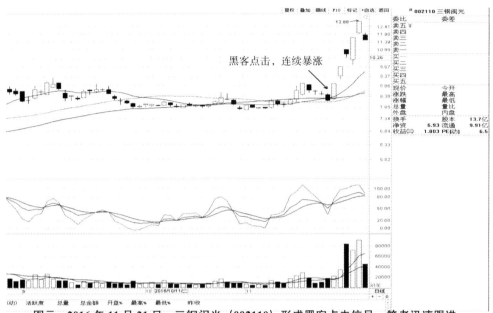

图示：2016年11月21日，三钢闽光（002110）形成黑客点击信号，笔者迅速跟进，之后股价连续暴涨

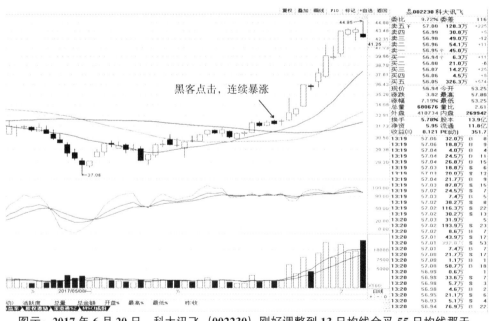

图示：2017年6月20日，科大讯飞（002230）刚好调整到13日均线金叉55日均线那天，形成黑客点击，然后股价开始暴涨

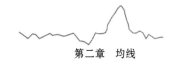

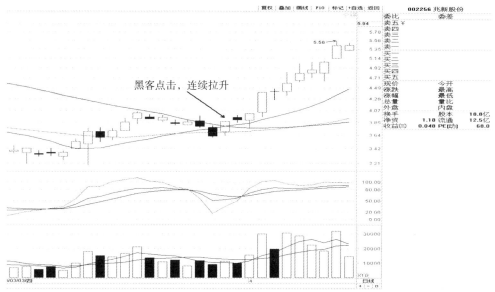

图示：2016 年 3 月 30 日，兆新股份（002256）刚好在 13 日均线与 55 日均线金叉处止跌回升，形成黑客点击，股价连续大涨

主力会师

定义：34 日均线金叉上穿 55 日均线，同时 13 日均线早已在之前就金叉上穿了 34 日和 55 日均线，所以此时形成多头排列。

信号含义：趋势性多头行情。

图示：2017 年 7 月 18 日，天原集团（002386）形成主力会师信号，股价迅速翻倍

图示：**2017 年 2 月 15 日，海康威视（002415）形成主力会师信号，股价迅速翻倍**

梅开二度

定义：13 日线向上穿越 55 日线后，股价滞涨回落，13 日线弱势下叉 34 日线，随着股价的止跌企稳，13 日线勾头向上二次穿越 34 日线，在 13 日线再次金叉穿越 34 日线时，称为梅开二度。

信号含义：进入主升浪。

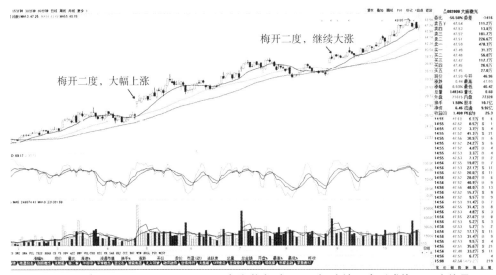

图示：**2017 年 4 月 26 日、8 月 30 日，大族激光（002008）连续两次形成梅开二度信号，股价连续大涨，笔者基本上一路持股**

图示：2016 年 10 月 28 日，凯恩股份（002012）形成梅开二度信号，股价连续大涨

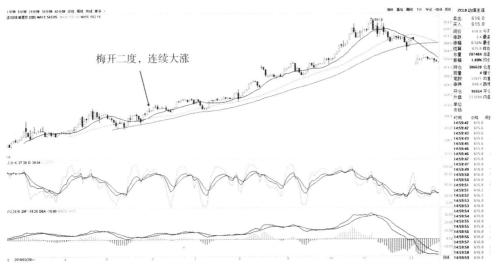

图示：2016 年 6 月 1 日，动力煤主力合约出现梅开二度信号，股价持续大涨，
笔者一路顺势做多

穿云过雾

定义：股价明显回落，34 日线顺势下穿 55 日线，在成交量的推动下，短期内股价止跌企稳重新上穿 55 日线，34 日线先下穿再上穿 55 日线的过程就是穿云过雾。34 日线再度上穿 55 日线后必须和 13、34、55 日均线形成多头排列。就好像飞机越过云层，进入高速飞翔的阶段一样。

信号含义：触底回升，开启上升趋势。

图示：2017 年 2 月 10 日，泸州老窖（000568）形成穿云过雾信号，股价开始起涨

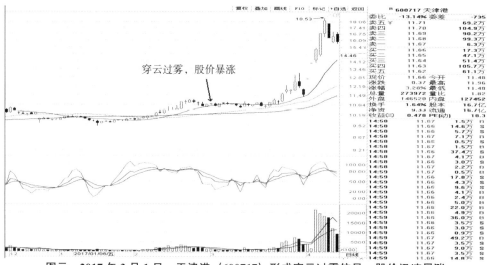

图示：2017 年 3 月 1 日，天津港（600717）形成穿云过雾信号，股价迅速暴涨

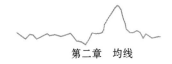

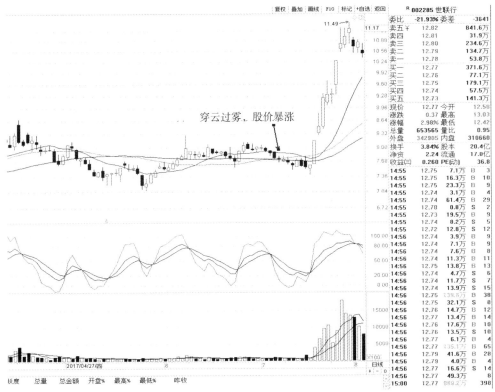

图示：2017 年 7 月 7 日，世联行（002285）出现了穿云过雾信号，股价连拉大阳线，由于仓位资金分配问题，笔者等到 7 月 19 日大阳线的下午盘才跟进

红衣侠女

定义：股价经过长期下跌或充分调整以后，55 日线基本处于水平状态，股价沿着 13 日线爬至 55 日线附近进行窄幅整理，在 13 日线上穿 55 日线之日或者前后两三天，如果股价收阳线携量上攻，形态即告成立。大家把站在 13 日均线和 55 日均线金叉处的那根阳线称为红衣侠女。

信号含义：快速上涨。

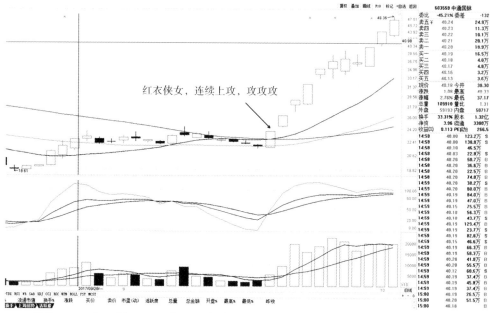

图示：**2017 年 9 月 19 日，中通国脉（603559）出现红衣侠女信号，连续拉升大阳线**

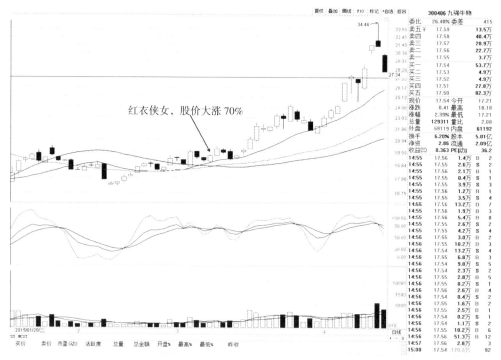

图示：**2015 年 3 月 9 日，九强生物（300406）出现红衣侠女信号，股价迅速大涨 70%**

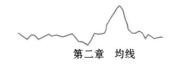

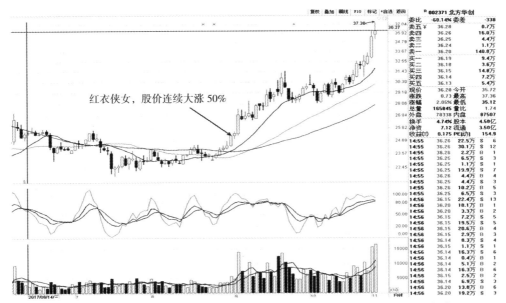

图示：**2017 年 8 月 31 日，北方华创（002371）出现红衣侠女信号，股价连续大涨 50%**

两组均线族

当大家觉得一根均线力量不够时，可以换个角度看问题，把均线改为两族均线，短期族和长期族。短期族均线是由 6 根（3、5、8、10、12、15）均线组成，长期族是由 6 根（30、35、40、45、50、60）均线组成的。使用均线族是为了更好地捕捉趋势，均线族对趋势的持续性更加有力量。这种均线的使用方法是外国人戴若·顾比最先发现的，所以又称为顾比均线。

通达信顾比均线源码：

K1：= EMA（C，3）；K2：= EMA（C，5）；K3：= EMA（C，8）；K4：= EMA（C，13）；

K5：= EMA（C，15）；K6：= EMA（C，30）；K7：= EMA（C，35）；K8：= EMA（C，40）；

K9：= EMA（C，45）；K10：= EMA（C，50）；K11：= EMA（C，60）；

IF（K1＞REF（K1，3），K1，DRAWNULL），COLOR0000FF；

IF（K1＜REF（K1，3），K1，DRAWNULL），COLOR00FF00；

IF（K2＞REF（K2，3），K2，DRAWNULL），COLOR0000FF；

IF（K2＜REF（K2，3），K2，DRAWNULL），COLOR00FF00；

IF（K3＞REF（K3，3），K3，DRAWNULL），COLOR0000FF；

IF（K3＜REF（K3，3），K3，DRAWNULL），COLOR00FF00；

IF（K4＞REF（K4，3），K4，DRAWNULL），COLOR0000FF；

IF（K4＜REF（K4，3），K4，DRAWNULL），COLOR00FF00；

IF（K5＞REF（K5，3），K5，DRAWNULL），COLOR0000FF；

IF（K5＜REF（K5，3），K5，DRAWNULL），COLOR00FF00；

IF（K6＞REF（K6，3），K6，DRAWNULL），COLOR0000FF；

IF（K6＜REF（K6，3），K6，DRAWNULL），COLOR00FF00；

IF（K7＞REF（K7，3），K7，DRAWNULL），COLOR0000FF；

IF（K7＜REF（K7，3），K7，DRAWNULL），COLOR00FF00；

IF（K8＞REF（K8，3），K8，DRAWNULL），COLOR0000FF；

IF（K8＜REF（K8，3），K8，DRAWNULL），COLOR00FF00；

IF（K9＞REF（K9，3），K9，DRAWNULL），COLOR0000FF；

IF（K9＜REF（K9，3），K9，DRAWNULL），COLOR00FF00；

IF（K10＞REF（K10，3），K10，DRAWNULL），COLOR0000FF；

IF（K10＜REF（K10，3），K10，DRAWNULL），COLOR00FF00；

IF（K11＞REF（K11，3），K11，DRAWNULL），COLOR0000FF；

IF（K11＜REF（K11，3），K11，DRAWNULL），COLOR00FF00。

图示：通达信公式对话框

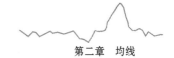

点击通达信"功能"，调出公式管理器，点击右上角"新建"，将公式自己命名即可。

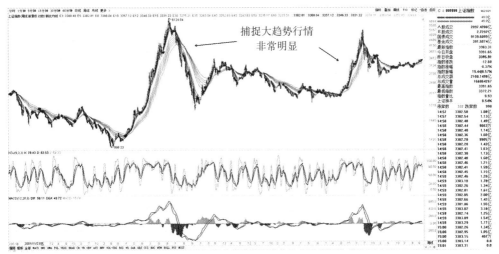

图示：从顾比均线的上证指数（999999）周线图来看，捕捉周线大趋势非常明显

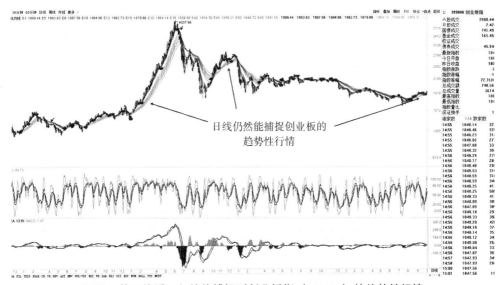

图示：从日线看，仍然能捕捉到创业板指（399006）的趋势性行情

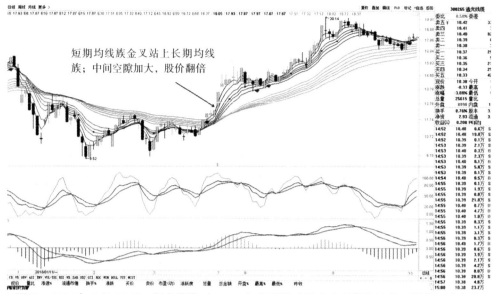

图示：2016 年 3 月 23 日，通光线缆（300265）短期族金叉上穿长期族均线，股价迅速翻倍

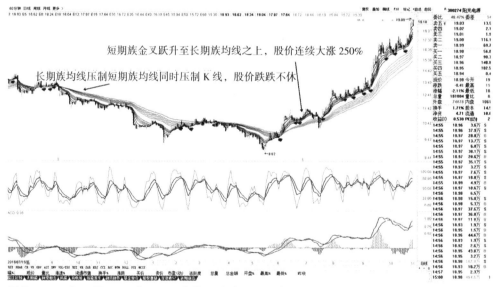

图示：2016 年 9 月~2017 年 5 月，长期族均线压制短期族均线，股价跌跌不休；2017 年 6 月开始，短期族均线翻身上穿长期族均线，股价 3 个月大涨 250%

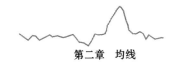

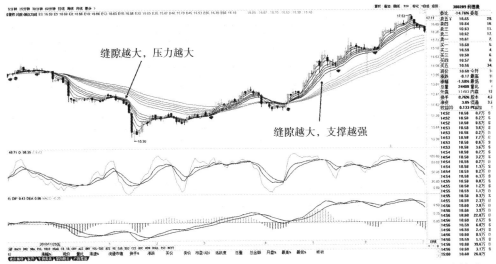

缝隙越大，压力越大

缝隙越大，支撑越强

图示：2016 年 11 月~2017 年 6 月，利德曼（300289）走势图，短期族和长期族之间的缝隙越大，均线的力量越大

第三节　规律总结

以上都是总结具体的信号和实战案例。下面大家温习一下理论：

均线凸凹

1. 均线的凸凹形态分为三种形态，上凸（下凹）、下凸（上凹）及直线。一个铁锅倒着放的样子，叫上凸（下凹），一个铁锅正着放的样子，叫下凸（上凹），没有弯曲的时候，叫直线。

2. 如果有人想更细致地了解均线的弯曲情况，请参阅高等数学微积分中关于导数部分。单根均线处于下凸（上凹）形态时，股价的上涨速度是逐渐加快的，下跌速度是逐渐变慢的；单根均线处于上凸（下凹）形态时，股价上涨速度是逐渐减慢的，股价的下跌速度是逐渐加快的。单根均线处于直线状态时，其上涨（下跌）速度是均匀的。

3. 如果股价起涨时均线处于下凸（上凹）状态，为最理想的起涨点，所有的起飞点均为此形态。如果股价起涨时，处于上凸（下凹）状态，为最不理想起涨状态；为直线时根据角度而定。此两者都不是起飞点形态。

4. 寻找起涨时均线处于下凸（上凹）角度大的股票，越大越好。那样会飞得很高。

5. 短期均线与长期均线（5日与10日、30日与60日、120日与250日等）之间的形态组合，决定了股价的发展方向。以上涨为例，最好的形态是长短期均线都处于下凸（上凹）形态中。如果形态有任何冲突，都影响上涨效果。只有均线都是同样角度，同样凸凹度，同样方向，才能涨得又快、又高、又远。

均线拐点

1. 均线拐点是指此点后均线的运动方向发生了前后相反的变化。

2. 如果在均线拐点处，股价站在均线上（下），且K线方向与均线拐点后的方向相同，则股价沿该均线方向运动的概率大。笔者经常说的10日线指导短线就是此意。在均线上则表示做多，在均线下则表示做空。

3. 如果多周期均线同时出现同向拐点，称为多周期共振拐点，此拐点非常重要。如果此时K线站于该拐点的多个均线上（下），则股价将较长时期按拐点后的方向运行，从而形成重要底部（顶部）。

均线同向

1. 均线同向时，如果短期均线的角度远远大于长期均线的角度，则股价短期运行的空间会较大。

2. 如果短期均线远离长期均线，股价回调长期均线的幅度会较大。

3. 如果均线以一定的角度平行运行，则按该方向运动的时间会比较长。

第三章　MACD

MACD 被一些人认为是终极指标，指标之王，这是因为大部分人都是趋势投资者，而所有趋势类的指标都是由 MACD 发展而来的。什么是趋势，主要就是牛熊分界，传统上，MACD 的 0 轴=60 日均线，即传统的牛熊分界线。0 轴上方为牛市，0 轴下方为熊市。

MACD 的红柱子和绿柱子也被认为是力量的代表，比成交量和成交金额还管用，预示着后期的走势力度。另外，MACD 的 DIF 和 DEA 两根线也是一种更高级的均线；可见，MACD 融合了 K 线、均线、成交量等各种指标的优势，可以有效地指引趋势。这是任何类型的投资者都必须掌握的指标。

MACD 是前人智慧的结晶，同时由于得到了市场的认同，具备巨大的惯性力量。

第一节　MACD 的特性

MACD 指标主要反映的是走势的趋势和强度。 MACD 指标由 4 个因素组成：①DIFF 线（白线）；②DEA 线（黄线）（两条线经常合在一起俗称黄白线）；③MACD 柱（在 0 轴上方俗称红柱子，在 0 轴下方俗称绿柱子）；④0 轴（有时 0 轴上方俗称水上，0 轴下方俗称水下）。

0 轴是 MACD 指标的最重要因素，是强弱分界线，0 轴以上的区域代表了强势，0 轴以下的区域代表了弱势。 DIFF 线描述的是走势的趋势，当 DIFF 线在 0 轴以下时，趋势是向下的，当 DIF 线在 0 轴以上时，趋势是向上的。DEA 线是 DIF 线的均线，同样地 DEA 线在 0 轴以上时代表向上趋势，DEA 在 0 轴以下时代表向下的趋势。 MACD 柱是 DIFF 和 DEA 的差值，它描述了走势的即时强度

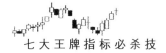
和力度，当 MACD 在 0 轴以上，也就是为红色时，表示走势处于强势；当
MACD 在 0 轴以下，也就是为绿色时，表示走势处于弱势。

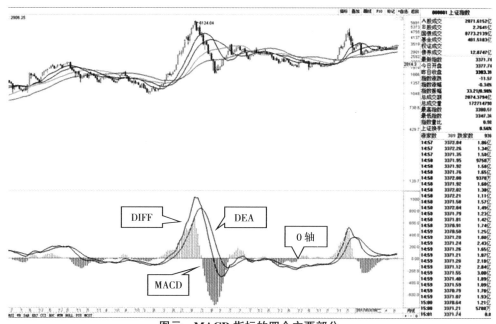

图示：MACD 指标的四个主要部分

图示：行情下方副图部分左上角的 MACD 数值表

DIFF 和 DEA 的值及线的位置

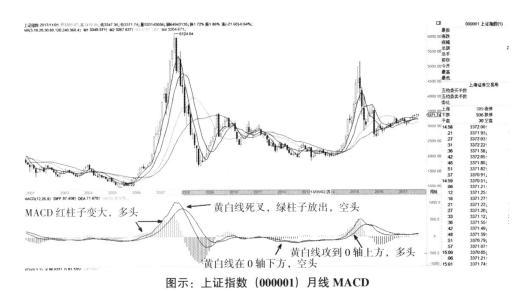

图示：上证指数（000001）月线 MACD

1. 当 DIFF 和 DEA 均大于 0（即在图形上表示为它们处于零线以上）并向上移动时，一般表示为股市处于多头行情中，可以买入股票或持股。

2. 当 DIFF 和 DEA 均小于 0（即在图形上表示为它们处于零线以下）并向下移动时，一般表示为股市处于空头行情中，可以卖出股票或观望。

3. 当 DIFF 和 DEA 均大于 0（即在图形上表示为它们处于零线以上）但都向下移动时，一般表示为股票行情处于退潮阶段，股票将下跌，可以卖出股票和观望。

4. 当 DIF 和 DEA 均小于 0 时（即在图形上表示为它们处于零线以下）但向上移动时，一般表示为股票行情即将启动，股票将上涨，可以买进股票或持股待涨。

DIFF 和 DEA 的交叉情况

1. 当 DIFF 与 DEA 都在零线以上，而 DIFF 向上突破 DEA 时，表明股市处于一种强势之中，股价将再次上涨，可以加码买进股票或持股待涨，这就是 MACD 指标黄金交叉的一种形式。

2. 当 DIFF 和 DEA 都在零线以下，而 DIFF 向上突破 DEA 时，表明股市即将转强，股价跌势已尽将止跌朝上，可以开始买进股票或持股，这是 MACD 指标

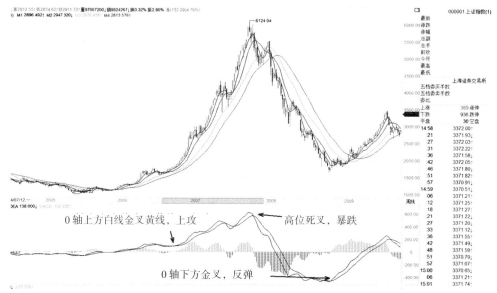

0轴上方白线金叉黄线，上攻　　　　高位死叉，暴跌

0轴下方金叉，反弹

图示：上证指数（000001）周线 MACD

黄金交叉的另一种形式。

3. 当 DIFF 与 DEA 都在零线以上，而 DIFF 却向下突破 MACD 时，表明股市即将由强势转为弱势，股价将大跌，这时应卖出大部分股票而不能买股票，这就是 MACD 指标的死亡交叉的一种形式。

4. 当 DIFF 和 DEA 都在零线以下，而 DIFF 向下突破 MACD 时，表明股市将再次进入极度弱市中，股价还将下跌，可以再卖出股票或观望，这是 MACD 指标死亡交叉的另一种形式。

MACD 指标中的柱状图分析

1. 当红柱状持续放大时，表明股市处于牛市行情中，股价将继续上涨，这时应持股待涨或短线买入股票，直到红柱无法再放大时才考虑卖出。

2. 当绿柱状持续放大时，表明股市处于熊市行情之中，股价将继续下跌，这时应持币观望或卖出股票，直到绿柱开始缩小时才可以考虑少量买入股票。

3. 当红柱状开始缩小时，表明股市牛市即将结束（或要进入调整期），股价将大幅下跌，这时应卖出大部分股票而不能买入股票。

4. 当绿柱状开始收缩时，表明股市的大跌行情即将结束，股价将止跌向上（或进入盘整），这时可以少量进行长期战略建仓而不要轻易卖出股票。

5. 当红柱开始消失、绿柱开始放出时，这是股市转市信号之一，表明股市的

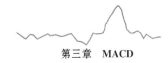
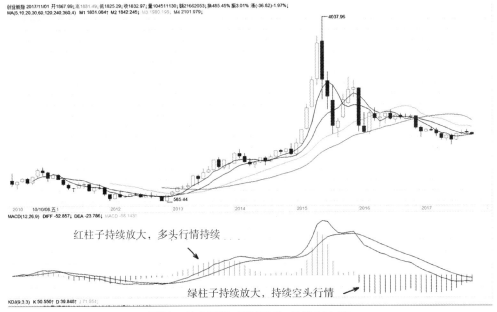

图示：创业板指（399006）月线 MACD

上涨行情（或高位盘整行情）即将结束，股价将开始加速下跌，这时应开始卖出大部分股票而不能买入股票。

6. 当绿柱开始消失、红柱开始放出时，这也是股市转市信号之一，表明股市的下跌行情（或低位盘整）已经结束，股价将开始加速上升，这时应开始加码买入股票或持股待涨。

MACD 指标中的背离和加力、乏力

1. 加力：股价持续上涨，而且红柱子不断放大时，表明上涨趋势良好，这是一种加力状态。当股价持续下跌而绿柱子不断放大时，表明下跌趋势良好，这是一种加力状态。

2. 乏力：股价持续上涨并创新高，但是红柱子却并没有跟随放大，说明抛盘增加，上涨的动能在减弱，或者说为了维持和前期一样的上涨速度，需要每天维持的成交金额随着指数的增加而逐步加大，但是资金并没有跟上。股价持续下跌并创新低，但是绿柱子并没有跟随放大，说明短期处于超卖状态，抛盘的力量在枯竭，下跌的速度在减慢。

3. 背离：股价第一波上涨后，黄白线回抽 0 轴，同时绿柱子放出来，接着开始第二波大涨，很快创出新高，但是第二波上涨时红柱子的面积和第一波上涨时

面积大幅缩减，黄白线也没有第一波涨得高，这就是顶背离。股价第一波下跌后，黄白线回抽 0 轴，同时红柱子放出来，接着开始第二波大跌，很快创出新低，但是大跌时绿柱子的面积和第一波下跌时面积大幅缩减，黄白线也没有第一波走得低，这就是底背离。

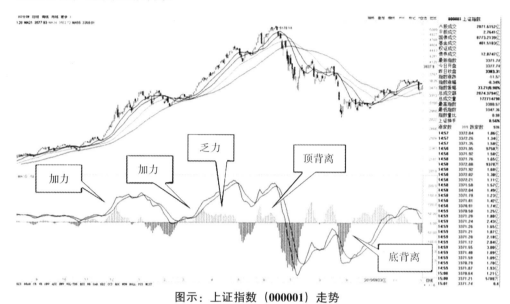

图示：上证指数（000001）走势

大家理解了 MACD 的基本原理和基本判断，其他的信号都是基于这种基本判断衍生出来的或者是特殊情况。

第二节　MACD 的信号

烽火连天

定义：MACD 的黄白线从 0 轴下方到 0 轴上方之后，没有停顿直接向斜上方飞奔，同时 MACD 的红柱子一波未平一波又起连绵起伏，股价沿着上升通道一路爬升。

买点位置：第二波红柱子放出时。

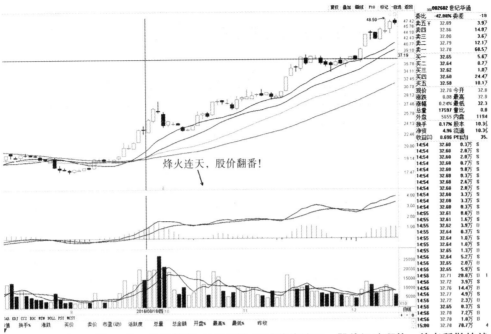

图示：2016 年 10 月 21 日，世纪华通（002602）形成烽火连天，股价迅速翻倍，笔者所做的就是简单地持股而已

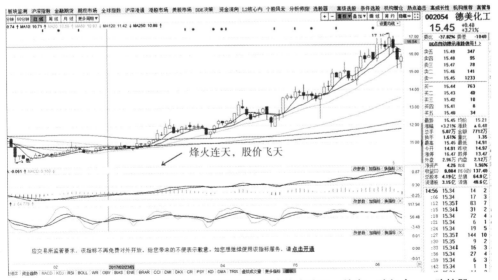

图示：2017 年 3 月 9 日，德美化工（002054）形成烽火连天，笔者一路加仓，一路持股，收益丰厚

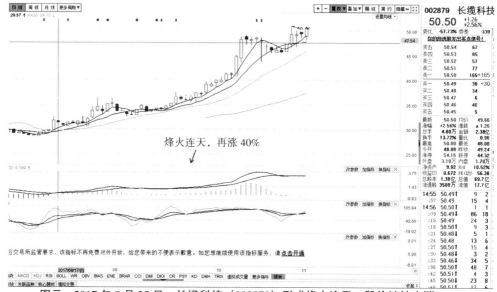

图示：2017 年 9 月 25 日，长缆科技（002879）形成烽火连天，股价继续大涨 40%

佛手向上

定义：DIFF 与 DEA 金叉后，随股价上行而向上，接下来又跟着股价回调而向下。通常是主力洗盘时，股价回调使 DIFF 回调到 MACD 线附近后，DIFF 线立即调头向上，形成佛手向上的形态。此时的均线系统往往是多头排列。

信号含义：继续大涨。

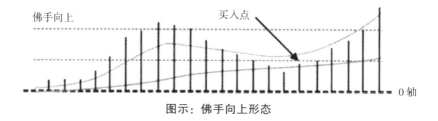

图示：佛手向上形态

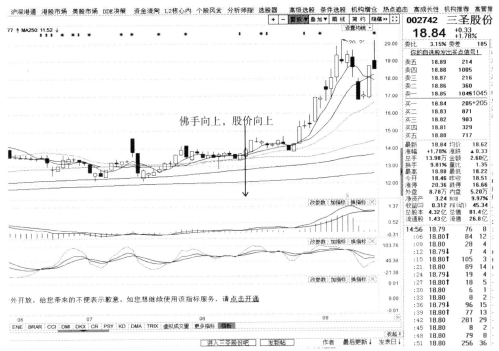

图示：2017 年 8 月 14 日，三圣股份（002742）出现佛手向上信号，股价迅速暴力拉升

图示：2017 年 8 月 30 日，新国都（300130）出现佛手向上信号，笔者立即买入，股价迭创新高

图示：**2014 年 5 月 30 日，恒星科技（002132）出现佛手向上信号，股价连续大涨**

小鸭出水

定义：DIFF 在 0 轴以下金叉 DEA 线以后，并没有上穿 0 轴或上穿一点就回到 0 轴之下，然后向下死叉 DEA，几天以后再次金叉 DEA 线，该形态为股价在

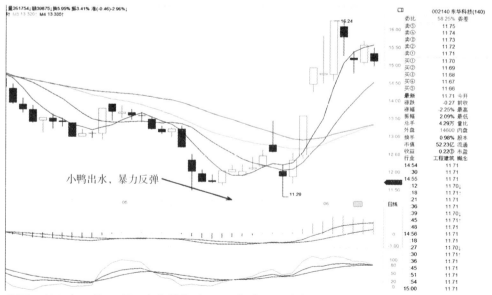

图示：**2017 年 5 月 25 日，东华科技（002140）出现小鸭出水信号，笔者当天下午买进，股价随即连续两天涨停，隔了一天休整一下再度涨停**

下跌探底之后，抛盘穷尽之时呈现的底部形态，应理解为见底信号，可择机入市。

信号含义：捕捉反弹或者反转机会。

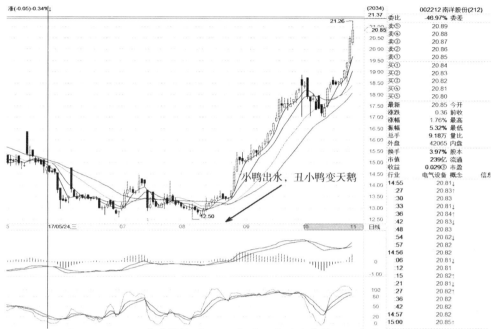

图示：2017 年 8 月 17 日，南洋股份（002212）出现小鸭出水信号，小鸭一出水立即变身天鹅，股价迅速大涨 90%

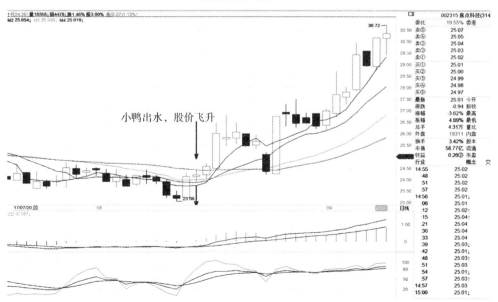

图示：2017 年 8 月 15 日，焦点科技（002315）出现小鸭出水信号，股价连续大涨

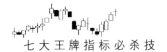
漫步青云

定义：DIFF 线在零轴上死叉 DEA 线，继续下穿零轴，在零轴或零轴以上金叉 DEA。此时的 K 线形态往往是穿越了或正在穿越重要的均线。该形态形成是股价在探底回升途中做盘整，也有的是筑底形态，呈上攻之势。

信号含义：积极介入信号，应果断买入。

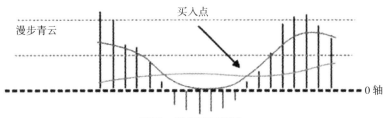

图示：漫步青云形态

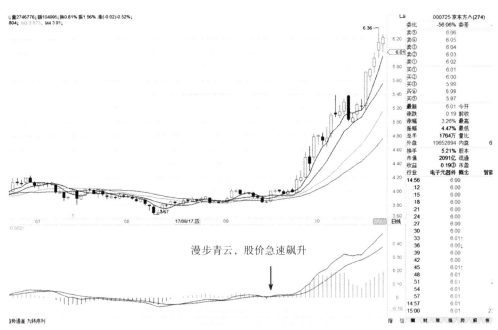

图示：2017 年 9 月 18 日，京东方 A（000725）形成漫步青云信号，股价连续大涨接近翻倍

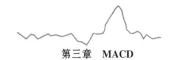

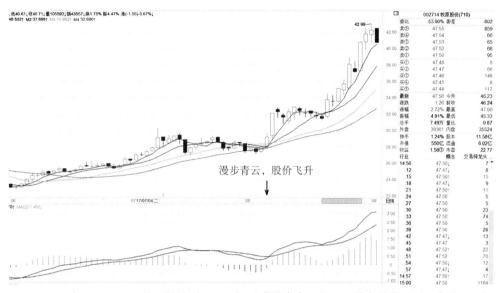

图示：2017 年 8 月 7 日，牧原股份（002714）形成漫步青云信号，笔者就是看到这个信号入场买进的，此后牧原股份表现非常棒

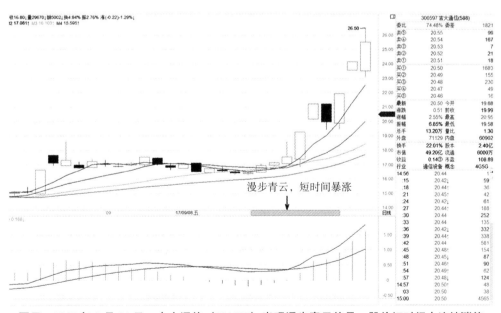

图示：2017 年 9 月 21 日，吉大通信（300597）出现漫步青云信号，股价短时间内连续涨停

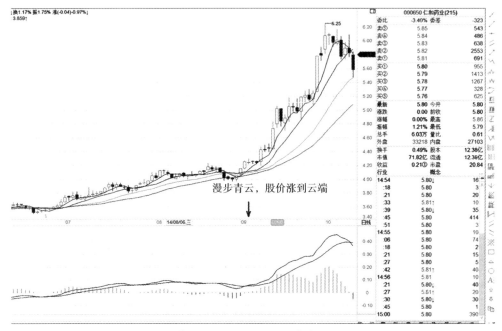

图示：2014 年 9 月 3 日，仁和药业（000650）出现漫步青云信号，股价短期连续上涨 50%

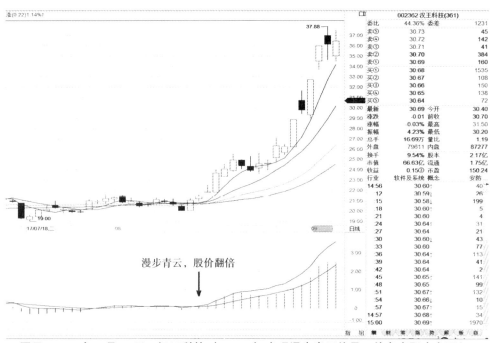

图示：2017 年 8 月 15 日，汉王科技（002362）出现漫步青云信号，笔者当即决定买入，
股价迅速翻倍

天鹅展翅

定义：DIFF 在 0 轴以下金叉 DEA 线，随后没有上穿 0 轴就回调，向 DEA 靠拢，MACD 红柱缩短，但没有死叉 DEA 就再次反转向上，同时配合 MACD 红柱加长，便形成天鹅展翅形态。该形态的形成多为底部形态，是股价在下跌探底后，抛盘穷尽时呈现的底部形态，应理解为主力建仓区域，可择机介入。

信号含义：买入。

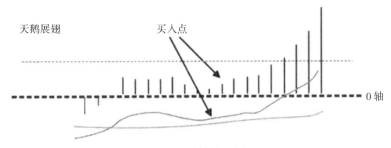

图示：天鹅展翅形态

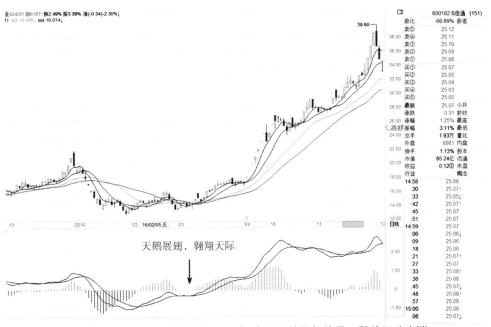

图示：**2016 年 3 月 8 日，S 佳通（600182）出现天鹅展翅信号，股价迅速大涨 250%，笔者也跟进赚了一波出来**

图示：2017 年 6 月 1 日，铁龙物流（600125）出现天鹅展翅信号，股价迅速翻倍

图示：2017 年 8 月 8 日，长春高新（000661）出现天鹅展翅信号，作为高价股从 120 元涨到 170 元

空中缆绳

定义：DIFF 在零轴下金叉 DEA 后在零轴上运行一段时间后，股价调整、DIFF 也向下回调，当 DIF 调到 DEA 线的时候，两线黏合成几乎一条线。在它们分离并多头发散时形成买入时机，新的涨势开始。该形态的出现多为上档盘整和

主力洗盘所为，股价在上升途中做短暂的盘整后，呈现强势上攻形态，应理解为积极介入信号，果断买入。此形态和空中缆车的主要区别在于：它不死叉，而空中缆车发生死叉！相同点是：它们的均线系统往往都是多头排列的。

信号含义：买入做多。

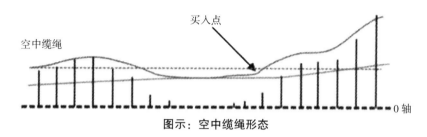

图示：空中缆绳形态

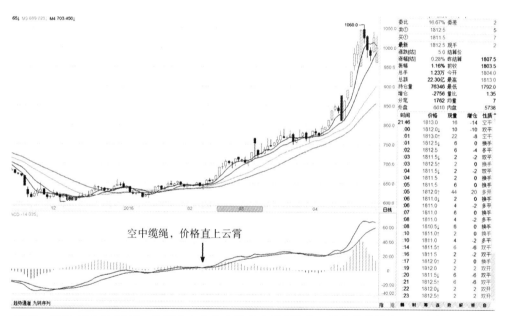

图示：2016 年 2 月 15 日，焦炭主力合约走出空中缆绳信号，笔者就势做多，一路做多，价格也一直攀升不回调，空中缆绳的力量很大

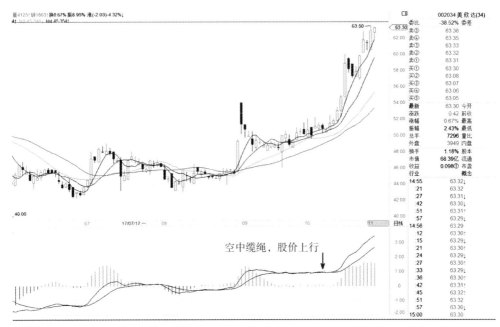

空中缆绳，股价上行

图示：2017 年 10 月 17 日，美欣达（002034）走出标准的空中缆绳信号，缆绳一直横着，笔者就一直拿着，直到再来一波行情

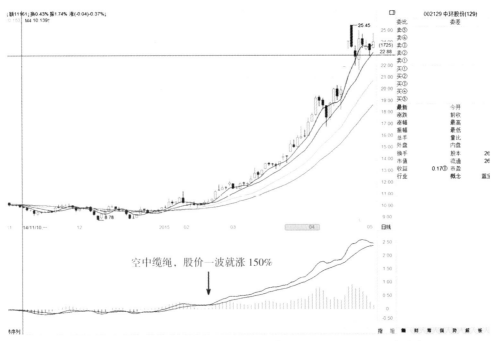

空中缆绳，股价一波就涨 150%

图示：2015 年 2 月 16 日，中环股份（002129）走出空中缆绳信号，一波就涨了 150%

空中缆车

定义：DIFF 线在 0 轴之上死叉 DEA 线，但不下穿 0 轴，过几天即再次在 0 轴以上金叉 DEA。该形态的出现多为上档盘整，主力洗盘所为，股价做短暂的调整后，呈现强劲上升动力，可理解为积极介入信号，可果断买入，如能连续放量更可坚决看多。

信号含义：买入，做多。

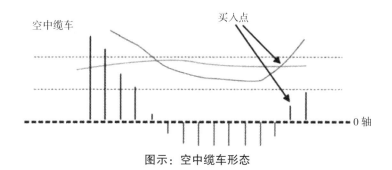

图示：空中缆车形态

图示：2017 年 7 月 19 日，章源钨业（002378）出现空中缆车信号，股价应声大涨

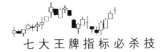

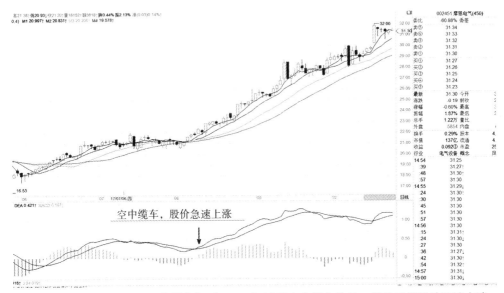

图示：**2017 年 6 月 10 日，摩恩电气（002451）出现空中缆车信号，股价不停歇地连续大涨**

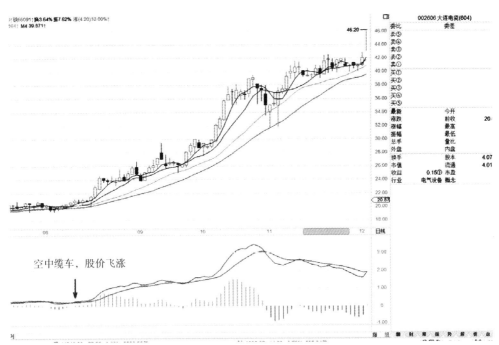

图示：**2016 年 8 月 11 日，大连电瓷（002606）出现空中缆车信号，股价飙涨**

海底电缆

定义：MACD 在零轴下运行一个月以上的较长时间，DIFF 在零轴下金叉 DEA 后，两线黏合成一线、数值几乎相等，两线一旦开始向上多头发散，就可考虑买入。0 轴以下的海底电缆形态的形成，多为股价在下跌探底以后，抛盘穷尽时呈现的底部形态，这时主力介入，进入压箱底吸货所致，应理解为择机入市。

信号含义：买入。

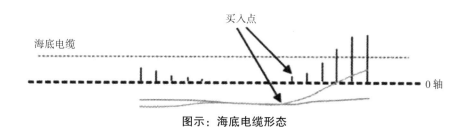

图示：海底电缆形态

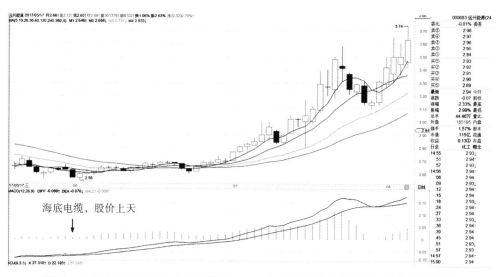

图示：**2017 年 6 月 2 日，远兴能源（000683）出现海底电缆信号，股价持续上涨**

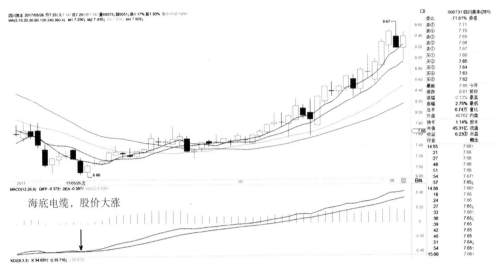

图示：2017 年 6 月 1 日，四川美丰（000731）出现海底电缆信号，股价连续大涨

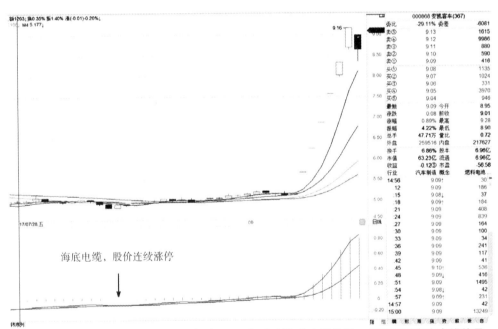

图示：2017 年 8 月 14 日，安凯客车（000868）出现海底电缆信号，笔者看到海底电缆信号之后股价一直是小 K 线温和的横盘，笔者就买了一些，随后股价连续涨停

海底捞月

定义：DIFF 在 0 轴以下产生的二次金叉，表明该股打底完成，开始走出底部，可以择机介入。此时的均线系统往往是多头排列，而股价却又在重要均线下方。

信号含义：买入。

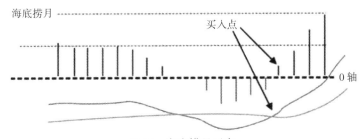

图示：海底捞月形态

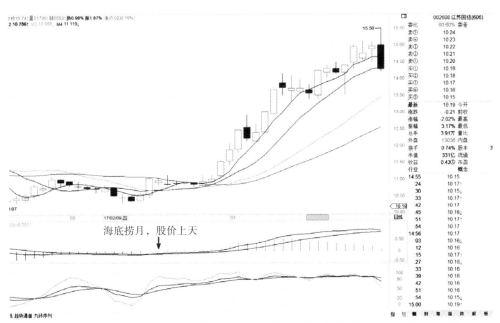

图示：2017 年 2 月 17 日，江苏国信（002608）出现海底捞月信号，股价迅速大涨

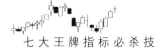
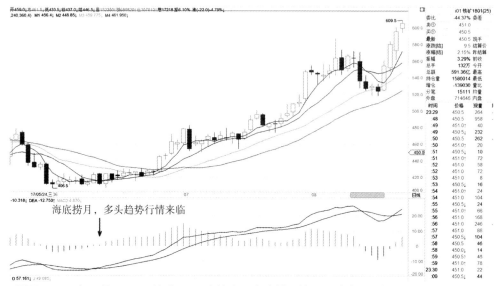

图示：2017 年 6 月 13 日，铁矿 1801 合约出现海底捞月信号，笔者进场做多，此后价格一路上行

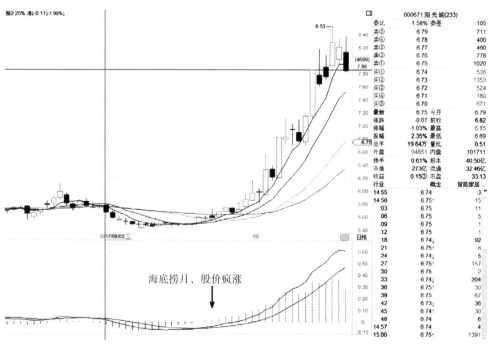

图示：2017 年 8 月 24 日，阳光城（000671）出现海底捞月信号，股价迅速疯涨

第三节　MACD 的必杀技

风洞

多头风洞定义：MACD 的黄白线在死叉后 5 个交易日内重新金叉，形成一个风洞。多头风洞可以发生在任何位置，但是以发生在 0 轴附近和 0 轴上方的会非常可靠。

信号含义：买入。

空头风洞定义：MACD 的黄白线在金叉后 5 个交易日重新死叉，形成一个风洞。空头风洞可以发生在任何位置，但是以发生在 0 轴附近和 0 轴下方的会非常可靠。

信号含义：卖出。

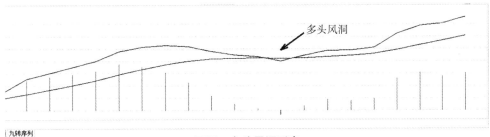

图示：多头风洞形态

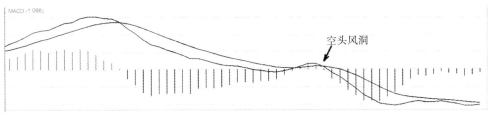

图示：空头风洞形态

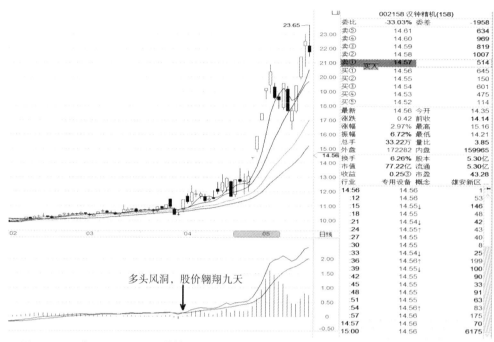

图示：2017 年 4 月 5 日，汉钟精机（002158）出现了多头风洞，笔者适量买入，紧接着就连续大涨

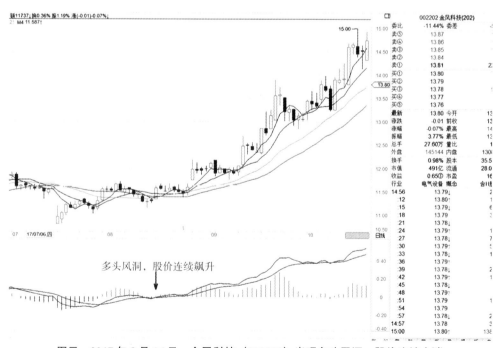

图示：2017 年 8 月 16 日，金风科技（002202）出现多头风洞，股价连续大涨

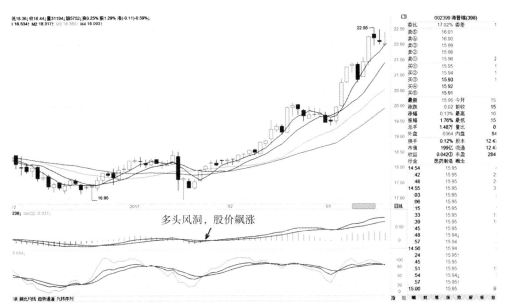

多头风洞，股价飙涨

图示：**2017 年 1 月 25 日，海普瑞（002399）出现多头风洞信号，笔者立即买入，股价迅速大涨**

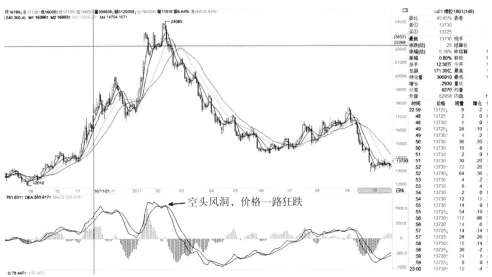

空头风洞，价格一路狂跌

图示：**2017 年 2 月 16 日，橡胶（RU1801）出现空头风洞信号，这是多头平仓离场，**
空头开仓入场的信号

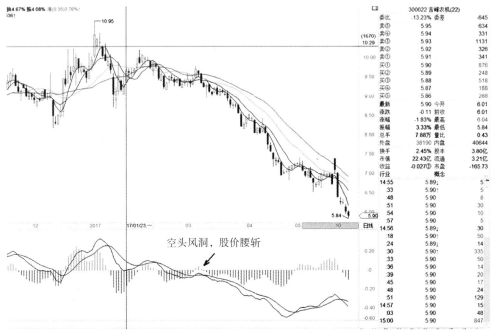

图示：2017 年 3 月 10 日，吉峰农机（300022）出现空头风洞信号，接着股价腰斩

图示：2016 年 10 月 26 日，科大国创（300520）出现空头风洞信号，股价暴跌

红蛇吐信

定义：红柱子有一个放大到缩小的过程，在红柱子缩小的同时，黄白线也黏合纠缠在一起，突然，红柱子再度放大，黄白线也张口向上。

信号含义：买入。

红蛇吐信需要注意三点：一是黄白线一定是先远离再纠缠；二是红柱子有明显的放大缩小再放大的过程，缩小的时候绿柱子不一定放出来；三是黄白线在红柱子缩小的时候纠缠在一起，在红柱子再度放大的时候突然张开。

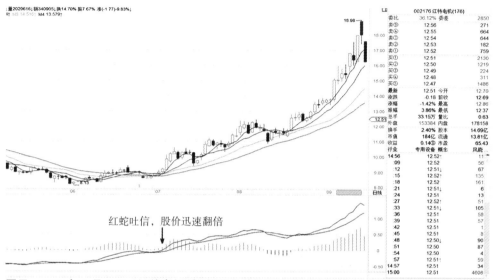

图示：2017 年 7 月 5 日，江特电机（002176）出现红蛇吐信的信号，笔者立即买入，股价随即不停歇地翻了 1 倍

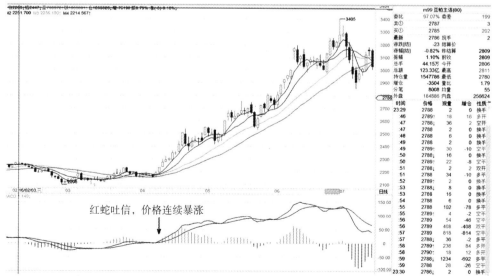

图示：2016 年 4 月 12 日，豆粕主连出现红蛇吐信的信号，当时的商品市场环境是全面做多，后面果然连续大涨

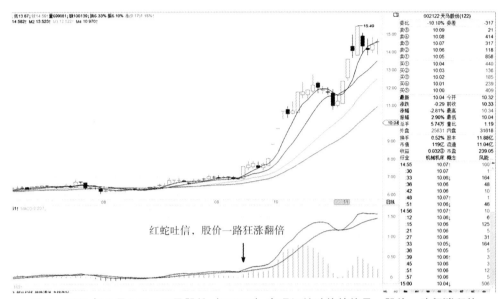

图示：2016 年 9 月 9 日，天马股份（002122）出现红蛇吐信的信号，股价一路飙涨翻倍

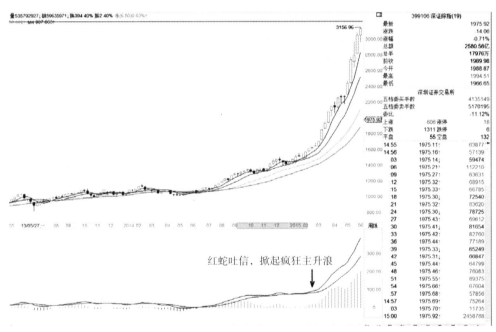

图示：2015 年 2 月 16 日，深证综指（399106）周线出现红蛇吐信的信号，随后掀起疯狂的主
升浪，所有股票全部大涨

顶背离

顶背离分为三种：一是前后两波或者三波红柱子面积和黄白线全部背离；二是红柱子高度降低背离黄白线死叉；三是红柱子连成一片，但是"面积逐步缩小＋高度降低＋黄白线死叉"背离。

第一种：标准背离：前后两三波红柱子面积和黄白线全部背离

定义：前后两波或者三波冲高的行情，最后一波和前一波或者前两波相比，价格达到或者超过了前高，而对应的红柱子面积却节节走低，同时黄白线的高度不断降低。

信号含义：卖出股票或者做空。

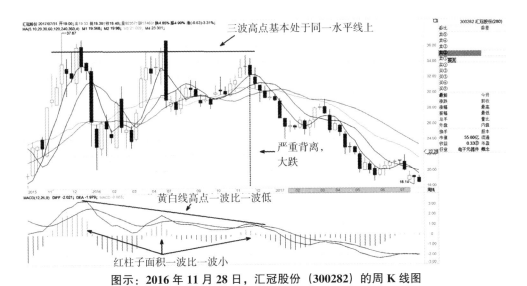

图示：**2016 年 11 月 28 日，汇冠股份（300282）的周 K 线图**

汇冠股份周线图显示，明显的三波行情，股价基本在同一水平线上，但是黄白线一波比一波低，对应的红柱子面积一波比一波小，出现了严重背离，随后股价连续大跌。

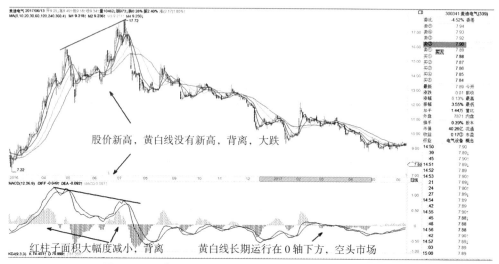

图示：2016 年 7 月 13 日，麦迪电气（300341）日 K 线图

　　麦迪电气日线图显示，当日股价创了新高，但是对应的红柱子面积严重缩小，黄白线高度却严重降低，形成了极度背离的状态，笔者研判以后果断卖出，后面股价长期连续大跌，黄白线长期低于 0 轴，属于空头市场，股价也跌跌不休。

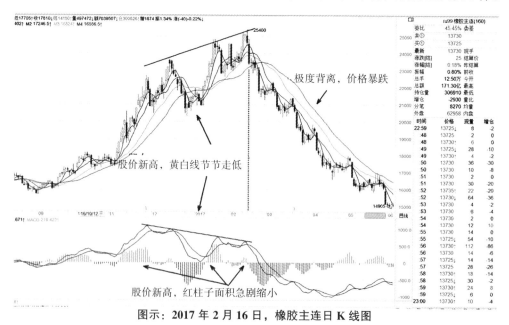

图示：2017 年 2 月 16 日，橡胶主连日 K 线图

　　当日橡胶主连价格创新高以后，红柱子面积严重缩小，黄白线并没有跟随走高，形成了严重背离，后面橡胶价格一泻如注。

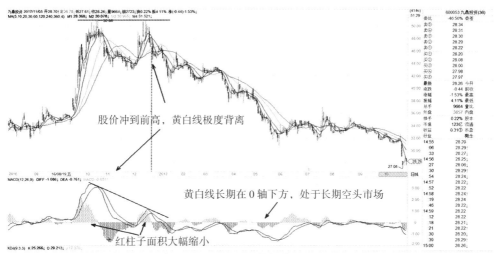

图示：**2016 年 12 月 23 日，九鼎投资（600053）日 K 线图**

九鼎投资当日 K 线图显示，股价冲击了前高之后，和前一波行情相比，红柱子的面积已经大幅度缩小，黄白线的高度也大幅度降低，这是极其严重的顶背离，预示着股价将会大跌，当时处于获利状态的笔者，赶紧卖出，后来股价长期跌跌不休。

第二种：突然背离：红柱子高度走低黄白线死叉

定义：红柱子只有一波，但是随着股价的上涨，红柱子的高度逐步降低，直至放不出来了，同时黄白线也在高位死叉。这也是一种顶背离。

信号含义：卖出股票或者做空。

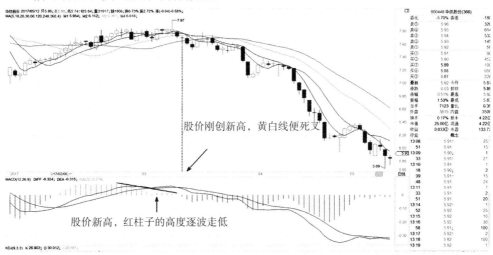

图示：**2017 年 3 月 13 日，华纺股份（600448）股价创新高，红柱子的高度却逐步走低，同时黄白线在创新高的同时死叉，这是严重的顶背离，随后股价暴跌**

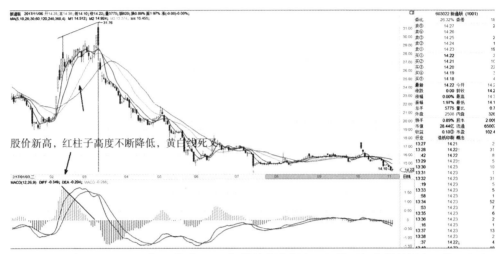

图示：2017 年 3 月 14 日，新通联（603022）股价创出新高，红柱子却迭创新低直至放不出来，同时黄白线死叉，这是极度的顶背离，果然股价暴跌

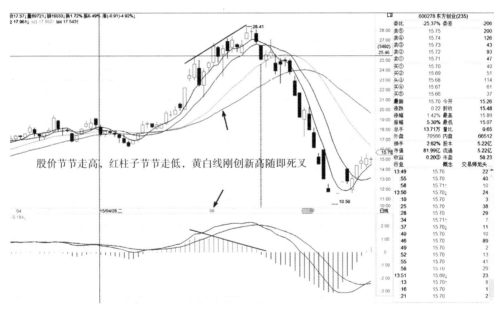

图示：2015 年 6 月 16 日，东方创业（600278）股价连续创新高，红柱子却节节走低，同时黄白线在股价刚创新高不久便死叉，严重顶背离的结果是股价必然暴跌

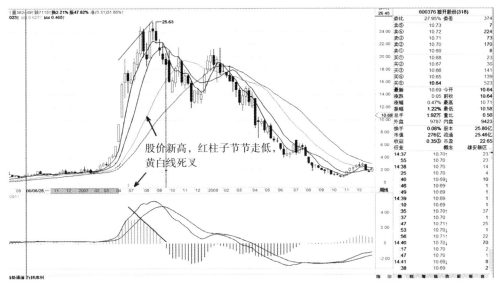

图示：**2007 年 9 月 24 日，首开股份（600376）周 K 线图**

首开股份周 K 线图显示股价连续创新高，而红柱子节节走底，黄白线也在刚创新高即死叉，这是严重的顶背离，股价后续果然暴跌。

第三种：渐进背离：红柱子连成一片，但是"面积逐步缩小+高度降低+黄白线死叉"背离

信号含义：多头力量趋弱，可能逆转为空头。

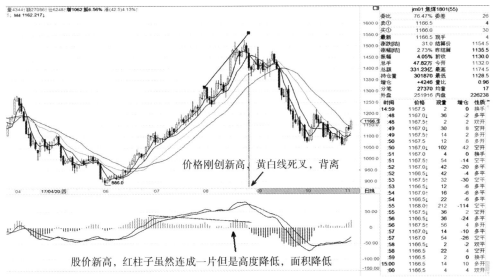

图示：**2017 年 8 月 29 日，焦煤 1801** 合约出现了第三种背离形式，价格连续上涨，但是红柱子的高度却连续走低，对应的红柱子面积也连续降低。而黄白线确认死叉的时候，是合理的卖空点位

股价创新高，红柱子高度
持续降低，黄白线死叉

图示：2017 年 3 月 29 日，安德利（603031）黄白线确认死叉，而前期在股价连续创新高的
同时，红柱子的高度和面积却连续降低，确认形成了第三种背离。后续股价持续性大跌

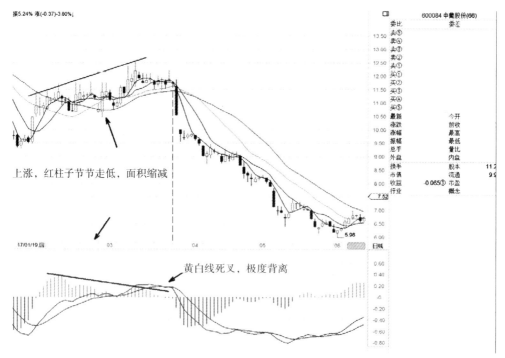

上涨，红柱子节节走低，面积缩减

黄白线死叉，极度背离

图示：2017 年 3 月 27 日，中葡股份（600084）黄白线可以确认死叉，同时前期股价在上涨，
但是红柱子的高度在降低，面积在缩减，确认形成了顶背离，后续股价暴跌

底背离

底背离分为三种：一是前后两波或者三波绿柱子面积和黄白线全部背离；二是一波行情中绿柱子高度降低背离黄白线金叉；三是绿柱子连成一片，但是"面积逐步缩小+高度降低+黄白线金叉"背离。

第一种：标准背离：前后两三波绿柱子面积和黄白线全部背离

定义：有四个要素、前后两波或者三波行情。股价降低逼近前低或者创出新低，但是绿柱子的高度下降，同时绿柱子的面积大幅缩小，同时黄白线的高度也由远离 0 轴降低到贴近 0 轴，黄白线金叉。

信号含义：背离以后的金叉，介入时机。

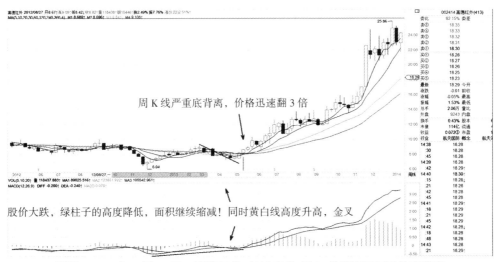

图示：2013 年 5 月 13 日，高德红外（002414）周 K 线出现了严重的底背离

高德红外股价逼近前低，绿柱子的面积却比上一波前低的绿柱子面积大幅萎缩，绿柱子的高度也极度降低，黄白线随着股价新低反而走高，黄白线同时金叉，这都是极度背离的表现，周 K 线极度底背离，后续一定会有大幅度的上涨行情，笔者果断杀入，后续果然迅速翻了 3 倍。

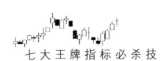
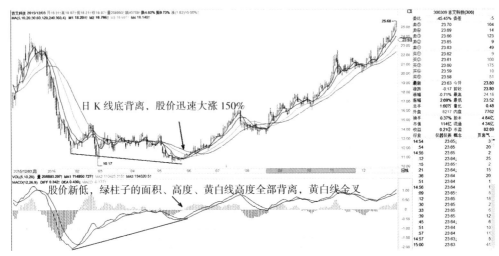

图示：2016 年 5 月 31 日，吉艾科技（300309）日 K 线出现了严重的底背离

吉艾科技股价创了新低，黄白线走高，绿柱子的面积和高度全部降低，同时黄白线金叉，笔者是在黄白线金叉之后介入的，股价随后连续上涨 150%。

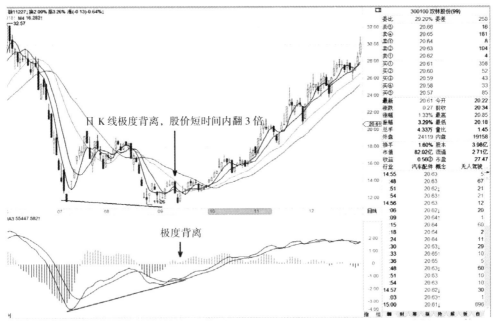

图示：2015 年 9 月 11 日，双林股份（300100）日 K 线出现严重的底背离

双林股份股价创新低，黄白线走高金叉，绿柱子面积和高度与前一波创新低时相比严重降低，确认底背离后股价立即大涨 300%。

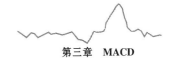

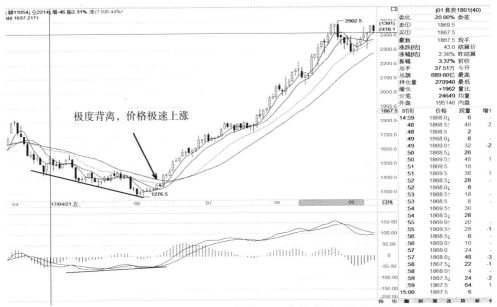

图示：2017 年 6 月 12 日，焦炭 1801 合约出现严重的底背离

焦炭绿柱子的面积和高度大幅度缩减，价格不断创新低的黄白线却不走低反而金叉，随后焦炭合约走出大幅上涨的多头行情。

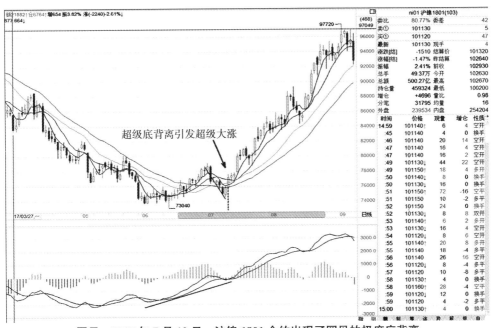

图示：2017 年 7 月 12 日，沪镍 1801 合约出现了罕见的极度底背离

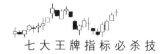

沪镍 1801 合约绿柱子和前面一波创新低的行情比较，几乎放不出来，黄白线极度走高且金叉，随后沪镍 1801 合约暴力大涨。

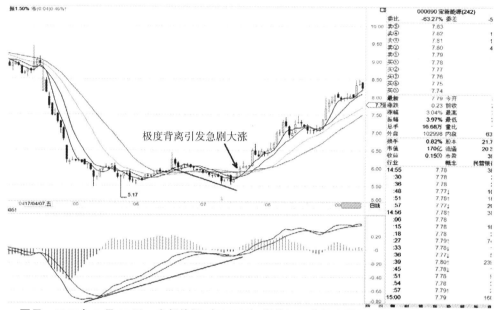

图示：2017 年 7 月 20 日，宝新能源（000690）股价逼近前低而黄白线和绿柱子极度背离，股价随即大涨

第二种：突然背离：一波行情中绿柱子高度降低背离黄白线金叉

定义：一波下跌，股价连续下跌创新低，绿柱子高度和面积不断增加。虽然股价继续大跌，但绿柱子的高度在缩短，面积在缩小，随后黄白线也向上走并金叉，这就是突然的背离。

信号含义：价格转跌为涨，进场。

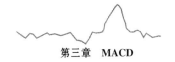

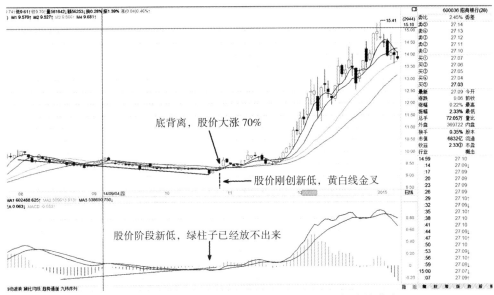

图示：2014 年 10 月 30 日，招商银行（600036）突然背离

招商银行股价连续下跌调整，但是绿柱子却逐步放不出来，刚创新低两天黄白线便金叉，这种突然背离很可能是股价大涨的先兆，于是笔者就跟进买了一些。后来股价果然一波就涨了 70%。

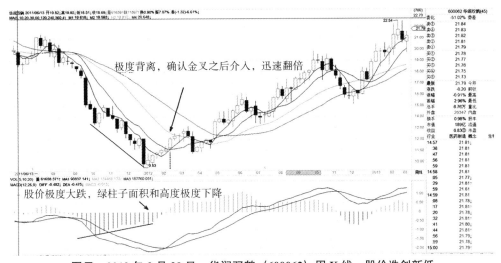

图示：2012 年 2 月 20 日，华润双鹤（600062）周 K 线，股价迭创新低

该股在下跌时，绿柱子不但没有同步放大，反而逐步缩小，形成严重的背离，黄白线也随后金叉，确认了这是突然背离，随后股价迅速翻倍。

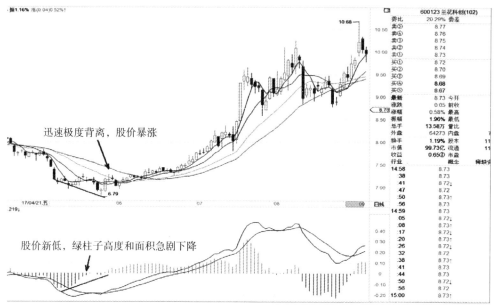

图示：2017 年 5 月 26 日，兰花科创（600123）走势

　　5 月 24 日，兰花科创股价创新低但是绿柱子已经极度萎缩，5 月 26 日黄白线金叉确认这是突然背离，股价随后暴涨。

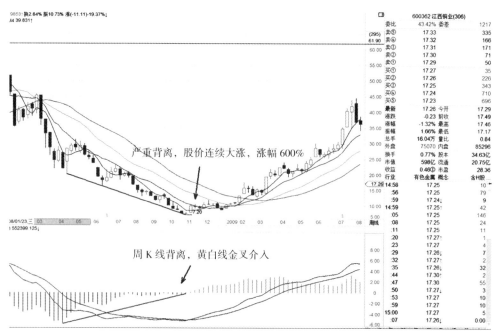

图示：2008 年 11 月 17 日，600362 江西铜业（600362）周 K 线图

江西铜业股价连续创新低，绿柱子不断萎缩，面积缩小，黄白线金叉，2008年11月17日黄白线确认金叉，可以入场，随后股价暴力反弹，大涨600%。

第三种：渐进背离：绿柱子虽然连成一片，但是"面积逐步缩小+高度降低+黄白线金叉"背离

定义：股价持续下跌，绿柱子连在一起一波接着一波，感觉好像跌势汹涌澎湃的样子；但是绿柱子的一波比一波低，最后干脆放不出绿柱子了，同时黄白线金叉，这就是渐进底背离。

信号含义：金叉确认底背离就是入场时机。

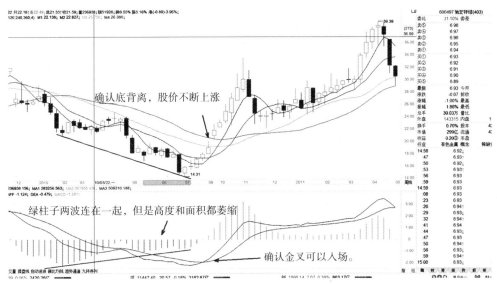

图示：**2010 年 8 月 2 日，驰宏锌锗（600497）周 K 线**

驰宏锌锗绿柱子连在一起，但是如画线所示，虽然股价迭创新低，但是绿柱子的面积急剧缩减，绿柱子的高度急剧降低，肯定是底背离，确认黄白线金叉后是入场时机。

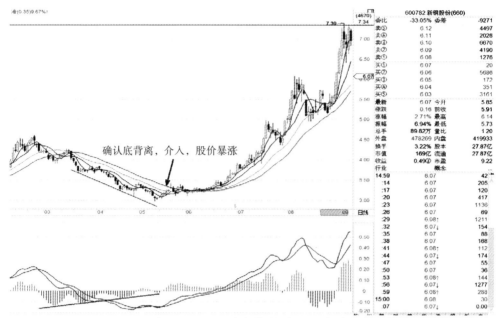

图示：**2017 年 5 月 12 日，新钢股份（600782）产生了底背离**

大家可以很明显看到新钢股份 3 波绿柱子一波比一波小，同时股价在不断创新低，这就是底背离，笔者在二次金叉确认的时候果断入场，随后股价暴涨。

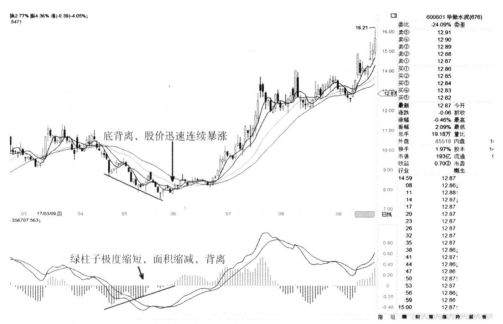

图示：**2017 年 6 月 2 日，华新水泥（600801）在股价不断创新低的同时，绿柱子已经连续萎缩直至放不出来，严重的背离，2017 年 6 月 2 日黄白线金叉确认的时候是入场好时机**

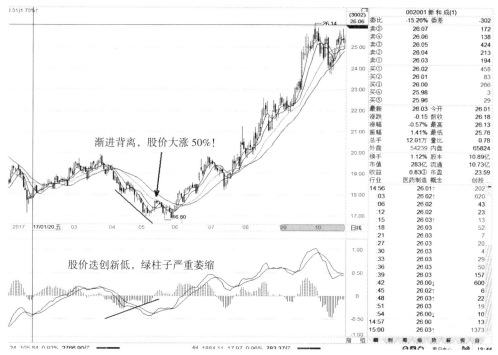

渐进背离，股价大涨 50%！

股价迭创新低，绿柱子严重萎缩

新和成在股价迭创新低时，不但绿柱子的高度和面积严重萎缩，而且黄白线也已经金叉，断定形成了底背离，笔者于 2017 年 1 月就看好这只股票，一直跟踪，出现这么好的买入机会自然不会放过，后续股价果然大涨。

二次金叉

定义：黄白线在死叉后不久再次金叉，相隔的时间不长。这主要是由于出现了小幅上涨，此时 MACD 指标出现第一个金叉，但不久股价再次下跌，MACD 指标随之出现死叉，但股价很快止跌企稳，快速上涨，此时 MACD 指标也随即出现了第二个金叉。第二个金叉的位置必须要比第一个金叉高。

信号含义：买入。

这种线可以分为三种；0 轴下方二次金叉；0 轴上方二次金叉；零上零下二次金叉。其中，0 轴下方二次金叉往往意味着股价止跌回升。0 轴上方二次金叉和零上零下二次金叉往往意味着加速上扬。

图示：**2017 年 7 月 21 日，同济科技（600846）发生了 MACD 黄白线二次金叉，股价随即大幅拉升**

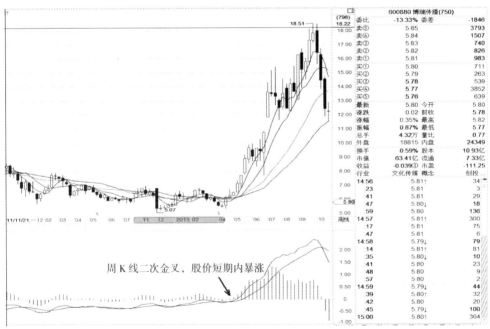

图示：**2013 年 5 月 2 日，博瑞传播（600880）周 K 线发生了 MACD 黄白线二次金叉，第二次金叉的位置比第一次高，股价果然连续暴涨**

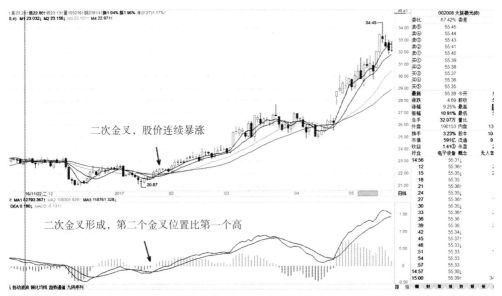

图示：2017 年 1 月 24 日，大族激光（002008）确认发生了二次金叉，股价连续暴涨

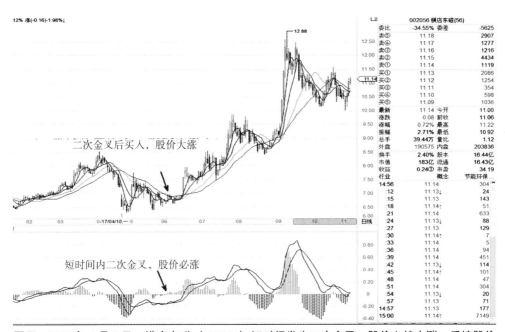

图示：2017 年 6 月 8 日，横店东磁（002056）短时间发生二次金叉，股价必然大涨，后续股价果然连续大涨

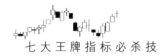
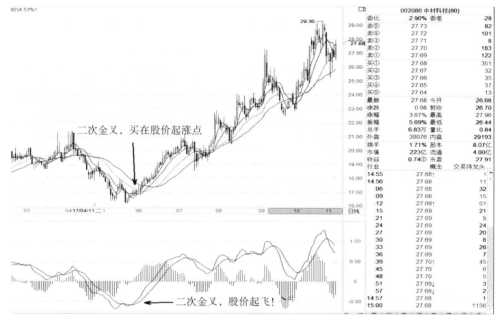

图示：2017 年 6 月 2 日，中材科技（002080）发生二次金叉，笔者跟进买了一部分，随后股价顺势起飞

黄白线回抽贴近 0 轴金叉

定义：黄白线金叉可以发生在任何位置，为什么要把贴近 0 轴的单列出来？特别是黄白线在第一波上涨之后调整回抽 0 轴并在 0 轴之上附近金叉单列出来？这是因为 0 轴是多空分界线，回抽到 0 轴再次以一个金叉开始上涨，往往是主升浪要来临的标志。

信号含义：大涨起点。

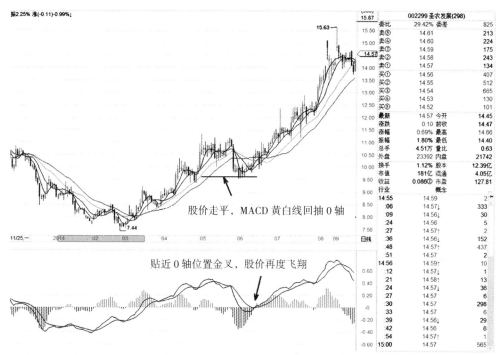

图示：2014 年 6 月 18 日，圣农发展（002299）MACD 黄白线在 0 轴附近金叉，之前黄白线是从高位回抽 0 轴，股价横盘震荡，符合 MACD 回抽 0 轴附近金叉的条件，笔者大胆买入，果然大涨

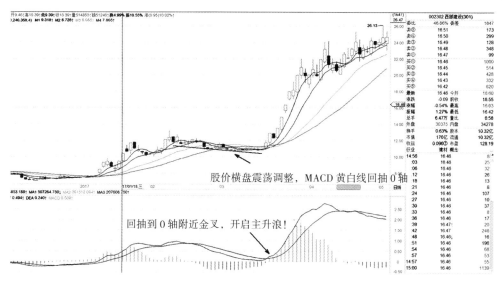

图示：2017 年 3 月 20 日，西部建设（002302）MACD 黄白线在 0 轴附近金叉，且黄白线属于从高位回抽 0 轴，股价果然振翅高飞

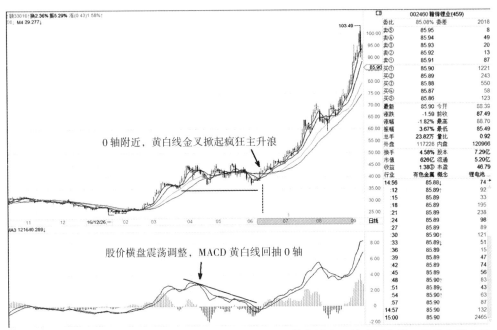

图示：2017 年 6 月 14 日，赣锋锂业（002460）MACD 黄白线在 0 轴附近金叉，且黄白线也是
回抽 0 轴，股价震荡调整，确认金叉之后股价立刻掀起疯狂的主升浪

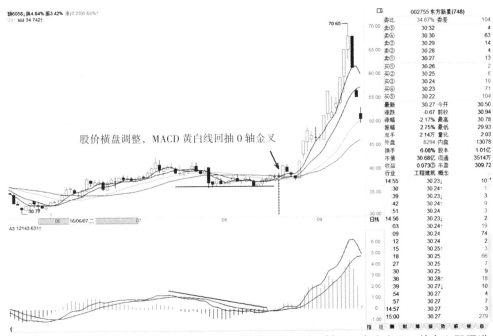

图示：2016 年 8 月 15 日，东方银星（002755）黄白线回抽 0 轴之后发生金叉，笔者立即跟进
买了一些，股价果然大爆发

第四章 KDJ

第一节 认识 KDJ

KDJ 基本简介

KDJ 全名为随机指标，由美国的乔治·莱恩（George Lane）博士所创，其综合动量观念、强弱指标及移动平均线的优点，也是欧美证券期货市场常用的一种技术分析工具。KDJ 指标融合了移动平均线和超卖超买的思想，对买卖信号的判断更加准确；它是波动于 0~100 之间的超买超卖指标，由 K、D、J 三条曲线组成。日线 KDJ 是一个随机波动的概念，反映了价格走势的强弱和波段的趋势，对于把握中短期的行情走势十分敏感。周 K 线和月 K 线的 KDJ 则对中长期大趋势有着明确的指示作用。

KDJ 是在价格尚未上升或下降之前发出买卖信号的一种技术工具，先天具备左侧交易和价格预测功能。

KDJ 原来只有 KD 两根线，J 值本意为 D 值与 K 值之乖离，也可以认为 J 值是超级 KD。

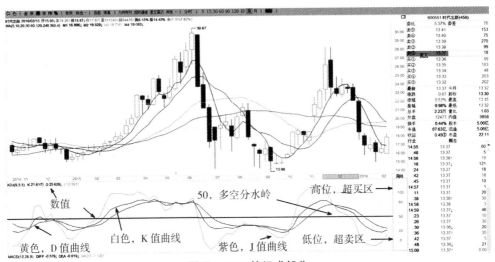

图示：**KDJ 的组成部分**

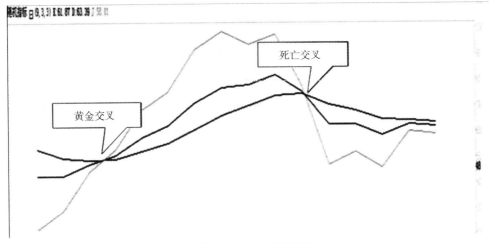

图示：**KDJ 金叉和死叉**

使用方法

1. K 线是快速确认线——数值在 90 以上为超买，数值在 10 以下为超卖。

D 线是慢速主干线——数值在 80 以上为超买，数值在 20 以下为超卖。

J 线为方向敏感线，当 J 值大于 100 时，特别是连续 5 天以上，股价至少会形成短期头部；当 J 值小于 10 时，特别是连续数天以上，股价至少会形成短期底部。

2. 当 K 值由较小逐渐大于 D 值，在图形上显示 K 线从下方上穿 D 线，所以

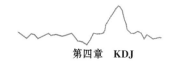

在图形上 K 线向上突破 D 线时，俗称金叉，即为买进的信号。

3. 当 K 值由较大逐渐小于 D 值，在图形上显示 K 线从上方下穿 D 线，显示趋势是向下的，所以在图形上 K 线向下突破 D 线时，俗称死叉，即为卖出的信号。

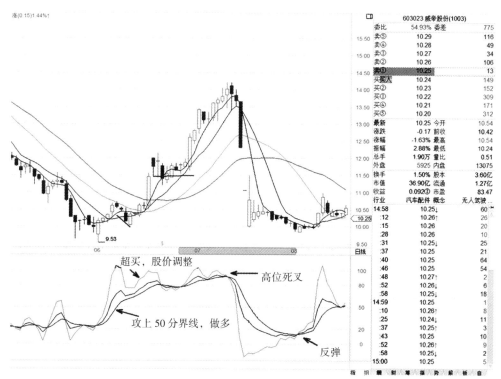

图示：**KDJ** 指标

4. 背离判断。

（1）价格创新高，而 KD 值没有创新高，为顶背离，应卖出。

（2）价格创新低，而 KD 值没有创新低，为底背离，应买入。

（3）价格没有创新高，而 KD 值创新高，为顶背离，应卖出。

（4）价格没有创新低，而 KD 值创新低，为底背离，应买入。

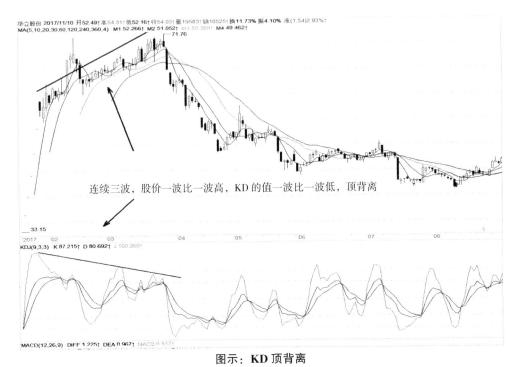

图示：KD 顶背离

图示：KD 底背离

逃顶与抄底技巧

调整信号：J 值到达 100 以上高位并超过 K 值 30 时，向下勾头。

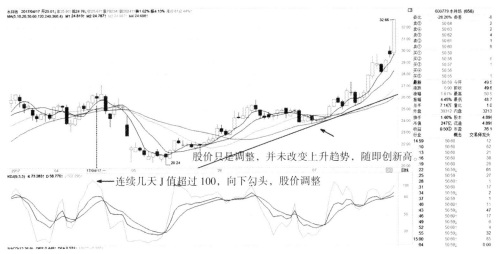

图示：KDJ 调整——2017 年 4 月 19 日水井坊（600779）走势

见顶信号：多周期共振，日 K 线和周 K 线 KDJ 同时高位死叉；月 K 线和周 K 线 KDJ 同时高位死叉。

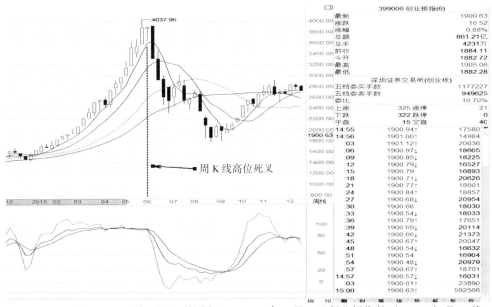

图示：见顶信号：月 K 线、周 K 线共振——2015 年 6 月 1 日创业板指数（399006）月 K 线 KDJ 高位死叉

图示：见顶信号：月K线、周K线共振——2015年6月1日创业板指数（399006）周K线KDJ高位死叉

通过上面两张图示大家可以清晰地看出，月K线和周K线KDJ共振下跌，将会引发趋势性的暴跌。相应的，周K线和日K线共振KDJ死叉也将会引发大跌。

反弹信号：J值低于0，然后向上在20附近发生金叉。

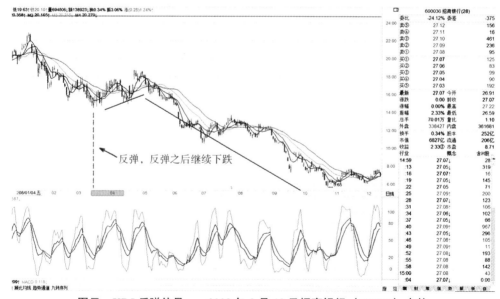

图示：KDJ反弹信号——2008年3月18日招商银行（600036）走势

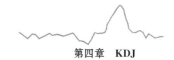

见底信号：多周期共振，日线和周线 KDJ 同时低位金叉；月线和周线 KDJ 同时低位金叉。

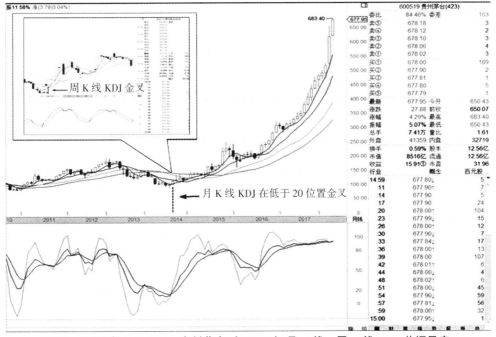

图示：2014 年 2 月 7 日，贵州茅台（600519）月 K 线、周 K 线 KDJ 共振见底

第二节　KDJ 的信号

死地后生

定义：股价创 3 个月（相对于日线）新低，D 值小于等于 15。

信号含义：严重超跌，随时发生暴力反弹。

死地后生，语出《孙子·九地》："投之亡地而后存，陷之死地然后生。"韩信在用兵的时候曾使出此招，井陉之战中，韩信面对 20 万赵军的追击，背水设阵，置之死地而后生，一统北方战场。

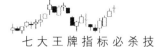
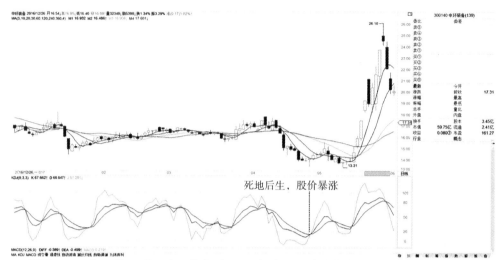

图示：**2017 年 4 月 27 日，中环装备（300140）出现死地后生信号，股价创三个月新低，
D 值低于 15，之后股价暴力上涨**

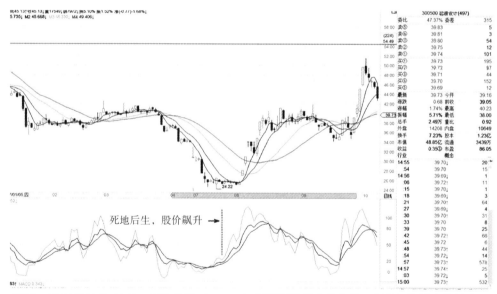

图示：**2017 年 7 月 26 日，启迪设计（300500）出现死地后生的信号，股价短期横盘构筑小平
台后暴力上涨，死地后生的力量是极大的**

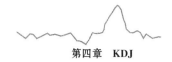

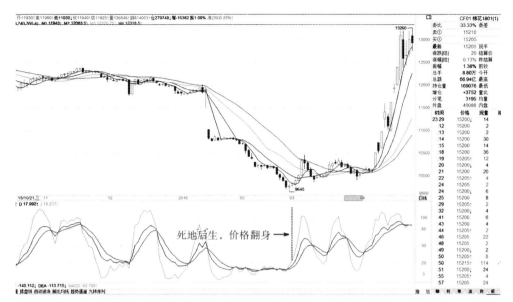

图示：**2016 年 3 月 2 日，棉花主力合约出现死地后生信号，已经极度超跌，是最低点，死地后
生一般都是阶段最低点，不久棉花价格就暴力拉升**

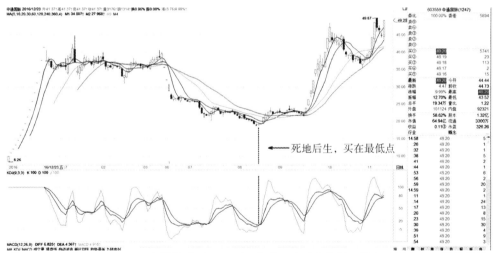

图示：**2017 年 8 月 14 日，中通国脉（603559）出现死地后生信号，笔者大胆介入，股价果然
不久便拔地而起**

东海明珠

定义：K 值小于 20；D 值小于 20；KDJ 在 KD 值低于 20 之后的 5 根 K 线内
金叉。

信号含义：上涨。

东海明珠，就是像东海海底一颗明珠一样，将会逐渐地浮出水面，发出耀眼的光芒。

图示：2016 年 2 月 2 日，岷江水电（600131）出现东海明珠信号，股价不但止住大跌，还走出了气势磅礴的上涨行情

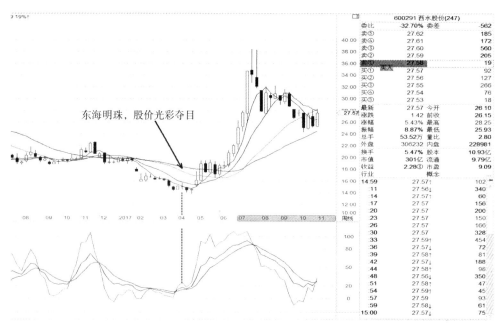

图示：2017 年 6 月 10 日，西水股份（600291）的周 K 线 KDJ 出现东海明珠信号，股价立即开始周 K 线级别的暴涨

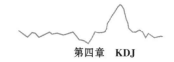

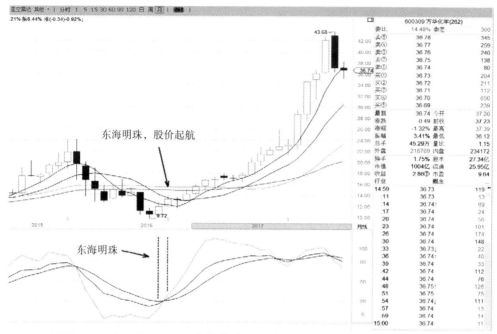

图示：2016 年 4 月 1 日，万华化学（600309）月 K 线 KDJ 出现东海明珠信号

　　万华化学出现东海明珠信号后股价立即开始月 K 线级别的大涨，东海明珠信号有两个特点：一是有充足的建仓和加仓时间；二是行情通常比较大。

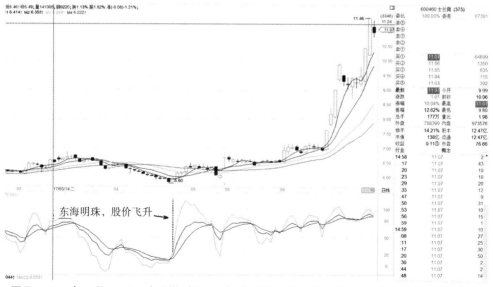

图示：2017 年 4 月 25 日，士兰微（600460）出现日 K 线级别的东海明珠信号，笔者跟进买了一部分，股价连续大涨

图示：2017 年 6 月 19 日，沪镍 1801 合约出现了东海明珠信号，后来果然出现了周 K 线级别的上涨

空中回旋

定义：股价从底部第一波上涨后，KDJ 高位第一次死叉后，K 线下行到 50 附近的上方重新勾头上行与 D 线形成金叉，金叉的位置是在 50 线附近或者 50~80 之间，从而走出另一波上升行情。

信号含义：加速上涨。

因为 KDJ 从高位下来，在 50 附近再度以金叉上去，很像体操的动作，所以叫作空中回旋。

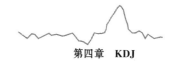

图示：**2017 年 8 月 28 日，精测电子（300567）发生空中回旋信号，股价加速上涨**

　　这只股票于 2017 年 8 月 11 日产生东海明珠信号后随即止跌回升，8 月 28 日产生空中回旋信号之后股价大幅度加速上涨，垂直起飞。

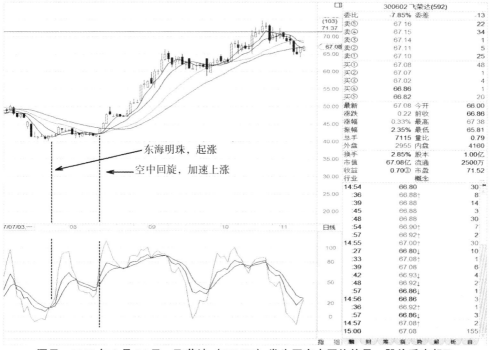

图示：**2017 年 8 月 14 日，飞荣达（300602）发生了空中回旋信号，股价垂直起飞**

这只股票于 2017 年 7 月 25 日发生了东海明珠信号之后股价止跌回升，2017 年 8 月 14 日产生空中回旋信号后股价垂直起飞，连续暴涨。

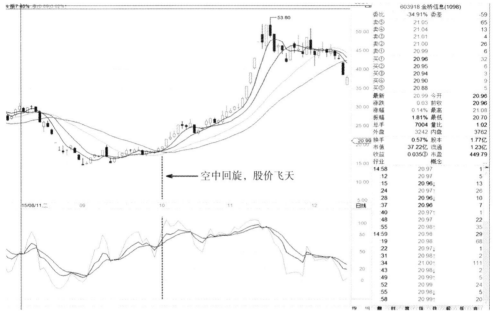

图示：**2015 年 10 月 9 日，金桥信息（603918）产生空中回旋之后股价暴涨，笔者当时买了不少**

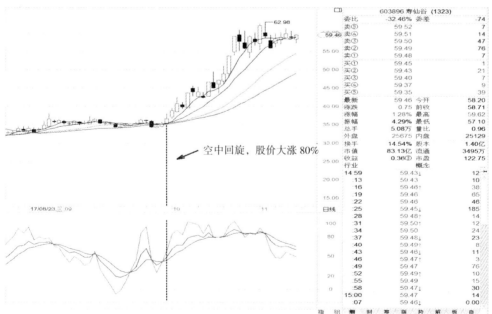

图示：**2017 年 9 月 29 日，寿仙谷（603896）发生空中回旋后果断介入，股价顺势大涨**

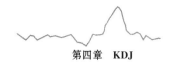

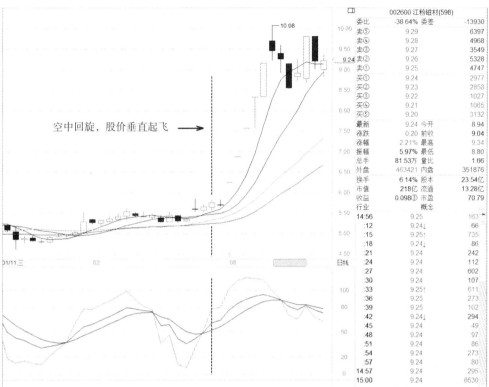

图示：2017 年 2 月 23 日，江粉磁材（002600）出现空中回旋信号，股价垂直起飞，短时间内连续暴涨，股价接近翻倍

高位徘徊

人们经常会因为拿不住股票以及过早卖出错过大波利润，KDJ 高位徘徊可以坚定持股信心，很好地解决这个问题。

定义：当一波行情涨起来后，KDJ 的三条线在数值 80 附近反复纠缠、徘徊，始终不下来，这是持股信号，预示着行情会继续发展。

信号含义：坚定持股。

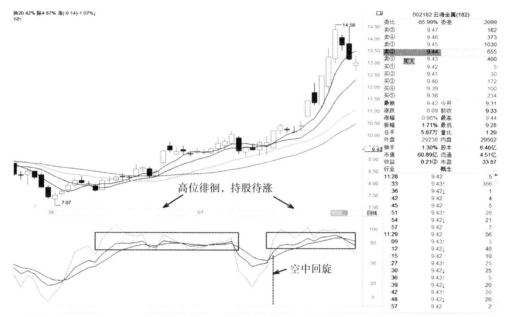

图示：2017 年 6 月 12 日~7 月 12 日、2017 年 7 月 17 日~8 月 1 日，云海金属（002182）两次出现高位徘徊信号，都应该坚定持股

图示：2017 年 8 月 16 日~2017 年 9 月 20 日，卫士通（002268）出现明显的高位徘徊信号

当出现高位徘徊信号时，应该一路持股才能赚大钱，否则就会中途下车，股票涨得再好和你也没有关系了，笔者当时看到这个信号就坚定了持股信心，才挣到了钱。

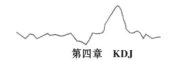

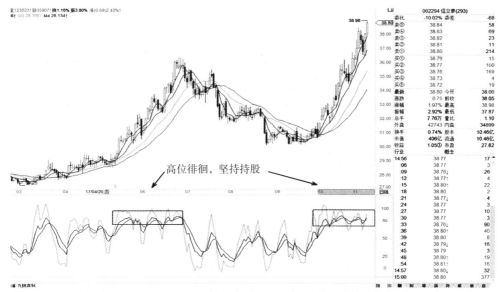

图示：**2017 年 5 月 11 日~6 月 30 日，信立泰（002294）出现了高位徘徊信号，只有坚定持股才能不被洗出来**

　　2017 年 9 月 18 日~2017 年 11 月 13 日，信立泰股价又涨起来第二波，在连续上涨的过程中，KDJ 再次出现高位徘徊持股信号，只有坚定持股才能把这波行情吃完。截图的时间是 2017 年 11 月 12 日。未来还有涨幅，只要高位徘徊信号还在就可以拿。

图示：**2017 年 8 月 15 日~9 月 4 日，汉王科技（002362）涨了一大波，股价短时间内连续上涨，接近翻倍，但是要想拿住，从头吃到尾不是那么容易，因为还有横盘、大阴线**

汉王科技在 2017 年 8 月 15 日~9 月 4 日期间，KDJ 始终都是处在高位徘徊的持股信号中，大家只管放心拿住就好，只有这样才能真正赚到钱。

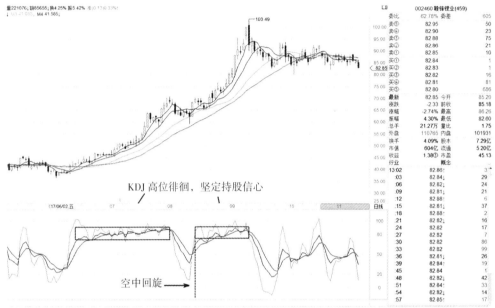

图示：2017 年 6 月 15 日~8 月 2 日，赣锋锂业（002460）股票开启了一波大行情

这期间 KDJ 一直处于高位徘徊中，只要能坚定持股必定能获利。2017 年 8 月 15 日股价走出一个 KDJ 空中回旋，继续高位徘徊，直至 9 月 2 日，走出一波凌厉的主升浪，如果不懂得高位徘徊要持股不动的道理，必定会错过行情。

低位徘徊

在股市经过第一轮暴跌后，指数也许跌得不是很深了，但是个股却经常连续大跌甚至跌停，过早的抄底，或者说抢超跌反弹经常会遭受重大损失，有很多投资者经常会说自己，在大跌势没输钱，做反弹输了钱。如何避开这个陷阱，KDJ 的低位徘徊可以帮你回避这种容易亏损踩雷的时间段。

定义：经过大跌，KDJ 三条线迅速下走，向下越过数值 50 线后再也无法向上翻越 50 线，KDJ 三线在 0~50 之间，以 20 线或者 25 线为中心纠缠、徘徊。这是极其容易输钱的时间段。

信号含义：应该坚决持币。

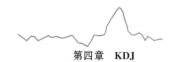

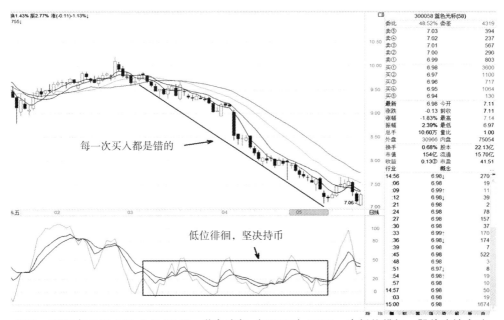

图示：**2017 年 3 月 6 日~5 月 17 日，蓝色光标（300058）KDJ 一直低位徘徊，股价连续大跌，只有持币观望才是正确的**

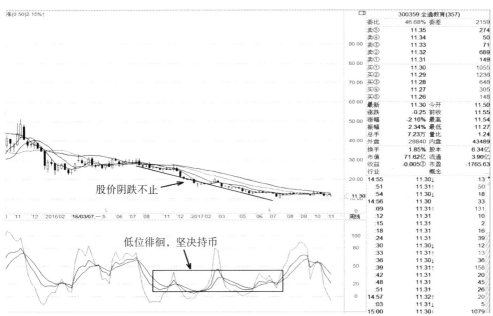

图示：**2016 年 7 月~2017 年 7 月，全通教育（300359）周 K 线图，在长达一年时间内，KDJ 一直低位徘徊，而股价也连续跌了一年**

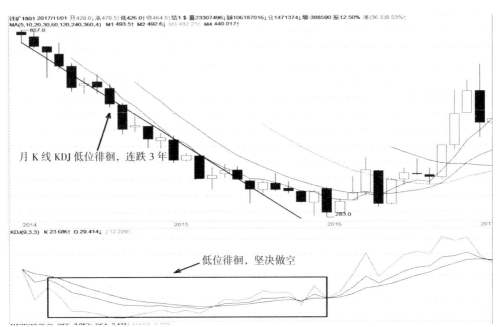

图示：**2013 年 12 月~2017 年 11 月，铁矿石主力合约月 K 线图**

　　从 2013 年 12 月到 2016 年 1 月，铁矿石主力合约的月 K 线 KDJ 一直在低位徘徊，价格也连续暴跌了 3 年。

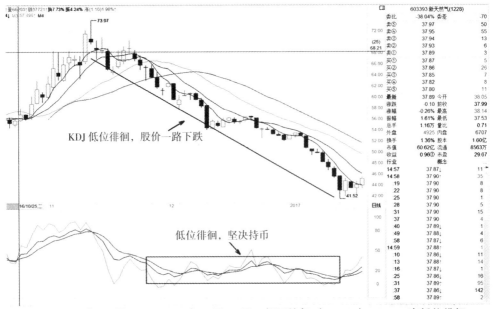

图示：**2016 年 11 月 11 日~2017 年 1 月 16 日，新天然气（603393）KDJ 一直低位徘徊，股价也一路暴跌**

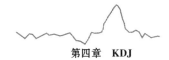

M 头

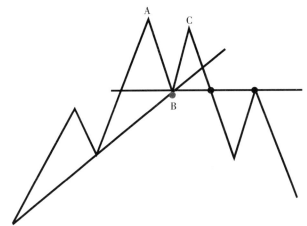

图示：**M 头形成机理，B 点为反弹点，其余两个点为卖出点**

定义：KDJ 的三条线 M 头形态如果形成的话，将会在右边下破颈线的时候出现卖出机会。

信号含义：卖出。

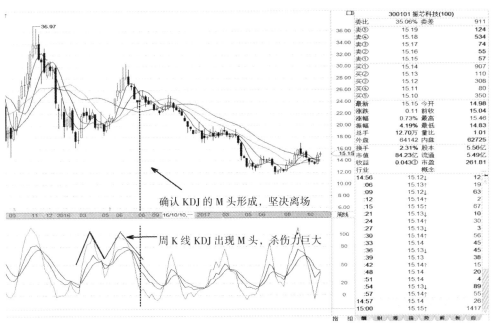

图示：**2016 年 8 月 8 日，振芯科技（300101）周 K 线确认 KDJ 出现了 M 头形态，应该坚决离场，后续果然连续大跌**

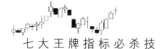

图示：2011 年 3 月 28 日，吉峰农机（300022）周 K 线确认了 KDJ 的 M 头形态，股价连跌两年多，如果不出逃就会被埋

图示：2011 年 1 月 17 日，科新机电（300092）周 K 线 KDJ 确认了 M 头形态的形成，笔者果断坚决卖出，保住了利润，后续果然连续暴跌，甚至没有像样的反弹

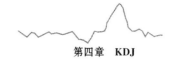

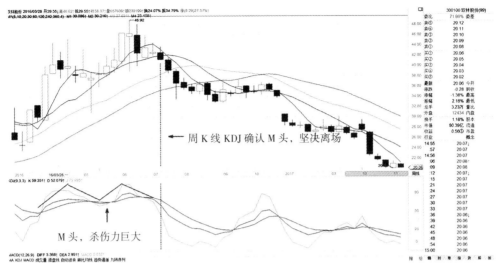

图示：2016 年 7 月 11 日，双林股份（300100）周 K 线确认了 KDJ 的 M 头形态的形成，之后连续大跌

W 底

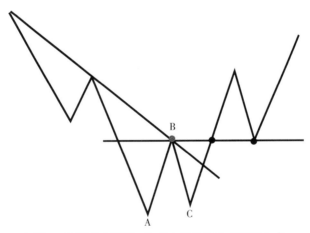

图示：W 底形成机理，B 点右侧的两个点是买入点

　　定义：KDJ 的三条线 W 底形态如果形成的话，将会在右边上穿颈线的时候出现买入机会。

　　信号含义：买入。

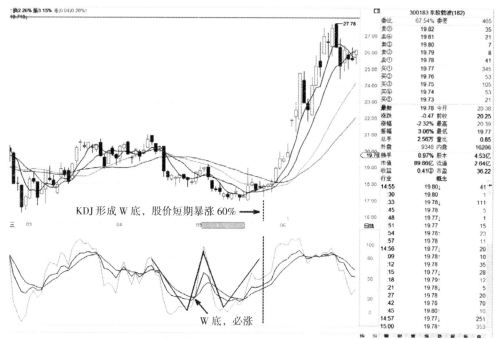

图示：**2016 年 5 月 26 日，东软载波（300183）可以确认 KDJ 的 W 底形成，当下就入场买入，该股短期暴涨 60%**

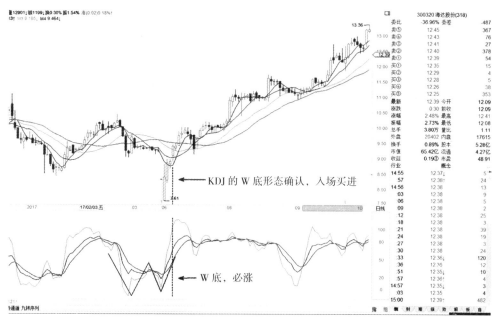

图示：**2017 年 7 月 6 日，海达股份（300320）确认 KDJ 的 W 底形成，股价节节高升**

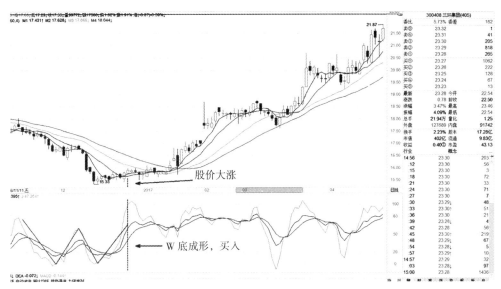

图示：2016 年 12 月 27 日，三环集团（300408）KDJ 确认 W 底形成，股价连续拉升

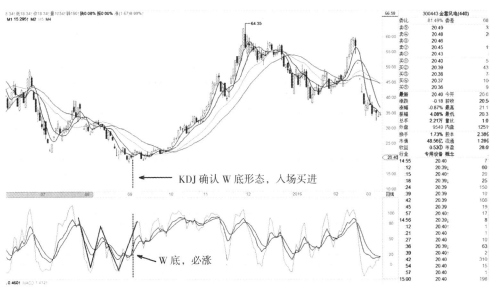

图示：2015 年 9 月 8 日，金雷风电（300443）KDJ 确认 W 底形成，笔者入场买进了一部分，股价随后连续大涨，短时间内翻了 3 倍

第三节　KDJ 的必杀技

周期共振

KDJ 的周期共振指的是两个周期或者三个周期的 KDJ 指标指向同一个方向，由于大小周期同向，使方向的确认得到加强。

周期共振最完美的介入时机就是所有周期在一个点上，如季 K 线、月 K 线、周 K 线、日 K 线在同一日发生数值 20 左右的地方金叉，抑或同一天发生数值 100 左右的高位死叉。但是这样的机会往往是可遇而不可求的，因此在现实中，过于追求完美是很难实现的。

在实际操作中，一般都是简化流程，如季 K 线 KDJ 处于低位，则月 K 线 KDJ 金叉就可确定，月 K 线和季 K 线 KDJ 共振；而如果要再精确一点，则可以在周 K 线 KDJ 金叉的位置介入，依次类推。也可以月 K 线 KDJ 金叉了，再去检查季 K 线 KDJ，如果季 K 线 KDJ 也处于低位即将金叉或者已经金叉了，则判断这个月 K 线 KDJ 金叉是可以入场操作的。

当然也可以反推，也即如果你确认自己是按照日 K 线操作，日 K 线觉得已经到位了，并且日 K 线 KDJ 金叉了，再去看一下周 K 线，周 K 线没问题，就可以操作入场了，这就是周 K 线和日 K 线的共振。日 K 线 KDJ 低位金叉，一般情况只需要和周 K 线共振即可，没必要要求和月 K 线、季 K 线共振，因为即使月 K 线和季 K 线处于高位，也不会影响周 K 线和日 K 线共振起一波行情。

如果你是按照月 K 线做大级别行情，月 K 线和季 K 线一定要共振，否则很可能会深度套牢。简而言之，共振至少要高一级别的时间周期共振才能出行情。全部共振最好。

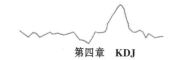
季 K 线和月 K 线 KDJ 共振：超级趋势

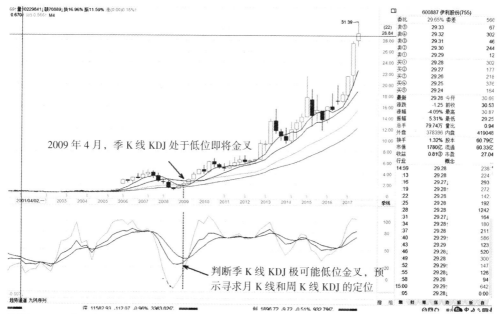

2009 年 4 月，季 K 线 KDJ 处于低位即将金叉

判断季 K 线 KDJ 极可能低位金叉，预示寻求月 K 线和周 K 线 KDJ 的定位

图示：2009 年 4 月，伊利股份（600887）季 K 线图，季 K 线 KDJ 处于低位，极有可能发生金叉，按照周期共振的思路再去看月 K 线 KDJ 线

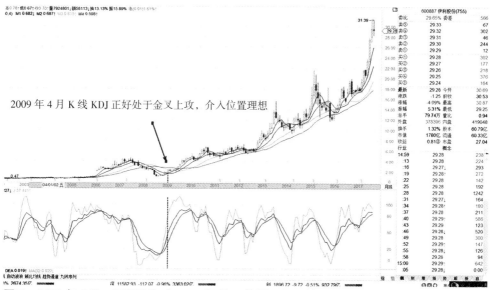

2009 年 4 月 K 线 KDJ 正好处于金叉上攻，介入位置理想

图示：2009 年 4 月，伊利股份（600887）月 K 线图，月 K 线 KDJ 刚好处于金叉状态，说明可以按照月 K 线级别的行情入场，月 K 线和季 K 线 KDJ 共振，是很好的大行情

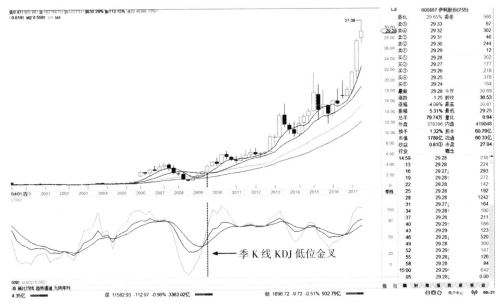

季 K 线 KDJ 低位金叉

图示：2009 年 10 月 9 日，伊利股份（600887）季 K 线图

伊利股份到了 2009 年 10 月，季 K 线 KDJ 也低位金叉，这是一个加仓点，同时也说明了，月 K 线行情向着更大级别的季 K 线行情演变，果然，伊利股份走出了季 K 线级别的超级趋势大行情。

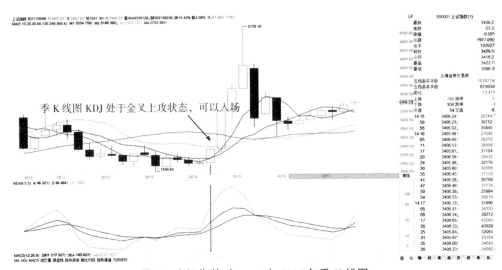

季 K 线图 KDJ 处于金叉上攻状态，可以入场

图示：上证指数（000001）2014 年季 K 线图

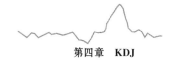

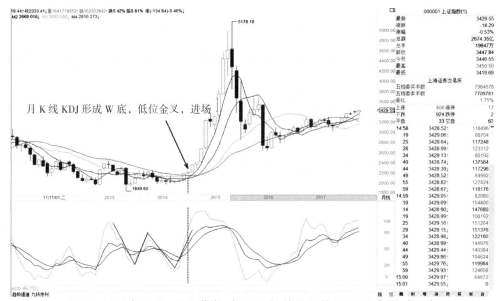

图示：**2014 年 8 月**，上证指数（**000001**）的月 **K** 线 **KDJ** 形成 **W** 底形态

上证指数此时低位金叉，可以入场，再看季 K 线图，也处于金叉状态，这是一个完美的月 K 线和季 K 线 KDJ 共振的超级趋势行情。以后上证指数果然连续暴涨，走出大牛市行情。

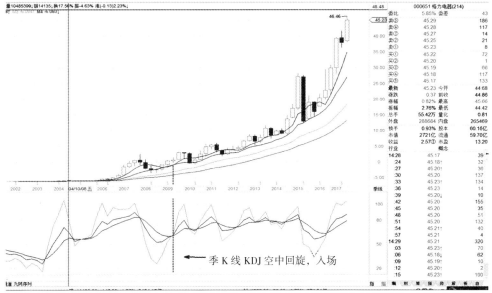

图示：**2009 年 7 月 1 日**，格力电器（**000651**）季 **K** 线 **KDJ** 出现空中回旋信号，可以入场，但是笔者当时一看月 **K** 线 **KDJ**，位置较高，就等到月 **K** 线 **KDJ** 也出现空中回旋信号才入场，这也是一种共振

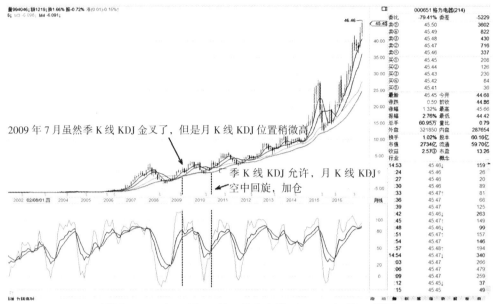

2009 年 7 月虽然季 K 线 KDJ 金叉了，但是月 K 线 KDJ 位置稍微高

季 K 线 KDJ 允许，月 K 线 KDJ
空中回旋，加仓

图示：2009 年 7 月 10 月，格力电器（000651）月 K 线图

7 月时虽然季 K 线 KDJ 空中回旋，但是月 K 线 KDJ 位置较高，直接入场可能要忍受一段时间的横盘震荡，于是笔者等到 10 月月 K 线 KDJ 也出现空中回旋信号才做决定入场买进。

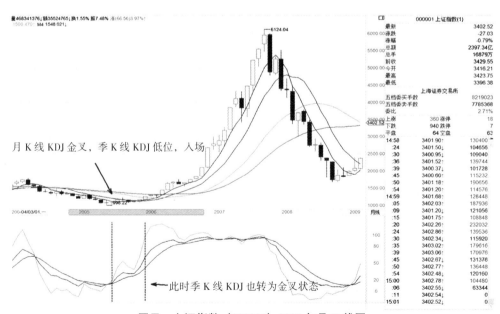

月 K 线 KDJ 金叉，季 K 线 KDJ 低位，入场

此时季 K 线 KDJ 也转为金叉状态

图示：上证指数（000001）2005 年月 K 线图

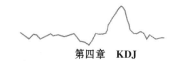

2005年6月上证指数月K线KDJ金叉，同时季K线KDJ处于低位，当时大盘已经跌了好多年，人们普遍已经习惯于熊市，也基本上丧失了对牛市的概念；所以笔者当时买入的数量也不是很多。

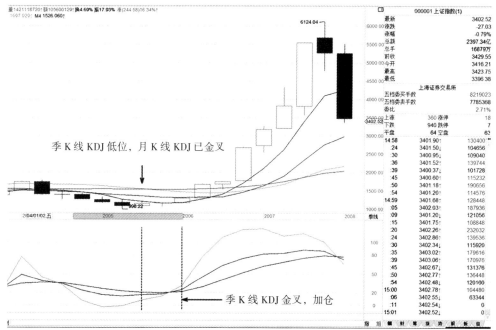

图示：2005年上证指数（000001）季K线图

大家来看上证指数2005年的季K线图，2005年6月季K线KDJ处于低位，月K线KDJ金叉，入场买股票没错，是正确的决策。到了2006年1月，季K线KDJ转为金叉状态，月K线和季K线KDJ完全共振，此时才是加仓的大好时机，后续行情必然是加速走超级趋势的牛市行情，笔者当时就加仓买进了大量股票。后来就是2006~2007年的大牛市行情。

恰巧共振的也有，2016年4月，美的集团月K线和季K线KDJ共振金叉，是一个极其良好的介入机会。

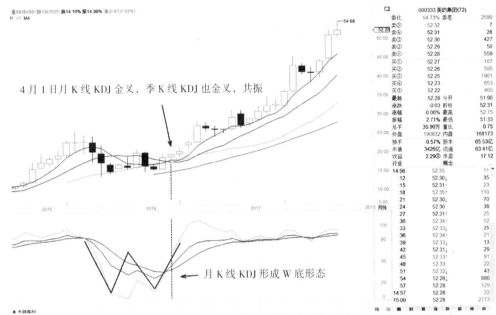

图示：2016 年 4 月 1 日，美的集团（000333）月 K 线图，月 K 线 KDJ 形成 W 底形态，KDJ
低位金叉，而同时季 K 线 KDJ 也发生了金叉，这是一个极其良好的介入机会

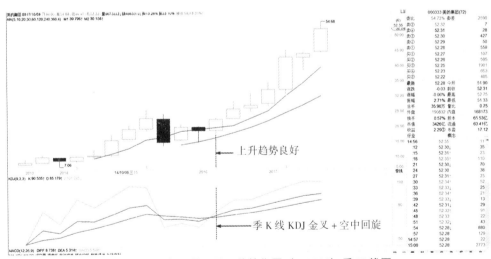

图示：2016 年 4 月 1 日，美的集团（000333）季 K 线图

　　季 K 线 KDJ 不但刚发生金叉，还发生了空中回旋，和月 K 线 KDJ 的金叉与
W 底共振，是一个大好机会，将会出现季 K 线级别的超级趋势大行情；笔者就
是看到这个共振的机会才下了重手买入的。

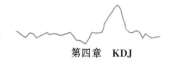

月 K 线和周 K 线 KDJ 共振：趋势

对于很多人来说，按照季 K 线和月 K 线 KDJ 共振肯定太长了，能坚守几个季度的人少之又少，甚至能坚守几个月的人都很少。A 股的换手率一向较高。而在大级别的行情中，如果自己的资金实力不够强，资金管理不到位，可能会在小级别行情中损失。例如做季 K 线行情，损失在月 K 线行情里。

所以，很多人选择的是月线和周线共振来做中长线趋势行情。

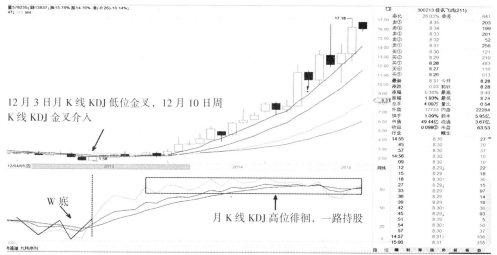

图示：2012 年 12 月 3 日，佳讯飞鸿（300213）月 K 线 KDJ 显示已经金叉，并且已经形成 W 底形态，但是是否入场，可以看一下周 K 线 KDJ，周 K 线 KDJ 如果共振金叉就可以大胆买入

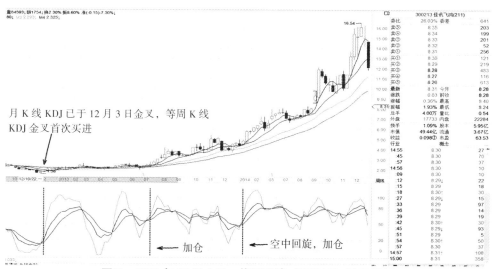

图示：2012 年 12 月 3 日，佳讯飞鸿（300213）周 K 线图

佳讯飞鸿当时周 K 线 KDJ 并未金叉，但是等待了一周多之后，2012 年 12 月 10 日周 K 线 KDJ 完成了金叉，此时不买更待何时？周 K 线、月 K 线 KDJ 共振至少是周 K 线级别的趋势行情，至多是月 K 线级别的趋势行情。所以当时共振的时刻，笔者是果断买入的。后来，在周 K 线 KDJ 上，2013 年 7 月 15 日和 2014 年 1 月 13 日两次给出空中回旋的加仓信号，而在月 K 线上，KDJ 显示了高位徘徊的持股信号。

月 K 线和周 K 线 KDJ 恰好在同一天金叉的也有，如 2012 年 5 月 2 日恒瑞医药。

图示：2012 年 5 月 2 日，恒瑞医药（600276）周 K 线图，当时恒瑞医药周 K 线 KDJ 刚完成 W 底，KDJ 金叉，是一个入场时机，大家再考察一下月 K 线 KDJ

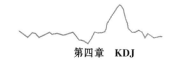

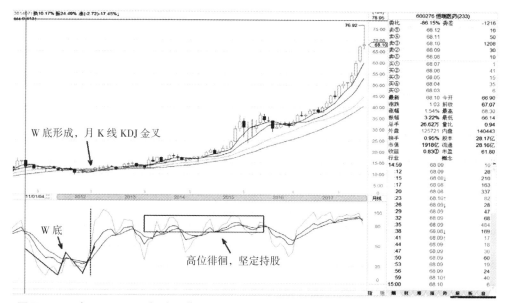

图示：**2012 年 5 月 2 日，恒瑞医药（600276）月 K 线 KDJ 恰好也刚完成金叉，并且 KDJ 也是刚形成 W 底信号，这是一个绝佳的周 K 线和月 K 线 KDJ 共振的入场时机，后续果然走出月 K 线级别大趋势上涨行情**

2013 年 1 月的飞马国际也是周 K 线和月 K 线 KDJ 同时共振 W 底和金叉。

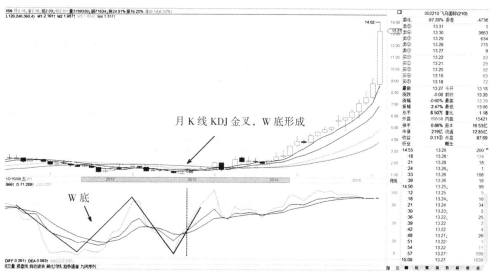

图示：**2013 年 1 月 4 日，飞马国际（002210）月 K 线 KDJ 出现 W 底，月 K 线 KDJ 金叉，但是要想获得更良好的介入时机，还可以再观察一下周 K 线 KDJ**

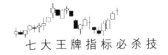

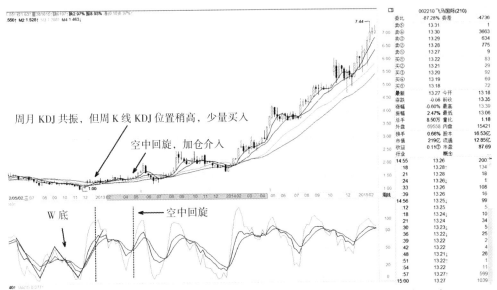

图示：2013 年 1 月 4 日，飞马国际（002210）周 K 线也形成了 KDJ 的 W 底

飞马国际此时周 K 线 KDJ 也金叉了，真是绝佳介入时机，但是当时周 K 线 KDJ 位置稍高，因此只是少量买入，等到 2013 年 5 月 2 日周 K 线 KDJ 形成空中回旋信号之后才再度加仓。

2008 年 12 月 2 日，诺普信也发生月 K 线和周 K 线 KDJ 共振 W 底和金叉，这说明未来至少会有周 K 线级别的行情，也可能是月 K 线级别的行情。

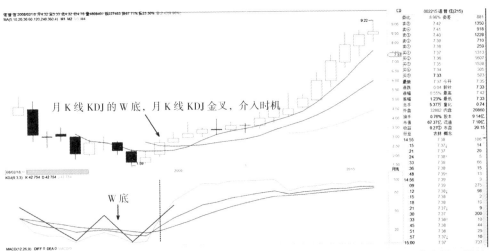

图示：2008 年 12 月 2 日，诺普信（002215）月 K 线 KDJ 形成了 W 底和金叉，应该是不错的入场时机，大家可以观察一下周 K 线 KDJ

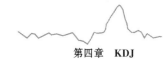
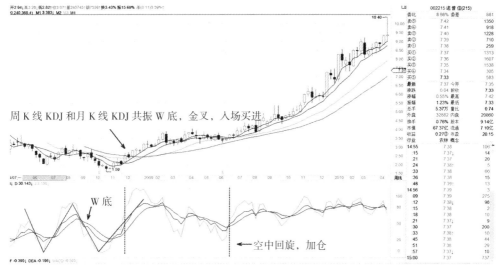

周K线KDJ和月K线KDJ共振W底，金叉，入场买进

W底

空中回旋，加仓

图示：2008 年 12 月 2 日，诺普信（002215）周 K 线 KDJ 刚好也形成 W 底和金叉

这是一个完全的月 K 线和周 K 线 KDJ 的共振，应该坚决入场。由于行情的级别较大，未来应该在周 K 线上还有至少一次加仓的机会，果然 2009 年 6 月 22 日，周 K 线 KDJ 形成了空中回旋信号，给出了良好的加仓机会。

周 K 线和日 K 线 KDJ 共振：波段

周 K 线和日 K 线 KDJ 共振，相对于月 K 线和季 K 线 KDJ 共振以及周 K 线和月 K 线 KDJ 共振来说，级别要小得多，可以持仓的周期也小得多，一般来说绝对不会超过 6 个月。

周 K 线和日 K 线 KDJ 共振，可以用日 K 线作为介入点，也可以用周 K 线 KDJ 共振的当天或者临近的几天作为介入点。

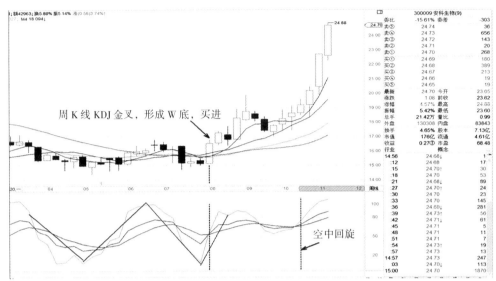

图示：2017 年 8 月 7 日，安科生物（300009）周 K 线 KDJ 形成 W 底，金叉，是一个绝佳的买进时机，大家同时考察一下日 K 线 KDJ

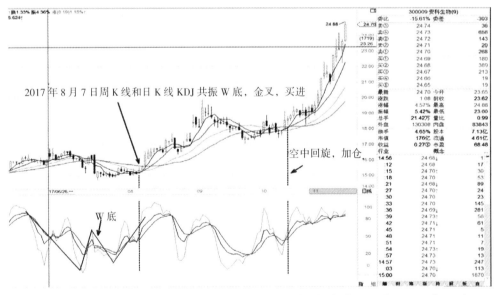

图示：2017 年 8 月 7 日，安科生物（300009）日 K 线刚好也是 KDJ 金叉，形成 W 底

安科生物周 K 线和日 K 线 KDJ 完全共振，当下决定买入，建立了 30%仓位；日 K 线 KDJ 到了 10 月 20 日出现空中回旋，这是一个加仓信号，坚决加仓，周 K 线 KDJ 到了 10 月 23 日也出现了空中回旋信号，完美共振加仓。

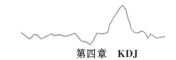

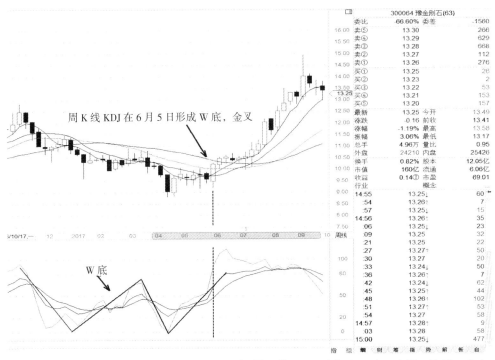

图示：**2017 年 6 月 5 日，豫金刚石（300064）周 K 线 KDJ 形成了 W 底，金叉，这是一个良好的介入时机，笔者同时考察了日 K 线 KDJ**

图示：**时隔一日，2017 年 6 月 6 日，豫金刚石（300064）日 K 线 KDJ 金叉，形成了 W 底，所以笔者就在 6 月 6 日坚决买进；7 月 24 日日 K 线 KDJ 形成空中回旋信号，再度加仓**

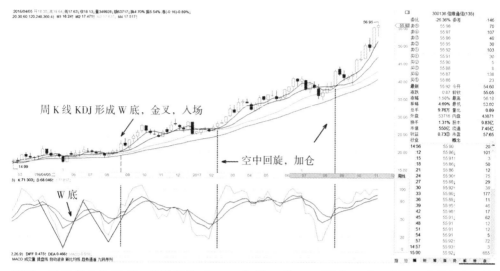

图示：**2017 年 8 月 29 日，信维通信（300136）周 K 线 KDJ 形成 W 底，金叉，这是个良好的**
介入时机

考察当时的日 K 线 KDJ，8 月 29 日的日 K 线 KDJ 刚好是空中回旋信号，值得放手买入，于是入场买进。按照周 K 线进行操作，在 2017 年 2 月 13 日和 2017 年 8 月 28 日两度给出了空中回旋加仓信号，两度加仓。

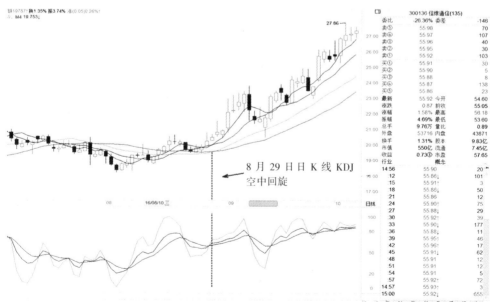

图示：**8 月 29 日，信维通信（300136）日 K 线 KDJ 刚好是空中回旋信号，周 K 线 KDJ 是**
金叉和 W 底信号，共振，买入

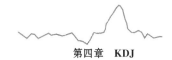

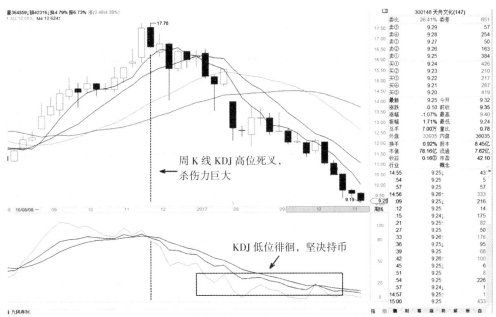

图示：2016 年 11 月 28 日，天舟文化（300148）周 K 线 KDJ 死叉，判断可能要离场了，可看日 K 线 KDJ 再次确认

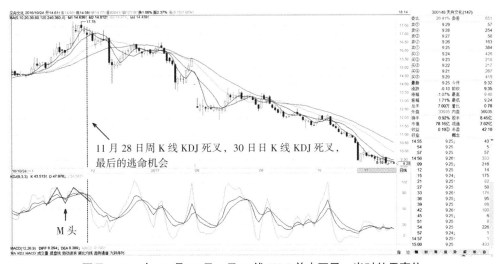

图示：2016 年 11 月 28 日，日 K 线 KDJ 并未死叉，当时处于高位

　　该股当时 KDJ 已经形成 M 头形态，笔者当日就卖了一半，过了两天日 K 线 KDJ 死叉形成，全部卖完。日 K 线和周 K 线 KDJ 共振，股价应该长期大跌，不可能反转，从周 K 线图来看也的确如此。

第五章　成交量

第一节　成交量的基本概念

基本定义

成交量是一种供需的表现，当供不应求时，人潮汹涌，都要买进，成交量自然放大；反之，供过于求，市场冷清无人，买方人气稀少，成交量势必萎缩。而将人潮加以数值化，便是成交量。广义的成交量包括成交股数、成交金额、换手率；狭义的也是最常用的是仅指成交股数。

成交量指当天成交的股票总手数（1 手＝100 股），如在日 K 线图上显示的成交量是 10000，实际上代表当天总共成交了 1 万手，乘以 100 就是 100 万股。有的 VOL 指标显示是 1M，在国际上通行的说法是 1M＝100 万股、1K＝1000 股、1B＝10 亿股。

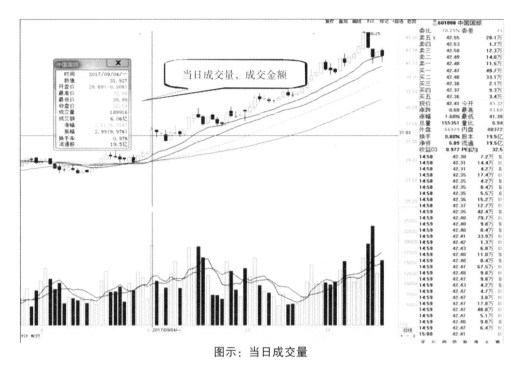

图示：当日成交量

也有的软件是把成交量、成交金额等信息显示在行情图的左上导航卜方。

图示：当日成交量的另外一种显示方式

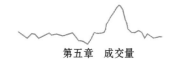

如果是在分时图上看，下面的黄柱子就代表了成交量，上面的小窗口则会实时显示成交量和成交金额。

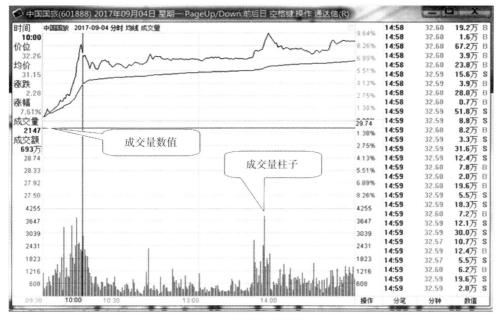

图示：分时图成交量

有时人们将换手率称为相对成交量，而不是只关注每天的绝对成交量。

需要注意的是，通常人们说的大盘成交量指的是成交金额。说明市场的活跃度和资金规模。成交量与成交金额用下列公式表示：

成交数量（成交量）×成交价格＝成交金额（成交额）

换手率也称周转率，指在一定时间内市场中股票转手买卖的频率，是反映股票流通性强弱的指标之一。其计算公式如下：

换手率＝某一段时期内的成交量/发行总股数×100%

日换手率＝今日成交股数/总流通股数×100%

例如，某只股票在一个月内成交了 2000 万股，而该股票的总股本为 1 亿股，则该股票在这个月的换手率为 20%。在我国，股票分为可在二级市场流通的社会公众股和不可在二级市场流通的国家股和法人股两部分。一般只对可流通部分的股票计算换手率，以更真实和准确地反映出股票的流通性。按这种计算方式，上例中那只股票的流通股本如果为 2000 万，则其换手率高达 100%。在国外，通常是用某一段时期的成交金额与某一时点上的市值之间的比值来计算周转率。

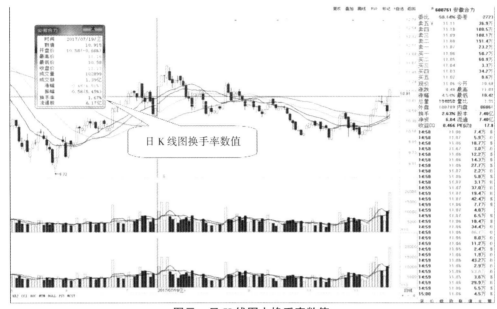

图示：日 K 线图上换手率数值

换手率高只能说明今日该股票的成交活跃，成交股数大，并不能说明是否可以买入还是卖出。

当一只股票的换手率在 3%~7%时，该股进入相对活跃状态，在 7%~10%时，则为强势股的出现，股价处于高度活跃当中，10%~15%时，大庄在密切操作。

超过 15%换手率，持续多日的话，此股也许成为最大黑马。

1. 股票的换手率越高，意味着该只股票的交投越活跃，人们购买该只股票的意愿越高，属于热门股；反之，股票的换手率越低，则表明该只股票少有人关注，属于冷门股。

2. 换手率高一般意味着股票流通性好，进出市场较容易，不会出现想买买不到、想卖卖不出的现象，具有较强的变现能力。然而值得注意的是，换手率较高的股票，往往也是短线资金追逐的对象，投机性较强，股价起伏较大，风险也相对较大。

3. 将换手率与股价走势相结合，可以对未来的股价做出一定的预测和判断。某只股票的换手率突然上升，成交量放大，可能意味着有投资者在大量买进，股价可能会随之上扬。如果某只股票持续上涨了一个时期后，换手率又迅速上升，则可能意味着一些获利者要套现，股价可能会下跌。

4. 相对高位成交量突然放大，主力派发的意愿是很明显的，然而，在高位放

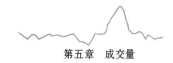

出量来也不是容易的事儿，一般伴随有一些利好出台时，才会放出成交量，主力才能顺利完成派发，这种例子是很多的。

5. 新股上市之初换手率高是很自然的事儿，一度也曾上演过新股不败的神话，然而，随着市场的变化，新股上市后高开低走成为现实。显然已得不出换手率高一定能上涨的结论，但是换手率高也是支持股价上涨的一个重要因素。

6. 底部放量的股票，其换手率高，表明新资金介入的迹象较为明显，未来的上涨空间相对较大，越是底部换手充分，上行中的抛压越轻。此外，目前市场的特点是局部反弹行情，换手率高有望成为强势股，强势股就代表了市场的热点，因而有必要对他们加以重点关注。

成交量的本质

在技术分析中，研究量与价的关系占据了重要的地位。成交量是推动股价上涨的原动力，市场的有效变动必须要有成交量的配合，成交量的大小反映该种股票受投资者关注的程度。

直观来讲，成交量体现了股票的交易量，这也是买卖双方的交锋规模。放大的量能说明多空双方交锋激烈，缩小的量能则说明交投相对清淡。可以说，股票在某一时间、某一价格区间内运行时，成交量的大小直接反映了多空双方的交锋规模。

虽然促使个股上涨的因素多种多样（如公司的盈利增强、宏观经济回暖、领导人讲话等），但归根结底，这些因素只有转化为充足的买盘资金入场推动，才能使股价不断上涨，并于高价位获得支撑。

价格走势仅仅是多空双方交锋结果的体现，推动价格持续上涨的内因自然是多方力量的不断增强，而多方力量的不断增强又体现为量能形态的不断放大，量价分析的实质就是动力与方向的分析，价格走势是方向，股票成交量则是动力，通过量能形态的放大情况，大家可以看到价格的上涨走势是否牢靠。价格的上涨走势是源于充足买盘资金推动所致，还是少量市场狂热盘推动所致；一般来说，没有放大的成交量作为价格上涨的动力，股票上升走势难以持久。

价格上升走势中多半以股票成交量的同步放大作为其支撑，说明在买卖双方的剧烈分歧下，买盘的力量明显处于主导地位（因为价格在买盘的推动下出现了持续上涨，而没有在卖方的抛压面前出现下跌）；反之，若是在价格上涨的过程中并没有放大的量能出现，说明价格之所以能持续上涨仅仅是源于卖方没有大量涌出，而一旦卖方大量涌出，买盘力道能否再继续维持价格上升走势呢？由于在

上升走势中，卖方是有极强的获利愿望的，因而，这种不放量的上涨形态并不是价格上涨动力充足的标志。

成交量的动力性更多地体现在股市或个股的上涨走势中，此时，量能的不断放大说明场外买盘资金介入积极且力度不断增强，这正是保障股市或个股不断上涨的原动力；反之，对于下跌走势来说，并不需要太多的卖盘涌出，只要此时场外的买盘入场意愿相对较差，则跌势就可以持续下去，跌势无须放量，这一点也正是大家在实盘操作中应加以注意的。

成交量的五种形态

1. 放量：指成交量比前一段时间明显放大的现象。分为相对放量、持续放量、间歇放量、二次放量四种情况。

相对放量：在日 K 线上，今天相对于昨天放量；在周 K 线上，本周相对于上周放量；在月 K 线上，本月相对于上月放量。

持续放量：在日 K 线上，连续几日或者好多日相对于前一段时间放量；在周 K 线上依次类推。

间歇放量：在行情的一段时间内，如 3 个月或者 6 个月，某股票有时放量，有时又交易平淡，间隔时间不等，这种不规律的放量就叫作间歇放量。

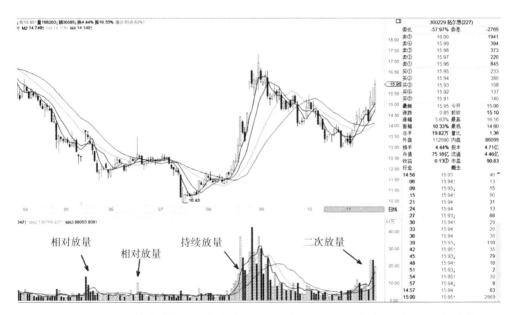

图示：相对放量、持续放量、二次放量——2017 年 11 月 20 日拓尔思（300229）走势

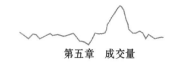

二次放量：某股票经过一段时间的持续放量以后，缩量回调，突然再度连续放量，这就是二次放量。

单纯的放量并无特别明确的信号意义，只是说明交易活跃，资金进出猛烈而已。但是大家还是先要认清分辨清楚这些放量的类型。

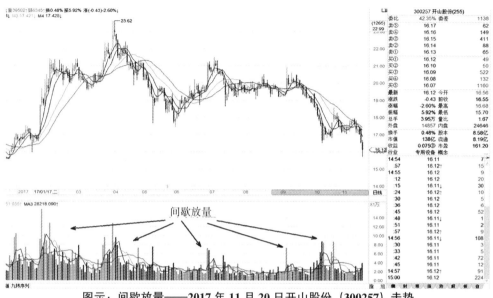

图示：间歇放量——2017 年 11 月 20 日开山股份（300257）走势

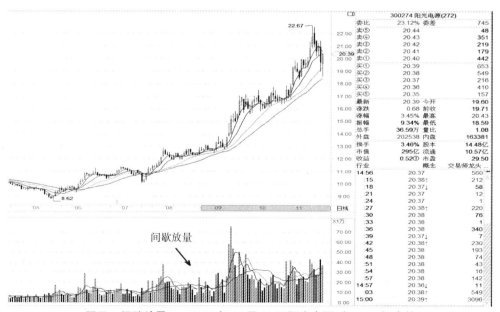

图示：间歇放量——2017 年 11 月 20 日阳光电源（300274）走势

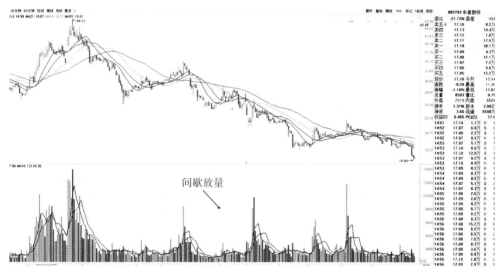

图示：间歇放量——2016~2017 年东音股份（002793）走势

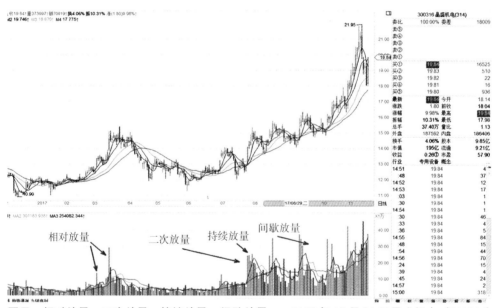

图示：相对放量、二次放量、持续放量、间歇放量——2017 年 11 月 20 日晶盛机电（300316）
走势

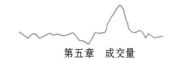

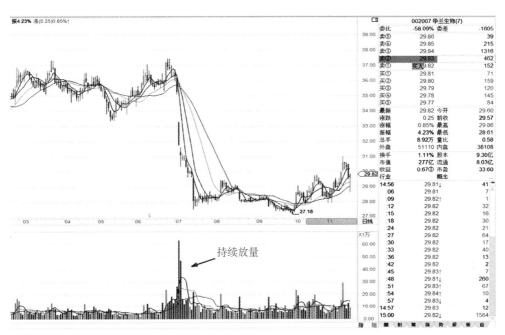

图示：持续放量——2017 年 11 月 20 日华兰生物（002007）走势

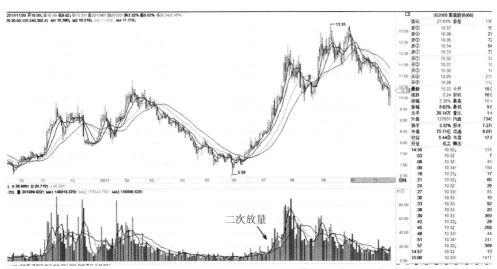

图示：二次放量——2017 年 7 月 13 日黑猫股份（002068）走势

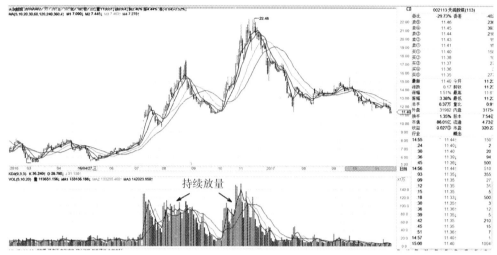

图示：持续放量——2016~2017 年天润数娱（002113）走势

2. 缩量：是指个股成交量比前一段时间明显缩减的现象，大部分投资者对市场未来走势的意见逐渐趋于一致，成交极为清淡。缩量分为两种情况：一是投资者都十分看淡后市，造成只有人卖，没有人买，所以成交量不断缩减；二是投资者都对后市十分看好，只有人买，却没有人卖，所以缩量。缩量代表着行情的单边性，同时也代表交易的清淡性。

缩量上涨是指在股票价格或指数上涨的过程中成交量较前些交易日有明显萎缩现象。这种现象说明成交的只是场内资金买盘，场外资金进场不积极。缩量下跌是指股票价格或大盘指数在下跌的同时成交量相对前几个交易日明显下跌，缩量下跌又分为两种情况：一是散户惜售，这时可择机介入；二是下跌走势中阴跌不止，此时就要离场观望了。

一般情况下，缩量分为相对缩量和持续缩量两种情况。

相对缩量：指相对于前一波行情，成交量大幅减少，有对比的缩量。

持续缩量：指和前一段时期相比，持续一个时期的连续缩量。

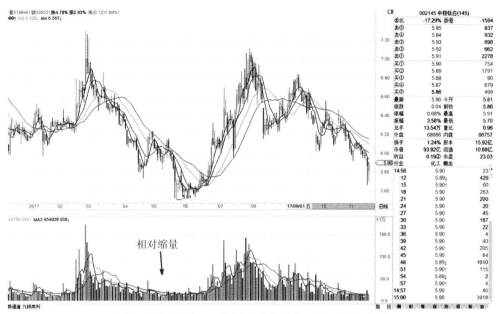

图示：相对缩量——2017 年中核钛白（002145）走势

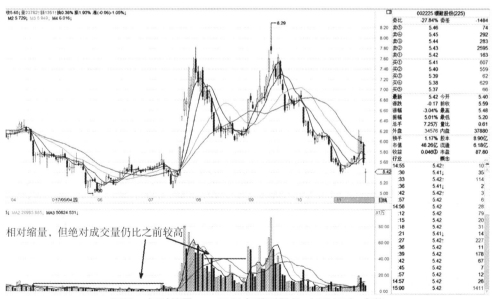

图示：相对缩量——2017 年濮耐股份（002225）走势

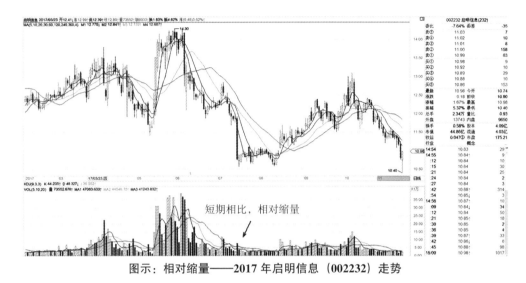

图示：相对缩量——2017 年启明信息（002232）走势

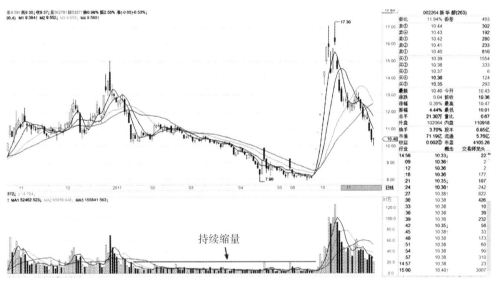

图示：持续缩量——2017 年新华都（002264）走势

3. 堆量：是一种有序的成交量温和递增，堆量反映出的是健康的上涨形态。从庄家市的角度讲，当主力意欲拉升时，常把成交量做得非常漂亮，几日或几周以来，成交量缓慢放大，股价慢慢推高，成交量在近期的 K 线图上，形成了一个状似土堆的形态，堆得越漂亮，就越可能产生大行情。相反，在高位的堆量表明主力在大举出货。

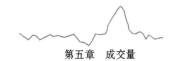
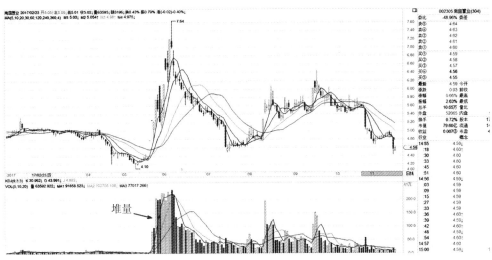

图示：堆量——2017 年 5 月南国置业（002305）走势

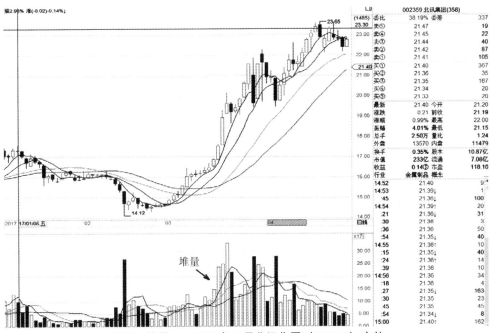

图示：堆量——2017 年 3 月北讯集团（002359）走势

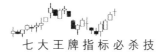

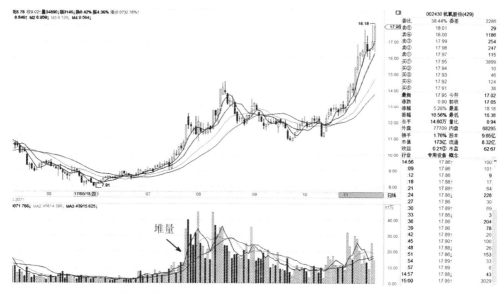

图示：堆量——2017 年 7 月杭氧股份（002430）走势

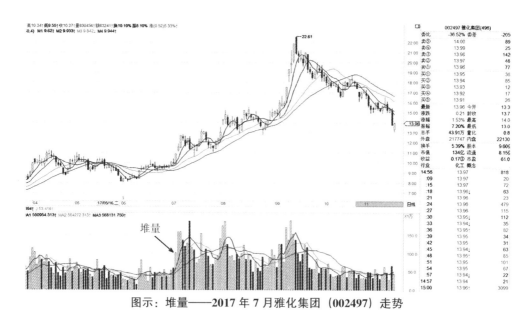

图示：堆量——2017 年 7 月雅化集团（002497）走势

4. 天量：形容当天的股票交易数量特别巨大，在高位时往往天量见天价，出现天量时要控制仓位。有句俗话讲的是"天量见天价，天价之后回老家"。这说的是非常突兀的一两天的天量。

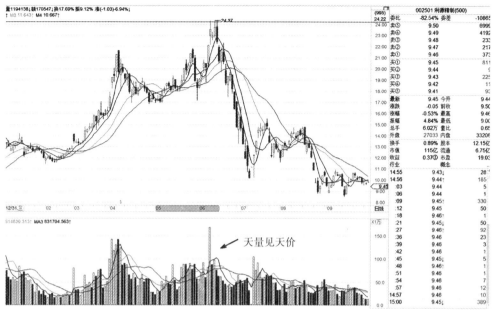

天量见天价

图示：天量——2015 年 6 月 10 日利源精制（002501）走势

天量见天价，天价之后回老家

图示：天量——2016 年 12 月 1 日达华智能（002512）走势

图示：天量——2015 年 12 月 29 日山东矿机（002526）走势

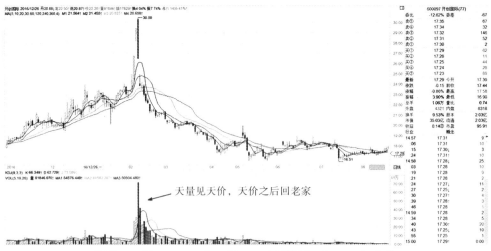

图示：天量——2017 年 2 月 10 日开创国际（600097）走势

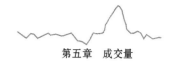

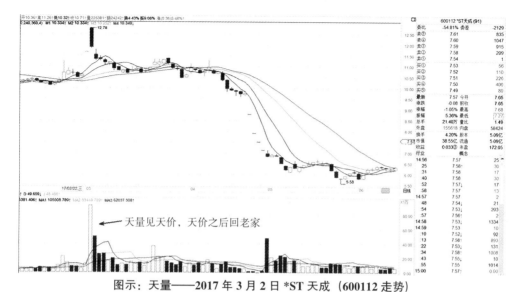

图示：天量——2017 年 3 月 2 日 *ST 天成（600112 走势）

5. 地量：成交量萎缩为 120 天内的最小的量就是俗称的地量，一般地量后会有地价，地价后有反弹，但是不能说明会反转，因为反弹后还有可能会出现地量，多次出现地量后就出现底部了。地量在行情清淡的时候出现最多。在行情清淡的时候，人气涣散，交投不活跃，股价波动幅度较窄，场内套利机会不多，几乎没有任何赚钱效应。持股的不想卖股，持币的都不愿买股，于是地量的出现就很容易理解了。

根据量在价先的原理，地量后一般会出现地价。但是在日 K 线上这个地价是阶段性的。如果在周 K 线和月 K 线上同时共振出现了"地量见地价"，那么见底的可能性将会大大提高。

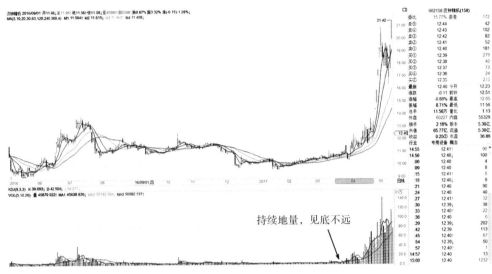

图示：地量——2017年3月汉钟精机（002158）走势

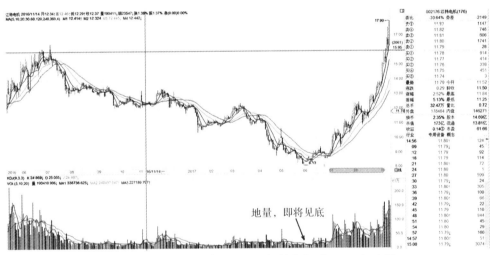

图示：地量——2017年6月9日江特电机（002176）走势

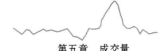

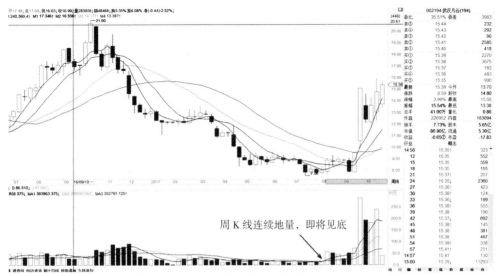

图示：地量——2017 年 8 月 7 日武汉凡谷（002194）周 K 线图

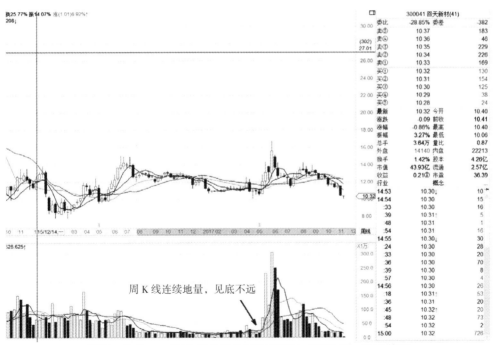

图示：地量——2017 年 5 月 8 日回天新材（300041）周 K 线图

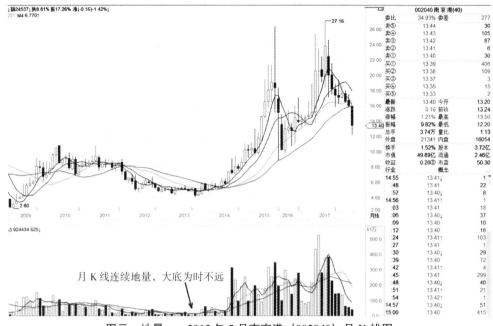

图示：地量——2013 年 5 月南京港 （002040）月 K 线图

量价关系

量是价的先行指标，先有量后有价，所以量价必须结合起来分析。大家需要明确 9 种基本的量价关系，任何量价分析的基石都是这 9 种基本的量价关系。

一般来说，量增的时候，对趋势有巩固和加速作用；量平的时候，对趋势有保持作用；量缩的时候，则是趋势的持续或者阳极、阴极。

1. 价涨量增：一般情况下，价涨量增说明价格上涨有成交量配合，是可靠的上涨。除了下跌过程中的反弹之外，一般情况下都可跟进买入。具体分析如下：

	上升初期	可买入
价涨量增	上升中期	后市看涨，可继续持股或买入
	上升末期	谨慎持股，宜逐步减仓或清仓
	下跌初期	不可盲目做多，利用反弹果断清仓
	下跌中期	可能为反弹行情，宜观望
	下跌末期	上涨后可能会回调，不可盲目做多，宜观望
	整理态势	可密切关注，待放量向上突破整理区域后买入

图示：价涨量增

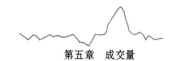

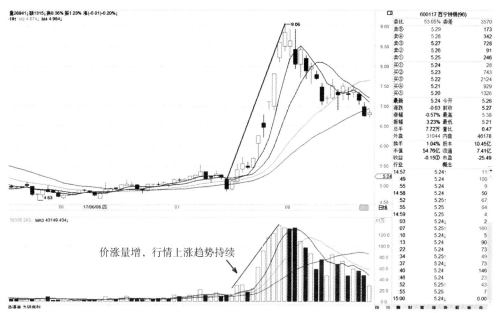

价涨量增，行情上涨趋势持续

图示：价涨量增——2017 年 7 月西宁特钢（600117）走势

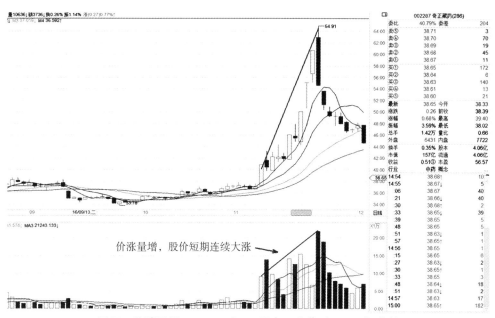

价涨量增，股价短期连续大涨

图示：价涨量增——2016 年 11 月奇正藏药（002287）走势

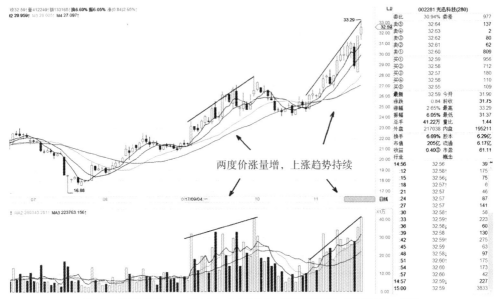

两度价涨量增，上涨趋势持续

图示：价涨量增——2017年9月和11月光迅科技（002281）走势

2. 价涨量平：往往是趋势中继，将会继续以前的趋势。

		上升初期	若成交量较量平之前有所放大，可买入
价涨量平		上升中期	可继续持股待涨
		上升末期	谨慎持股，准备离场
		下跌初期	持币观望或趁反弹果断离场
		下跌中期	继续观望
		下跌末期	以观望为主，待上涨确认后再进场
		整理态势	宜观望，若放量向上突破整理区域，可买入
		上升初期	量能不足，股价反弹后可能回档，宜观望

图示：价涨量平

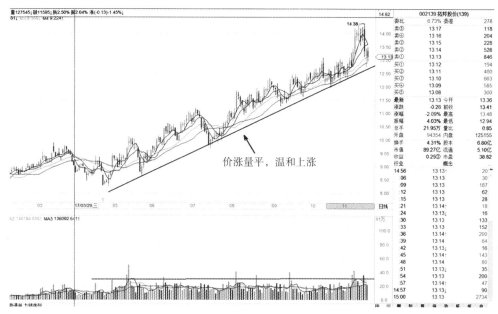

图示：价涨量平——2017 年 4~11 月拓邦股份（002139）走势

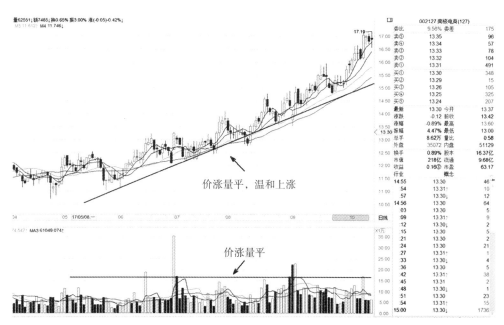

图示：价涨量平——2017 年 6~10 月南极电商（002127）走势

七大王牌指标必杀技

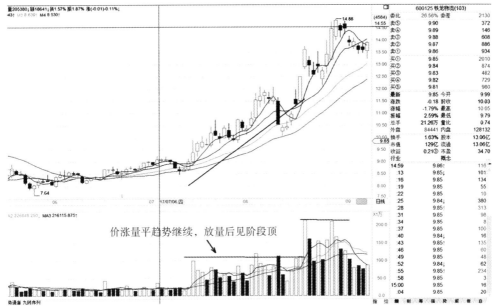

图示：价涨量平——2017 年 8 月铁龙物流（600125）走势

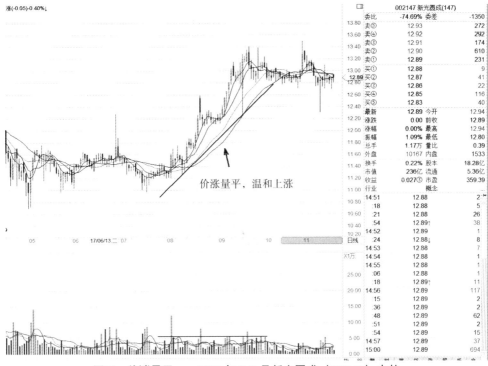

图示：价涨量平——2017 年 8~9 月新光圆成（002147）走势

376

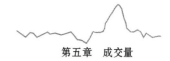

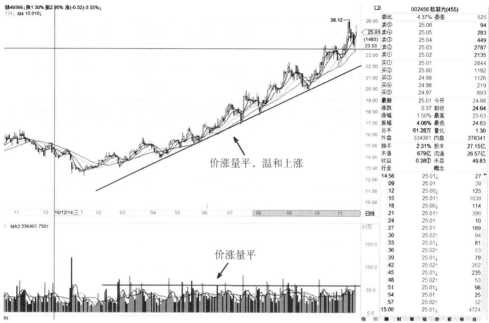

图示：价涨量平——2017 年 2~11 月欧菲光（002456）走势

3. 价涨量缩：缩量一般代表行情趋势的延续和中继，价涨量缩一般情况下意味着筹码集中，会继续大涨，在没有放量之前可以一路持有。

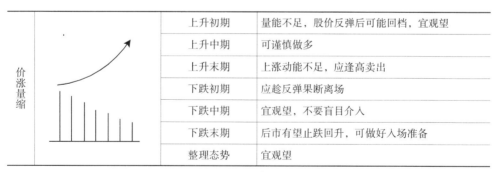

	上升初期	量能不足，股价反弹后可能回档，宜观望
	上升中期	可谨慎做多
	上升末期	上涨动能不足，应逢高卖出
价涨量缩	下跌初期	应趁反弹果断离场
	下跌中期	宜观望，不要盲目介入
	下跌末期	后市有望止跌回升，可做好入场准备
	整理态势	宜观望

图示：价涨量缩

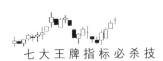
七大王牌指标必杀技

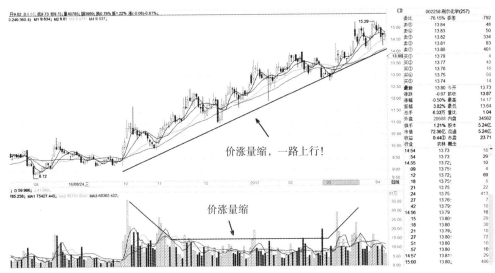

图示：价涨量缩——2016年10月~2017年4月利尔化学（002258）走势

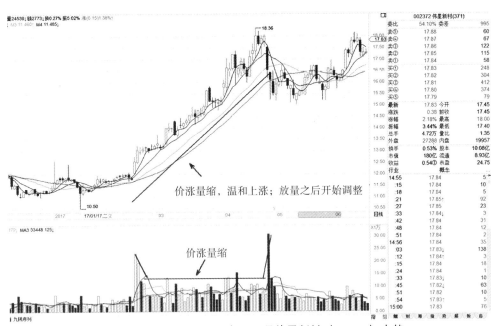

图示：价涨量缩——2017年2~5月伟星新材（002372）走势

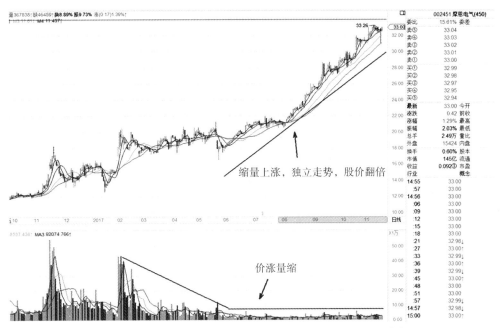

图示：价涨量缩——2017 年 2~11 月摩恩电气（002451）走势

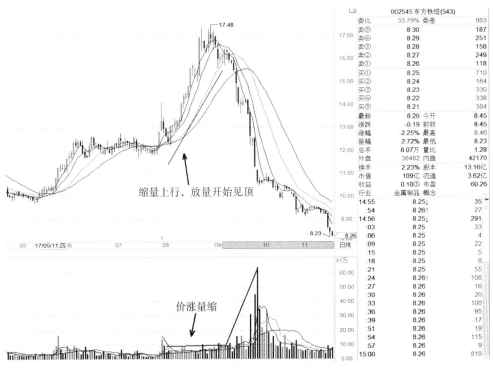

图示：价涨量缩——2017 年 8 月东方铁塔（002545）走势

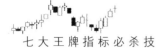

4. 价平量增：量增就说明资金交易活跃，而价格没涨，就说明孕育着突破方向，这往往是一个蓄力的阶段，很快就会朝一个方向突破。在底部放量不涨可以跟进买入，随后可能突破上涨。在顶部放量滞涨可以离场观望，随后可能突然暴跌。

价平量增		上升初期	可逢低买入
		上升中期	可密切关注，若价格向上发展可继续持股做多
		上升末期	放量滞涨，应减仓或清仓
		下跌初期	应离场观望
		下跌中期	宜观望
		下跌末期	可密切关注，做好买入准备

图示：价平量增

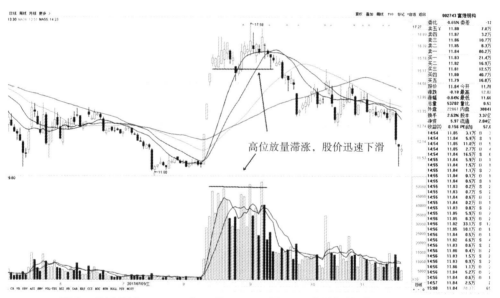

高位放量滞涨，股价迅速下滑

图示：价平量增——2017 年 8 月 15 日~9 月 15 日富煌钢构（002743）走势

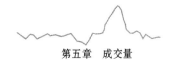

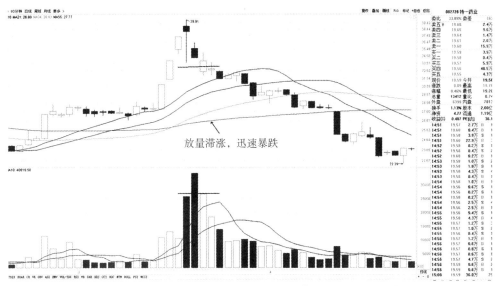

图示：价平量增——2017 年 3 月底特一药业（002728）走势

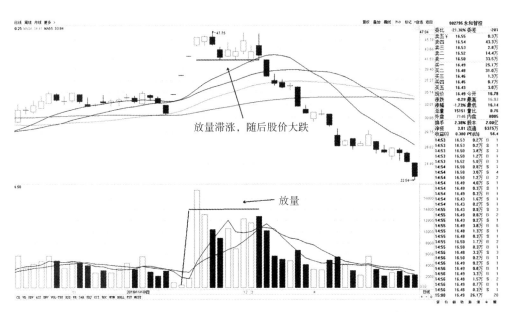

图示：价平量增——2016 年 11 月底永和智控（002795）走势

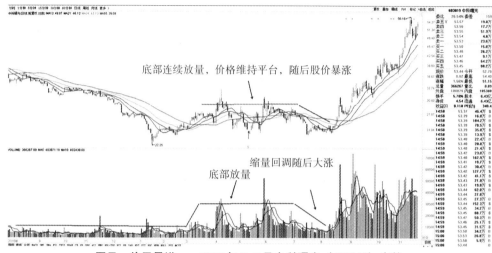

图示：价平量增——2017 年 3~7 月中科曙光（603019）走势

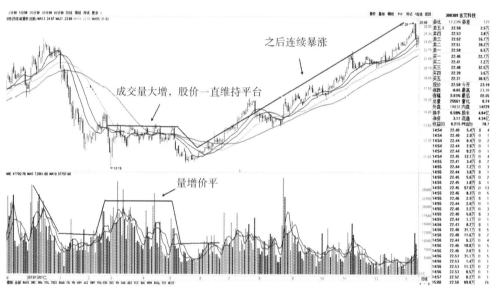

图示：价平量增——2015 年 12 月~2017 年 1 月吉艾科技（300309）走势

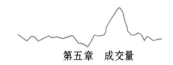

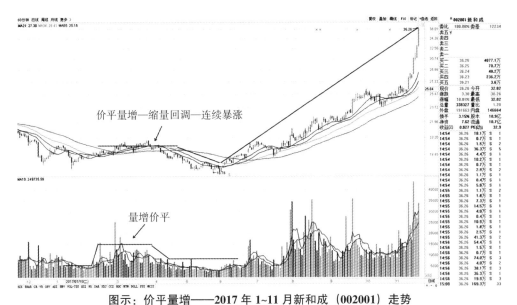

图示：价平量增——2017 年 1~11 月新和成（002001）走势

5. 价平量平：非常符合一句俗话"横久必跌"，因为价平量也平，往往意味着主力做多动力不强，维持行情向上发展的增量资金迟迟不到，也说明行情向下的概率会大于向上的概率。

价平量平	→（箭头图示）	上升初期	观望为主，若之后价格向上发展可买入
		上升中期	谨慎看多，谨防回调
		上升末期	滞涨信号，应逐步减仓
		下跌初期	后市仍要下跌，应果断离场
		下跌中期	宜继续观望，不可盲目介入
		下跌末期	以观望为主，若成交量极度萎缩，则底部将近，准备入场

图示：价平量增

图示：价平量平——2016年6月~2017年11月精功科技（002006）走势

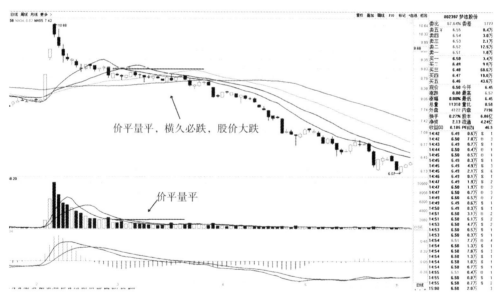

图示：价平量平——2017年2~3月梦洁股份（002397）走势

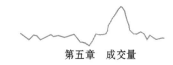

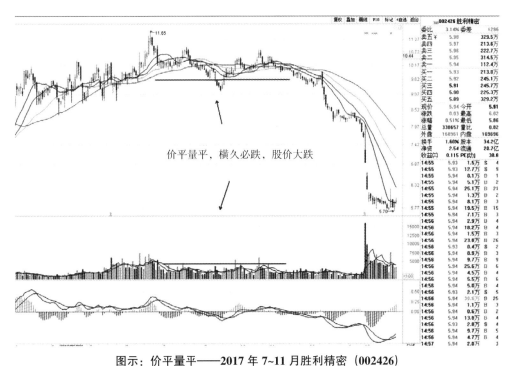

图示：价平量平——2017 年 7~11 月胜利精密（002426）

6. 价平量缩：和价平量平一样，都是看淡后市行情的信号。

价平量缩	上升初期	宜观望，若之后放量上张，则可买入
	上升中期	后市可能走平或回档，宜观望
	上升末期	宜减仓或清仓
	下跌初期	应果断离场观望
	下跌中期	后市仍要下跌，宜观望
	下跌末期	若成交量极度萎缩，应密切关注，做好入场准备

图示：价平量缩

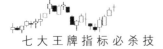
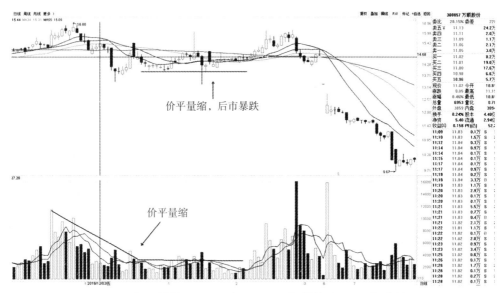

图示：价平量缩——2017 年 1~2 月万顺股份（300057）走势

图示：价平量缩——2016 年 8~12 月三五互联（300051）走势

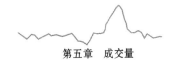
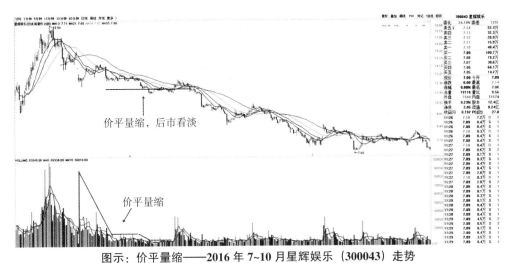

图示：价平量缩——2016 年 7~10 月星辉娱乐（300043）走势

7. **价跌量增**：俗称放量暴跌，一般情况下都是跌势异常强劲，空头来势汹涌如潮的信号，不可试图去接飞刀。

但是有一种情况是例外的，就是跌到无可跌的地步，再度放量，可能是最后的抛盘，空头强弩之末的信号。例如某股票从 50 元跌到了 6 元左右，之前是连续下跌，突然放量暴跌，价跌量增，然后缩量整理，有可能短期见到阶段底。但是注意，即便是这种情况，也只是短期底，不能确认为大跌趋势逆转。

价跌量增	上升初期	价格回档不破重要支撑，中长线可继续持股
	上升中期	若价格能快速止跌企稳，可继续持股，否则应离场
	上升末期	转势信号，应果断离场
	下跌初期	助跌信号，宜观望
	下跌中期	继续看跌，不要轻易买入
	下跌末期	若之后价格止跌回升，可买入

图示：价跌量增

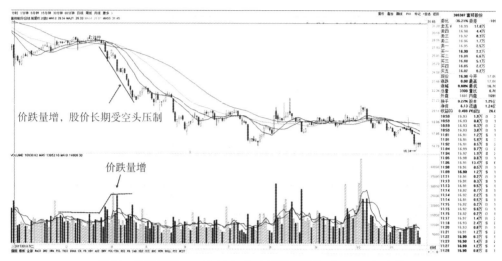

图示：价跌量增——**2017 年 3~4 月富邦股份（300387）走势**

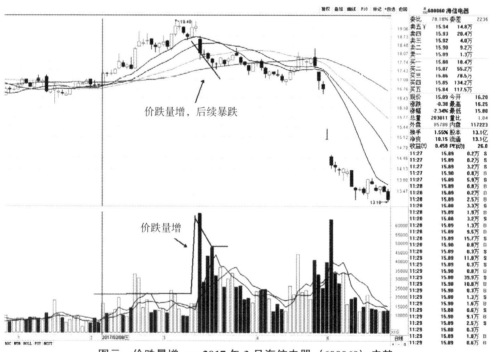

图示：价跌量增——**2017 年 3 月海信电器（600060）走势**

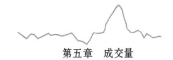

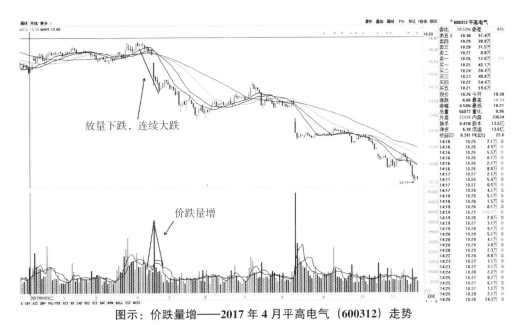

图示：价跌量增——2017 年 4 月平高电气（600312）走势

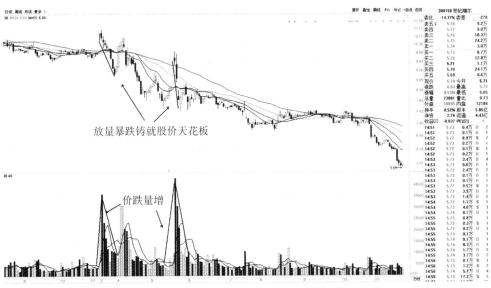

图示：价跌量增——2017 年 3 月和 5 月世纪瑞尔（300150）走势

8. 价跌量平：绝大部分都是看淡后市和下跌趋势持续的信号，只有一种情况例外，就是主力刚建好仓洗盘的时候，利用调整磨出没有耐心的人。

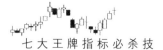
		上升初期	多属正常回档，可继续持股或买入
价跌量平		上升中期	价格不破重要支撑位，可继续持股
		上升末期	见顶信号，应离场
		下跌初期	后市看跌，宜观望
		下跌中期	继续观望，等待止跌信号
		下跌末期	若成交量极度萎缩，则为见底信号，准备入场

图示：价跌量平

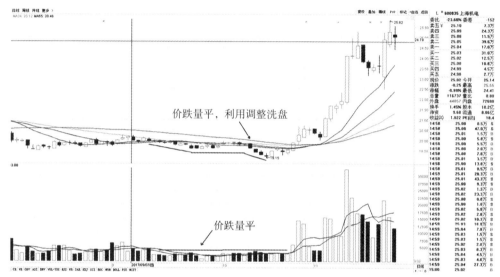

图示：价跌量平——2017年9~10月上海机电（600835）走势

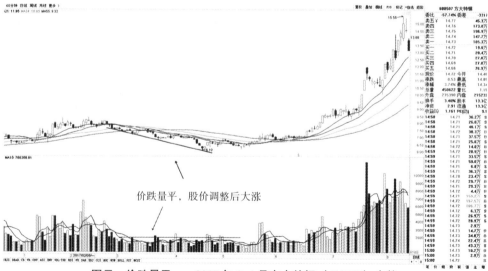

图示：价跌量平——2017年2~4月方大特钢（600507）走势

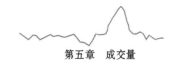

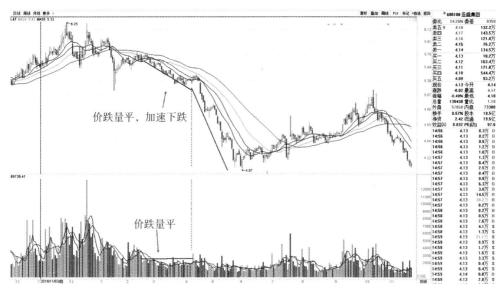

图示：价跌量平——2017 年 2~3 月亚盛集团（600108）走势

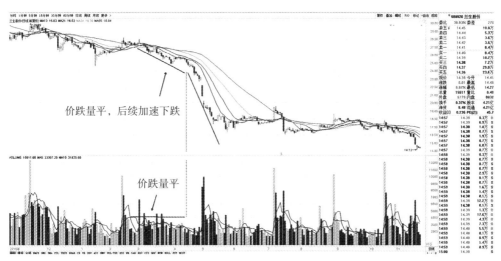

图示：价跌量平——2017 年 3~4 月兰生股份（600826）走势

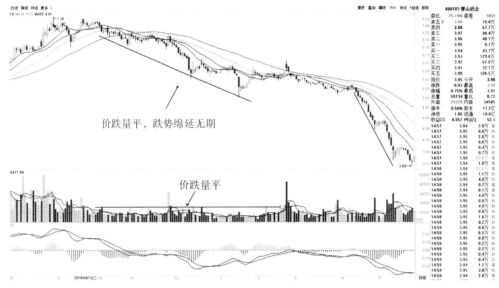

图示：价跌量平——2016 年 10 月和 2017 年 1 月青山纸业（600103）走势

9. 价跌量缩：大部分都属于调整，调整之后如果市场趋势良好，应该有上涨的机会；如果缩量非常严重，则可能是大跌末期的历史底部。

		上升初期	多属正常回档，可买入
价跌量缩		上升中期	价格不破重要支撑位，可继续持股
		上升末期	若之后价格继续疲软，应尽早出局观望
		下跌初期	后市看跌，应离场观望
		下跌中期	继续看跌，宜观望
		下跌末期	若成交量极度萎缩，可待止跌反弹信号出现再入场

图示：价跌量缩

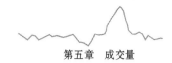
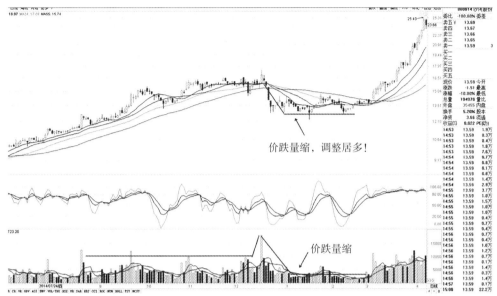

图示：价跌量缩——2014 年 12 月~2015 年 2 月沙河股份（000014）走势

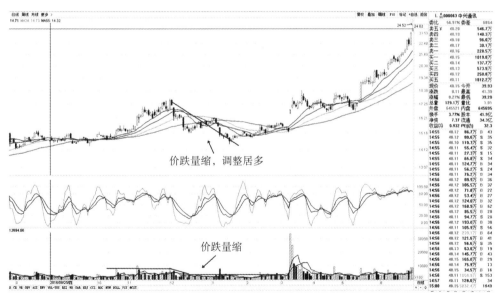

图示：价跌量缩——2016 年 12 月~2017 年 1 月中兴通讯（000063）走势

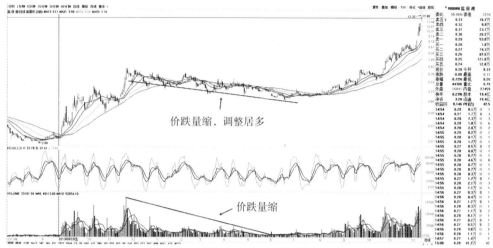

图示：价跌量缩——2013 年 12 月~2014 年 6 月盐田港（000088）走势

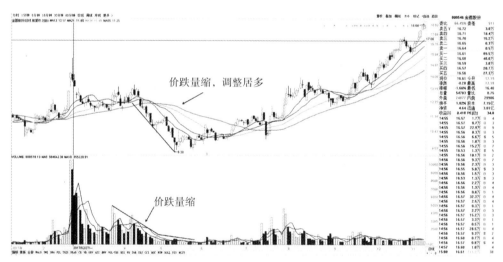

图示：价跌量缩——2017 年 4 月金圆股份（000546）走势

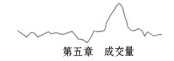

第二节　成交量的信号

特别提示：高位指的是前溯 3 个月涨幅大于 40%，低位指的是前溯 3 个月跌幅大于 40%。

高位无量就要拿，拿错也要拿

高位无量横盘，无量上涨，是典型的上涨中继信号。在平时的操作中，一个经常犯的错误就是吃不到主升浪，一只股票翻倍甚至翻两三倍了，大家也在起涨点介入了，但是 80% 的人在挣了 30% 左右都会卖出，而后面的 300% 涨幅极少有人吃到。成交量的这个信号"高位无量就要拿，拿错也要拿"就是为了专门解决这个问题的。运用时特别注意，无量就说明趋势的继续，要敢于拿，敢于持仓，才能吃到主升浪。

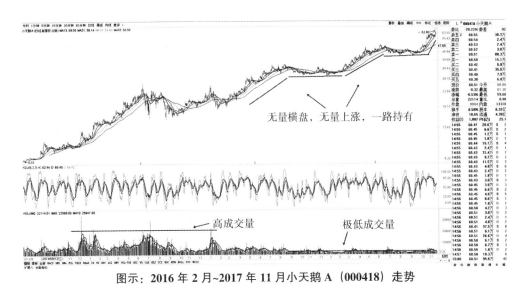

图示：2016 年 2 月~2017 年 11 月小天鹅 A（000418）走势

小天鹅 A 在 2017 年的大部分时间内都是无量上涨和无量调整的时间段；而 2017 年前 11 个月涨幅已经 100%。由于之前几年小天鹅 A 一直处于高成交量的上涨阶段，所以如果在高位调整的时间，是很容易拿不住筹码的，自然也就得不到完整的 100% 涨幅了。

图示：**2015 年 7~11 月格力电器（000621）周 K 线图**

2017 年 1~11 月，格力电器全部处于无量上涨，间或无量横盘的时间段，如果不一路持有，是无法得到这 110% 的涨幅的。由于笔者坚定看好格力电器，并且成交量一直很低，自然没有卖出的理由，未来笔者还会继续持有格力电器。

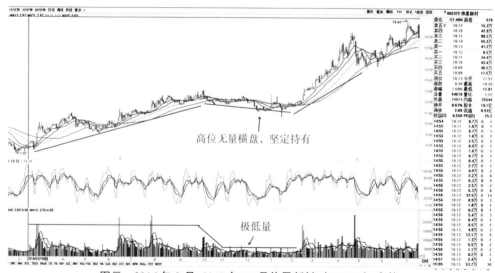

图示：**2016 年 2 月~2017 年 11 月伟星新材（002372）走势**

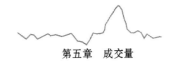

通过伟星新材的日 K 线图可以清楚地看到，如果对成交量的理解不深刻的话，是肯定会在 2016 年 10 月开始的无量调整中失去筹码的。该坚守的时候放弃，正是大部分投资者无法获得超额收益的原因。

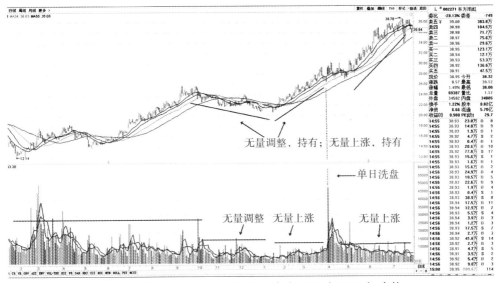

图示：2016 年 2 月~2017 年 11 月东方雨虹（002271）走势

通过东方雨虹的日线图大家可以清楚地看到，在完成第一段上涨后，大部分时间都是无量上涨或者无量调整的。投资者可能在任何一个位置失去仓位，从而错失翻倍大行情。

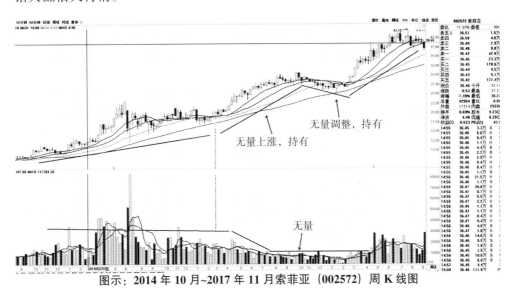

图示：2014 年 10 月~2017 年 11 月索菲亚（002572）周 K 线图

从索菲亚的周 K 线图可以看出，从 2016 年年初到 2017 年年中，索菲亚始终处于无量上涨，之后是无量调整中。投资者既可能在涨的过程中卖出，也可能在调整的过程中卖出，从而错失 2017 年下半年的大幅上涨行情。

高位放量就要跑，跑错也要跑

股价在已经过了一段较大涨幅后，处在高位，而成交量还在增加，股价却迟迟没有同步上涨，这有可能是主力在悄悄地出货了。先卖来保住利润总是没错的。

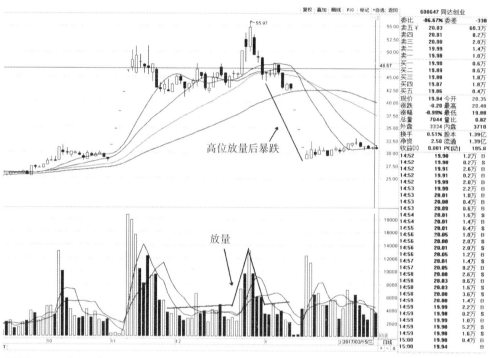

图示：2016 年 12 月 26 日、27 日、28 日连续 3 天，同达创业（600647）放出巨量，随后股价连续跌停

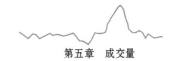

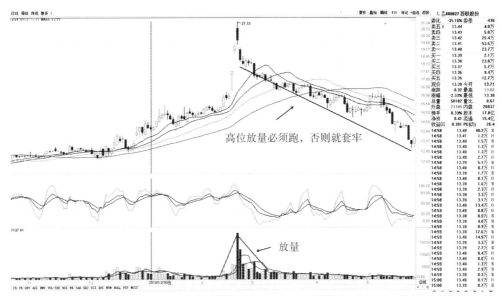

图示：2017 年 2 月 22 日、23 日，百联股份（600827）连续两天放出巨量，随后股价连续大跌

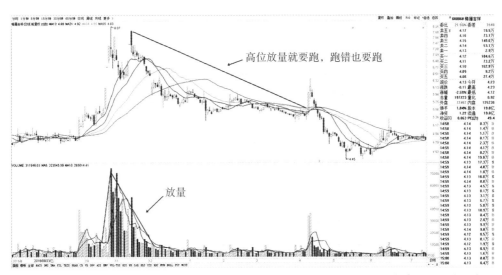

图示：2016 年 11 月，梅雁吉祥（600868）连续放出巨量，股价累积了巨大涨幅，风险很大，如果不走必定被套牢

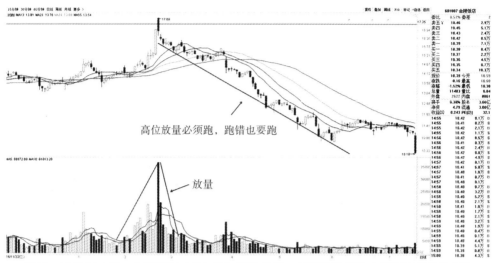

图示：2017年2月，金陵饭店（601007）高位放量，只有迅速卖出才能逃过后面的大跌

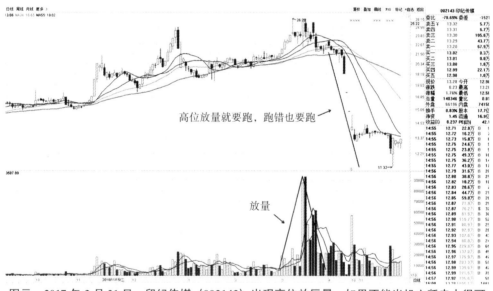

图示：2017年3月21日，印纪传媒（002143）出现高位放巨量，如果不能当机立断走人很可能就会吃套

低位无量就要等，等错也要等

低位无量，说明主力还没准备好拉升股价，一旦放量就是大幅上涨的时候了。

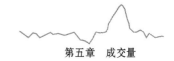

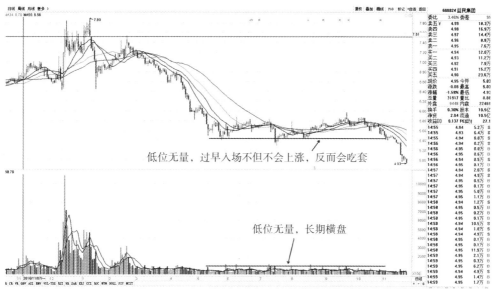

图示：2017 年 5~10 月益民集团（600827）行情低位无量横盘，如果过早入场期待趋势反转，
不但浪费了资金效率，而且接下来股价进一步大跌，吃套

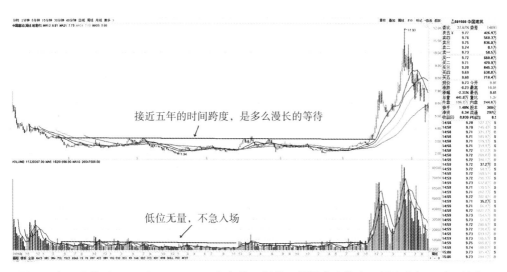

图示：中国建筑（601668）2010~2014 年都处于低位无量震荡走势中，投资者如果过早抄底，
很少有人能熬过五六年不说，在操作过程中还可能赔钱

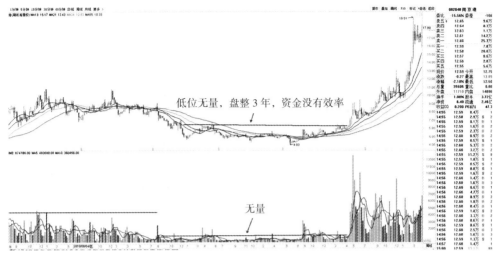

图示：2011~2014年，南京港（002040）处于低位无量盘整阴跌时期，凡是抄底的投资者如果不能忍受长时间的折磨，必定会反复割肉出局，造成损失

低位放量就要跟，跟错也要跟

低位放量一般都是好事，以后上涨的概率最大，因为，量放出来了，说明资金已经开始介入了，转好的迹象。注意低位放量的两个关键词，就是跌幅已经很大以及前期低位无量盘整很长，再度放量就值得跟。

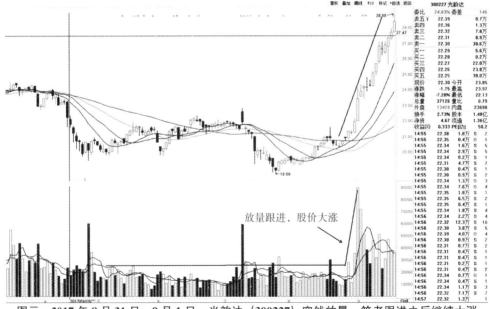

图示：2017年8月31日、9月1日，光韵达（300227）突然放量，笔者跟进之后继续大涨

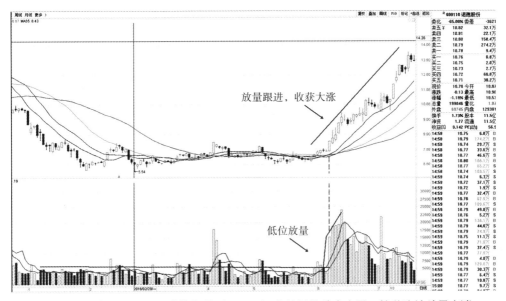

图示：2016 年 6 月 7 日，诺德股份（600110）突然低位放出大量，接着连续放量大涨

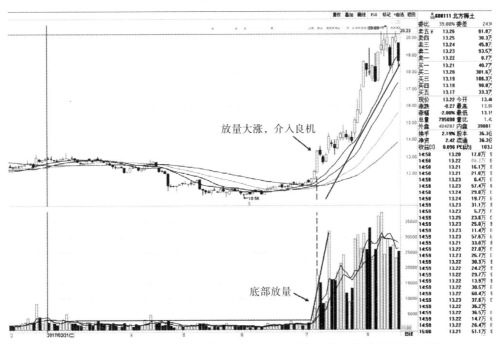

图示：2017 年 7 月 7 日，北方稀土（600111）低位放量，随后几日连续放量，
笔者跟进之后继续大涨

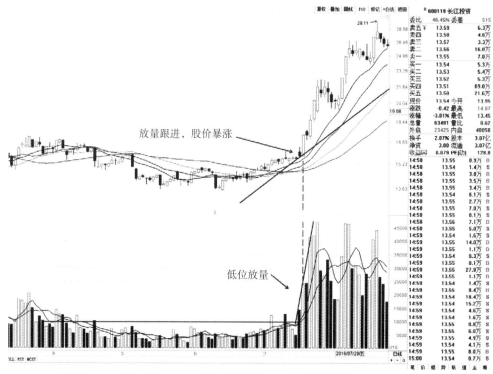

放量跟进，股价暴涨

低位放量

图示：2016 年 7 月 18 日，长江投资（600119）低位放量，随后股价暴涨

第三节　成交量的必杀技

立桩量

立桩量由一根或两根连续的天量组成，发生在底部或者上升初期，该天量一般要求换手率高于 10%，为半年、三个月等阶段性的最大成交量，最好收大阳线、涨幅最好在 5% 以上（当然也可以是阴线或小阳线）；同时在出现天量之后的 3 个交易日内。不会跌破出现立桩量形成当日的最低点。通常情况下，立桩量是主力强行建仓的标志，个股在形成立桩量之后，未来股价的上涨幅度至少可以达到 100%。

个股在出现立桩量之后，可以在之后的第 3 个交易日、只要股价不跌破立桩量当日的最低点，就可以进行买入操作。或者在第 4 个交易日或之后，当股价回

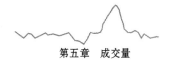

落到 5 日均线时买入。

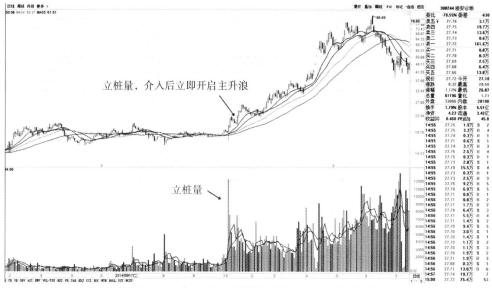

图示：**2015 年 1 月 12 日迪安诊断（300244）走势**

2015 年 1 月 12 日，迪安诊断出现天量，随后一天继续放量，股价回调 4 个交易日并未跌穿第一次起天量那天的最低点，决定可以介入，笔者买进后一路持有，股价也水涨船高。

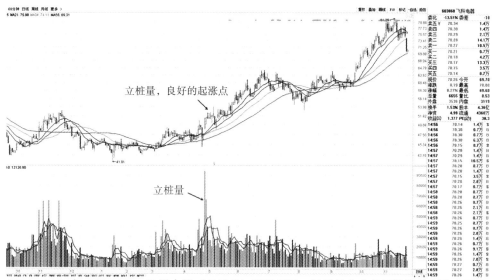

图示：**2017 年 4 月 26 日，飞科电器（603868）出现天量，随后几个交易日股价并未跌破天量当日最低价，随后股价连续大涨**

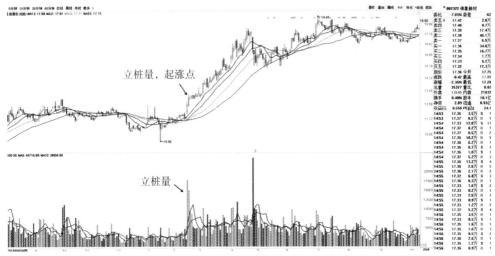

图示：2017 年 2 月 17 日，伟星新材（002372）出现立桩量组合，之后股价飞涨

笔者看到立桩量之后一般都会高度警惕，随时准备介入，果然笔者跟进买入后，股价立即大涨。

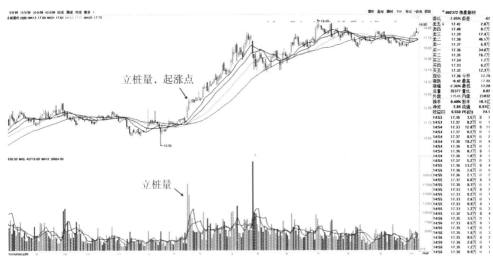

图示：2017 年 3 月 13 日，雅化集团（002497）出现立桩量信号，随后开始一波主升浪行情

放量过顶

定义：指当股价调整或者下跌一段时间之后，放量上涨并突破上一波上涨的顶部，这是股价拉升的前兆。

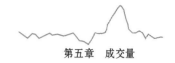

信号含义：

1. 当巨量过前顶或温和放量出现时，要及时跟进。

2. 如果股价突破前期头部时，只要出现放量，一般都可买入。

3. 放量过顶后第二个以及随后几个交易日，K线不能深幅回调，否则会失败，要及时止损。

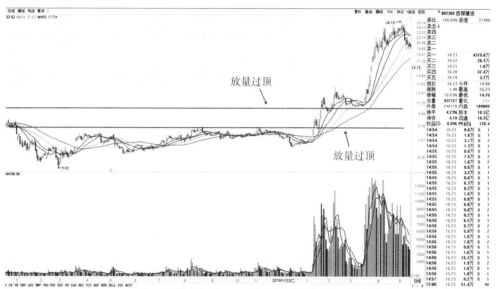

图示：2017 年 1 月 11~20 日，西部建设（002302）两次放量过顶，股价走出一波强势上涨行情

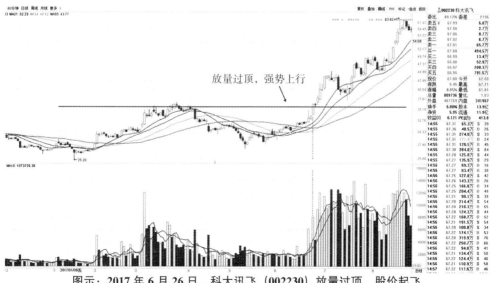

图示：2017 年 6 月 26 日，科大讯飞（002230）放量过顶，股价起飞

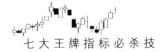

科大讯飞是 2017 年的大热门股，但是你有你的千条计，笔者有笔者的好主意，笔者是这个时候才介入科大讯飞的。

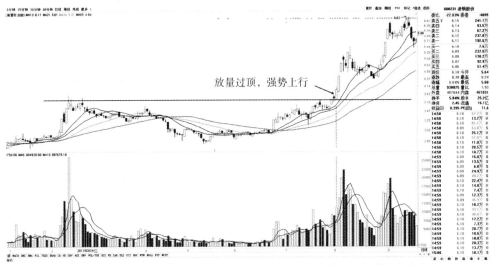

图示：2017 年 8 月 2 日，凌钢股份（600231）放量过顶，股价强势上行

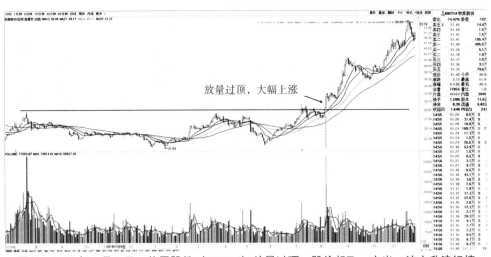

图示：2017 年 8 月 8 日，牧原股份（002714）放量过顶，股价起飞，走出一波主升浪行情

笔者跟踪牧原股份很久，放量过顶后直接缩量回调，笔者当即决定跟进买入，随后股价走出了两大波主升浪行情。

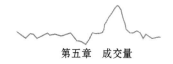

散兵坑

定义：又称黄金坑，当过兵的人都知道散兵坑是非常安全的，因为炮弹不太可能再次炸在同一个弹坑内，前次炸出的弹坑往往成为老兵们的最佳躲藏之地。在量价研判中也有成交量的散兵坑，这是指在筑底成功时成交量往往形成一个大坑，在弱如游丝的低迷后呈现出有序的放大。在上升趋势途中出现的大坑，实质上就是主力在拉升之前凶悍的洗盘，目的是把坐在轿子里的大部分浮筹都震下来，这是个非常有效而实用的空头陷阱。实战中确实很难把它识别出来，我们可以从两个方面把握：一是先知先觉在散兵坑之内，股价刚刚有所企稳转强之际，把握时机部分介入；二是在散兵坑出现并已重返上升趋势之际，虽然失去了最低价买入时机，但这是最有效的，因为股价重返上升趋势使空头陷阱已被确认，不买地价，不卖天价，上升趋势重新确立才出手，这是顺势操作的真谛。散兵坑其实就是主力用来坑害散户的，不给散户在底部买入机会，快速拉升让散户踏空，让看淡后市而在散兵坑中卖出股票的人后悔莫及，再追高时只有给主力抬轿的份儿了，从而达到主力利用散户坑震仓的效果。

信号含义：股价重新出坑时是最佳介入时机。

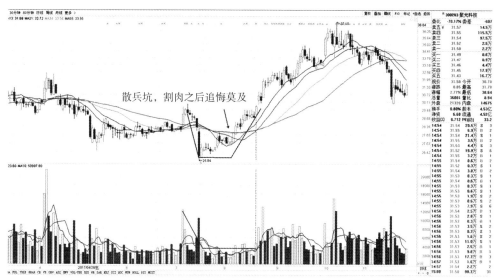

图示：聚光科技（300203）出现散兵坑，2017 年 8 月 21 日出坑后股价大涨

散兵坑，就是主力吸筹完毕后，最后一次震荡，震出不坚定的筹码，所以最有信心的人可以在坑底即可买入，再次则出坑后可以第一时间跟进。

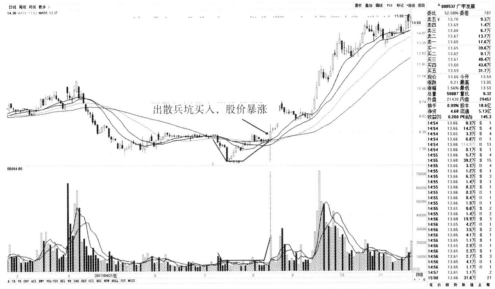

图示：**2017 年 8 月 11 日，广宇发展（000537）出散兵坑就是最佳买点**

笔者介入该股后，股价大幅上涨。散兵坑是笔者最喜欢的形态之一。

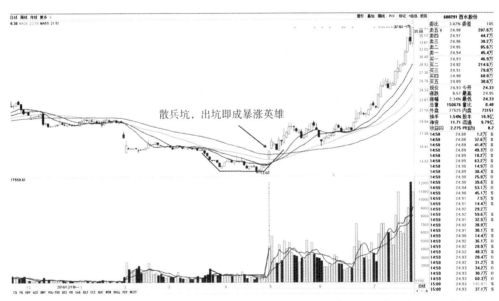

图示：**2017 年 5 月 2 日，西水股份（600291）出散兵坑，笔者看见这个形态跟了一部分，**
之后股价暴涨

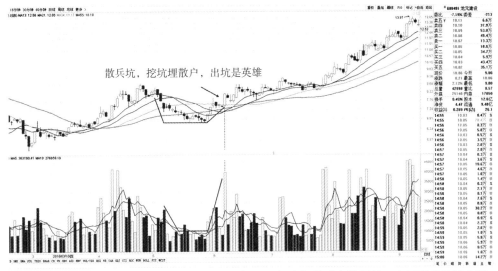

图示：2017 年 6 月 7 日，龙元建设（600491）以一根大阳线跳出散兵坑，之后股价连续大涨

底量超顶量

定义：在一个连续的波段顶底中，前期的顶部的成交量被相连的底部成交量超过，预示着将会开启一波上涨行情。

信号含义：上涨。

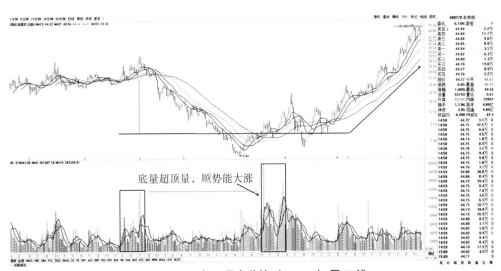

图示：2015 年 4 月水井坊（600779）周 K 线

从周 K 线图上看，2015 年水井坊的成交量远超上一波顶部 2012 年 7 月的成交量，随后该股无惧大盘，开启长达 2 年连续上涨行情。

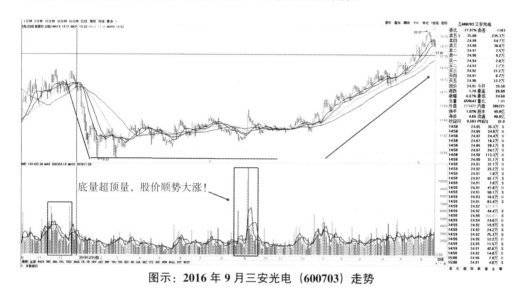

图示：**2016 年 9 月三安光电（600703）走势**

从三安光电日 K 线图上看，2016 年 9 月三安光电的成交量远超上一波顶部的成交量，随后不久，三安光电便开启了连续上涨行情。

第六章　BOLL

第一节　BOLL 的基本概念

BOLL 指标是美国股市分析家约翰·布林根据统计学中的标准差原理设计出来的一种非常简单实用的技术分析指标。一般而言，股价的运动总是围绕某一价值中枢（如均线、成本线等）在一定的范围内变动，布林线指标正是在上述条件的基础上，引进了股价通道的概念，认为股价通道的宽窄随着股价波动幅度的大小而变化，而且股价通道又具有变异性，它会随着股价的变化而自动调整。正是由于它具有灵活性、直观性和趋势性的特点，BOLL 指标渐渐成为投资者广为应用在市场上的热门指标。

在众多技术分析指标中，BOLL 指标属于比较特殊的一类指标。绝大多数技术分析指标都是通过数量的方法构造出来的，它们本身不依赖趋势分析和形态分析，而 BOLL 指标却与股价的形态和趋势有着密不可分的联系。BOLL 指标中的股价通道概念正是股价趋势理论的直观表现形式。BOLL 是利用股价通道来显示股价的各种价位，当股价波动很小，处于盘整时，股价通道就会变窄，这可能预示着股价的波动处于暂时的平静期；当股价波动超出狭窄的股价通道的上轨时，预示着股价的异常激烈的向上波动即将开始；当股价波动超出狭窄的股价通道的下轨时，同样也预示着股价的异常激烈的向下波动将开始。

投资者常常会遇到两种最常见的交易陷阱：一是买低陷阱，投资者在所谓的低位买进之后，股价不仅没有止跌反而不断下跌；二是卖高陷阱，股票在所谓的高点卖出后，股价却一路上涨。布林线特别运用了爱因斯坦的相对论，认为各类市场间都是互动的，市场内和市场间的各种变化都是相对的，不存在绝对性，股

价的高低是相对的，股价在上轨线以上或在下轨线以下只反映该股股价相对较高或较低。投资者作出投资判断前还须综合参考其他技术指标，包括价量配合、心理类指标、类比类指标、市场间的关联数据等。

BOLL 指标由上轨线、中轨线、下轨线三条线组成。价格通道是由 BOLL 指标中的上、中、下轨线形成的，它的移动范围并不固定，通道的上下限随着市场价格的上下波动而变化。在正常情况下，市场价格应处于价格通道。如果市场价格脱离价格通道运行，意味着将迎来新的行情。

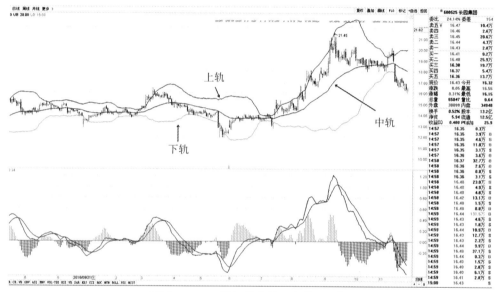

图示：**BOLL** 指标的上轨、中轨、下轨

在 BOLL 指标中，价格通道的上下轨是显示市场价格安全运行的最高价位和最低价位，上轨线、中轨线和下轨线都可以对市场的运行起到支撑（压力）作用。一般而言，当价格在布林线的中轨线上方运行时，表明市场上多方强势；当市场价格在布林线的中轨线下方运行时，表明市场上空方强势。

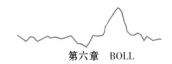

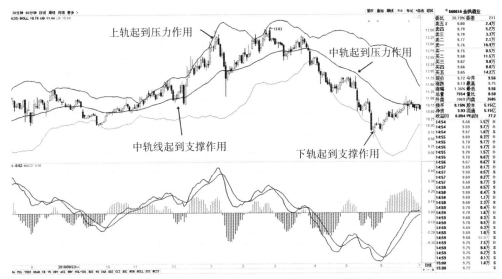

图示：**BOLL** 指标上、中、下轨的压力支撑作用

上、中、下轨线之间的关系

1. 当布林线的上、中、下轨线同时向上运行时，表明股价强势特征非常明显，股价将继续上涨，投资者应坚决持股待涨或逢低买入。

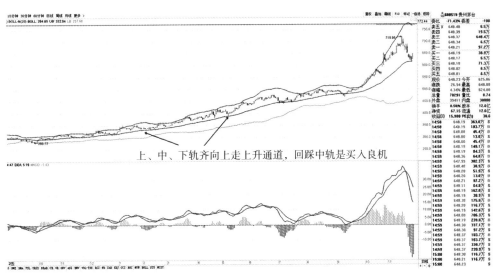

图示：**BOLL** 上、中、下轨一齐向上

2. 当布林线的上、中、下轨线同时向下运行时，表明股价的弱势特征非常明

显，股价短期内将继续下跌，投资者应坚决持币观望或逢高卖出。

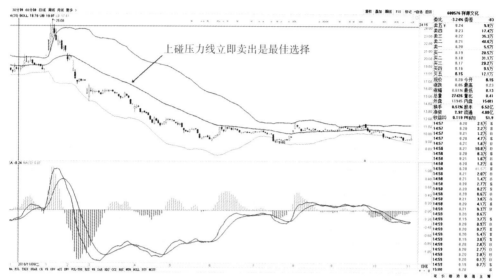

图示：BOLL 上、中、下轨齐向下运行

3. 当布林线的上轨线向下运行，而中轨线和下轨线却还在向上运行时，表明股价处于整理态势中。如果股价是处于长期上升趋势时，则表明股价是上涨途中的强势整理，投资者可以持股观望或逢低短线买入；如果股价是处于长期下跌趋势时，则表明股价是下跌途中的弱势整理，投资者应以持币观望或逢高减仓为主。

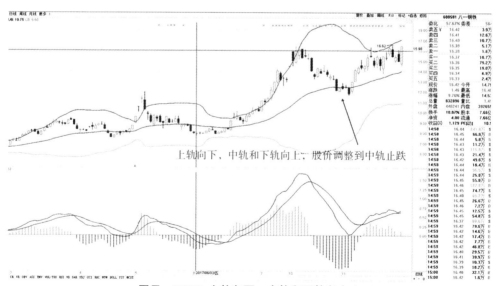

图示：BOLL 上轨向下，中轨和下轨向上 1

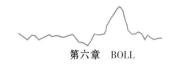

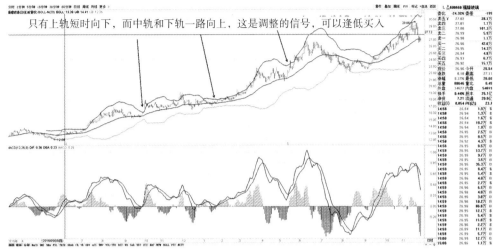

图示：BOLL 上轨向下，中轨和下轨向上 2

4. 布林线的上轨线向上运行，而中轨线和下轨线同时向下运行，这是空头大趋势开启的征兆，应该趁着反弹的机会果断离场。

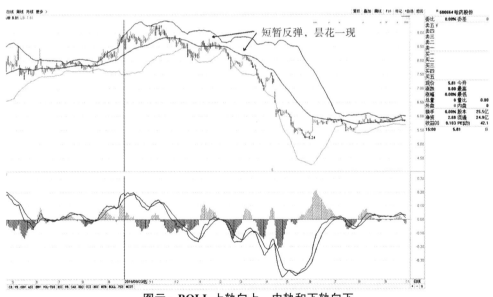

图示：BOLL 上轨向上，中轨和下轨向下

布林线喇叭口的研判

布林线喇叭口的研判是 BOLL 指标所独有的研判手段。所谓布林线喇叭口是指在股价运行的过程中，布林线的上轨线和下轨线分别从两个相反的方向与中轨

线大幅扩张或靠拢而形成的类似喇叭口的特殊形状。根据布林线上轨线和下轨线运行方向和所处位置的不同，又可以将喇叭口分为开口型喇叭口、收口型喇叭口和紧口型喇叭口三种类型。开口型喇叭口形态常出现在股票短期内暴涨行情的初期；收口型喇叭口形态常出现在股票暴跌行情的初期；紧口型喇叭口形态则常出现在股价大幅下跌的末期。

1. 开口型喇叭口：当股价经过长时间的底部整理后，布林线的上轨线和下轨线逐渐收缩，上下轨线之间的距离越来越小，随着成交量的逐渐放大，股价突然出现向上急速飙升的行情，此时布林线上轨线也同时急速向上扬升，而下轨线却加速向下运动，这样布林线上下轨之间的形状就形成了一个类似大喇叭的特殊形态，大家把布林线的这种喇叭口称为开口型喇叭口。

开口型喇叭口是一种显示股价短线大幅向上突破的形态。它是形成于股价经过长时间的低位横盘筑底后，面临着向上变盘时所出现的一种走势。布林线的上、下轨线出现方向截然相反而力度却很大的走势，预示着多头力量逐渐强大而空头力量逐步衰竭，股价将处于短期大幅拉升行情之中。

开口型喇叭口形态的形成必须具备两个条件：一是股价要经过长时间的中低位横盘整理，整理时间越长、上下轨之间的距离越小则未来涨升的幅度越大；二是布林线开始开口时要有明显的大的成交量出现。

开口型喇叭口形态的确立是以 K 线向上突破上轨线、股价带量向上突破中长期均线为准。对于开口型喇叭口形态的出现，投资者如能及时买进定会获利丰厚。

开口型喇叭口的本质代表着趋势的力量，但是不代表趋势的方向，只有"突破 BOLL 上轨 + 开口型喇叭口"才意味着大涨的行情。

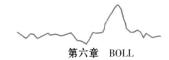

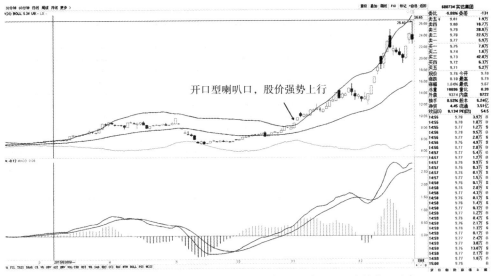

图示：2015 年 11 月 5 日，实达集团（600734）开口型喇叭口形态

像实达集团这样，形成开口型喇叭口之后股价继续沿着 BOLL 上轨爬升，就是最强的多头趋势，可以放心买入。

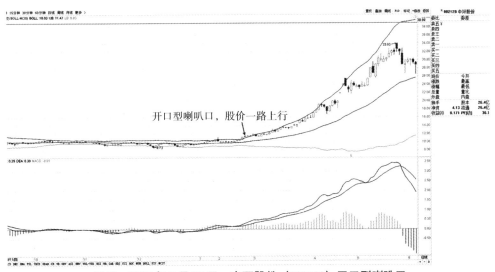

图示：2015 年 2 月 25 日，中环股份（002129）开口型喇叭口

开口型喇叭口代表着趋势的力量，或者说趋势的持续，K 线顶着 BOLL 上轨往上涨，则开口型喇叭口开得越大，涨势越凶猛。

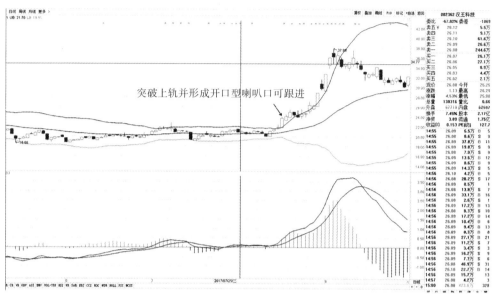

图示：2017 年 8 月 17 日汉王科技（002362）开口型喇叭口

　　如果像汉王科技这样，K 线能踩着上轨前行，那就是绝对的主升浪无疑，应该放心大胆持股。

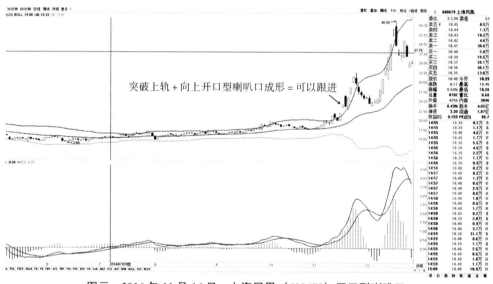

图示：2016 年 11 月 16 日，上海凤凰（600679）开口型喇叭口

　　当 K 线突破上轨之后，都会有一个猛烈上涨的过程，如果以后股价回踩中轨确认，应该也可以加仓做第二波。

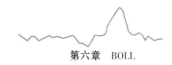

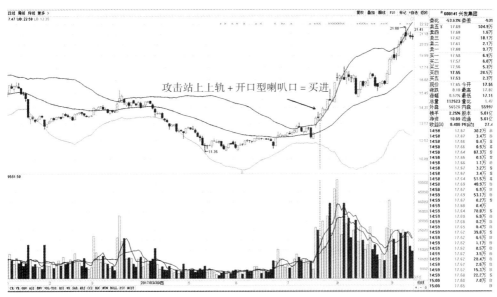

图示：2017 年 7 月 21 日，兴发集团（600141）开口型喇叭口

　　开口型喇叭如果之前有一个收口的动作，再猛然张开，这就代表着多头的迅猛攻击。

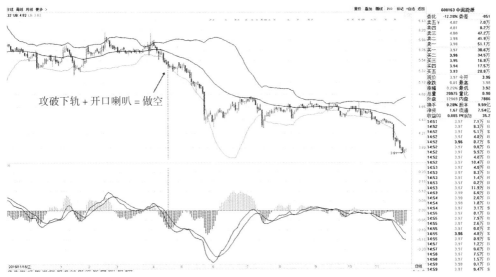

图示：2017 年 4 月 19 日，中闽能源（600163）开口型喇叭口做空向下

　　像中闽能源这样，BOLL 形成开口型喇叭口，但是股价却沿着下轨向下滑落，这就是最强的空头趋势力量的特征。开口型喇叭口代表着趋势的力量，方向要靠

K 线和下轨的位置来决定。

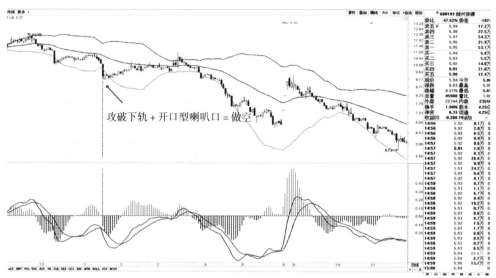

攻破下轨 + 开口型喇叭口 = 做空

图示：2017 年 1 月 16 日，创兴资源（600193）开口型喇叭口做空向下

开口型喇叭口形成，K 线有向下突破下轨的动作，一般而言意味着长时间的空头趋势。

攻破下轨 + 开口型喇叭口 = 做空

图示：2017 年 4 月 24 日，江苏阳光（600220）开口型喇叭口做空向下

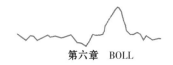

如果连续的阴线下跌并且沿着下轨或者突破下轨下行，这种飞刀千万不要去接。

图示：2017年4月19日，安徽水利（600502）开口型喇叭口做空向下

股价沿着下轨下滑，BOLL形成开口型喇叭口，大跌之势迅速猛烈。

2. 收口型喇叭口：当股价经过短时间的大幅拉升后，布林线的上轨线和下轨线逐渐扩张，上下轨线之间的距离越来越大，随着成交量的逐步减少，股价在高位出现了急速下跌的行情，此时布林线的上轨线开始急速掉头向下，而下轨线还在加速上升，这样布林线上下轨之间的形状就变成一个类似倒的大喇叭口的特殊形态，大家把布林线的这种喇叭口称为收口型喇叭口。

收口型喇叭口是一种显示股价短线大幅向下突破的形态。它是形成于股价经过短时期的大幅拉升后，面临着向下变盘时所出现的一种走势。布林线的上、下轨线出现方向截然相反而力度很大的走势，预示着空头力量逐渐强大而多头力量开始衰竭，股价将处于短期大幅下跌的行情中。

收口型喇叭口形态的形成虽然对成交量没有要求，但它也必须具备一个条件，即股价经过前期大幅的短线拉升，拉升的幅度越大、上下轨之间的距离越大则未来下跌幅度越大。

收口型喇叭口形态的确立是以股价的上轨线开始掉头向下、股价向下跌破短期均线为准。对于收口型喇叭口形态的出现，投资者如能及时卖出则能保住收

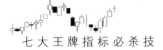

益、减少较大的下跌损失。

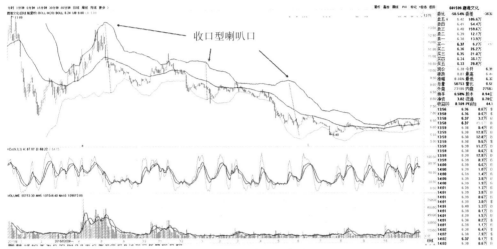

图示：BOLL 收口型喇叭口

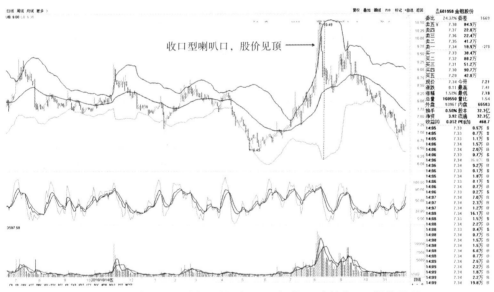

图示：2017 年 8 月，金钼股份（601958）收口型喇叭口，股价见顶

　　收口型喇叭口，BOLL 上轨和下轨之间的距离达到最大，并且上轨和下轨由张开的状态转为走平甚至向内收，这就是收口型喇叭口形成的标志。大涨之后的收口型喇叭口，确定见顶。

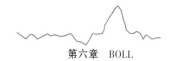

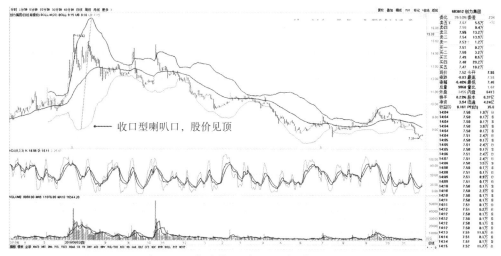

图示：2016 年 7 月，创力集团（603012）收口型喇叭口股价见顶

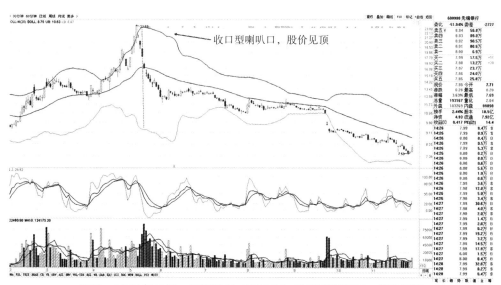

图示：2017 年 5 月，无锡银行（600908）收口型喇叭口，股价见顶

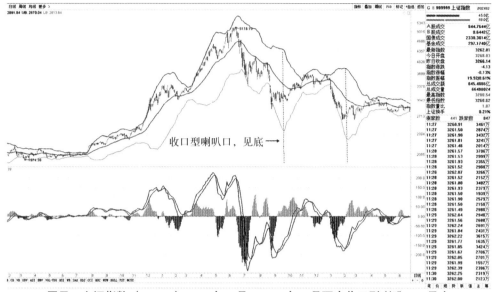

图示：上证指数（999999）2015年9月、2016年2月两次收口型喇叭口，见底

　　股价持续大跌后，喇叭突然收口，这是止跌的信号，如2015年9月第三次股灾后见底，2016年2月熔断股灾后见底。收口型喇叭口对应的就是开口型喇叭口，一个是张口开大，另一个是向内紧缩。开口型喇叭口意味着趋势的力量来临，收口型喇叭口则意味着一段趋势的结束。

　　3. 紧口型喇叭口：当股价经过长时间的下跌后，布林线的上下轨向中轨逐渐靠拢，上下轨之间的距离越来越小，随着成交量减少，股价在低位的反复震荡，此时布林线的上轨还在向下运动，而下轨线却在缓慢上升。这样布林线上、下轨之间的形状就变成一个类似倒的小喇叭口的特殊形态，大家把布林线的这种喇叭口称为紧口型喇叭口。

　　紧口型喇叭口形态的形成条件和确认，只要股价经过下跌后，成交萎缩，上下轨之间的距离越来越小的时候就可认定紧口型喇叭口初步形成。当紧口型喇叭口出现后，投资者既可以观望等待，也可以少量建仓做多。

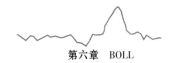

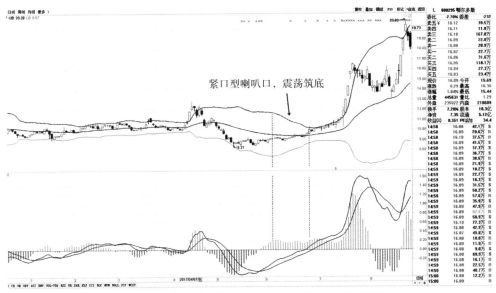

图示：**2017 年 6 月，鄂尔多斯（600295）紧口型喇叭口**

鄂尔多斯经过一段时间的横盘—震荡—下跌调整之后突然收出紧口型喇叭口，股价呈现连续小阳线沿着 BOLL 上轨攀升，笔者认为可能会开启一波行情，就大胆买入，随后股价果然飞涨。

开口型喇叭口代表着趋势的力量和趋势的开始，收口型喇叭代表着趋势的结束，紧口型喇叭则代表着没有趋势，也即意味着行情进入横盘震荡调整盘整的时期。

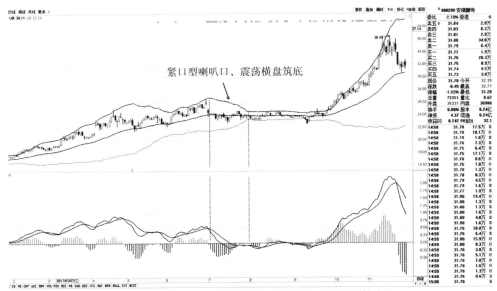

图示：**2017 年 7 月，安琪酵母（600298）紧口型喇叭口**

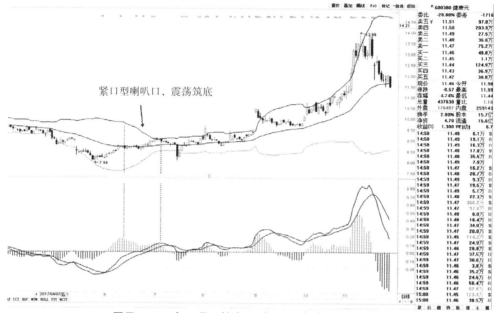

图示：2017 年 6 月，健康元（600380）紧口型喇叭口

健康元在横盘的过程中也收出了紧口型喇叭口，笔者在横盘回踩中轨的时候介入，抓住了一波行情。

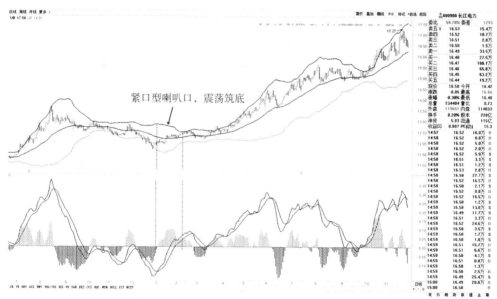

图示：2017 年 1 月，长江电力紧口型喇叭口

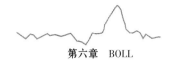

当然，紧口型喇叭代表着没有趋势，也即趋势的孕育，投资者要密切关注，一旦紧口型喇叭结束，行情将会进入新的趋势。

中轨的买卖标志

1. 当 K 线向上突破布林线中轨时，如果股价也放量突破中期均线，则意味着股价中短期向上扬升趋势开始形成，这是布林线指标揭示的中短期买入标志。

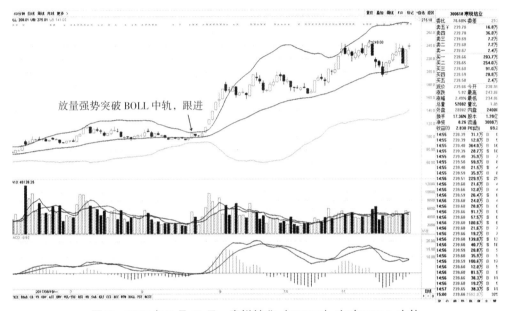

图示：2017 年 8 月 22 日，寒锐钴业（300618）突破 BOLL 中轨

K 线短暂的跌破中轨，又快速地突破中轨，往往意味着调整结束，重新开始一段上涨行情。

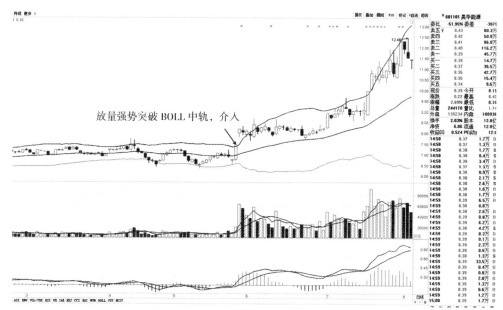

放量强势突破 BOLL 中轨，介入

图示：**2017 年 5 月 25 日，昊华能源（601101）突破 BOLL 中轨**

　　股价经过长期盘整后以放量大阳线突破 BOLL 中轨，这意味着行情将会走出盘整区间，开启上涨趋势。

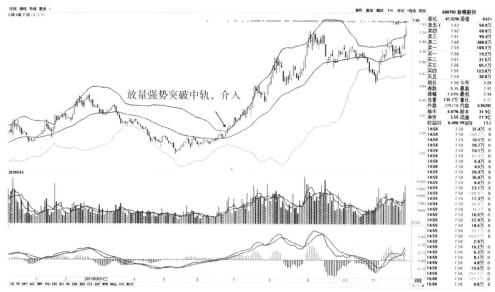

放量强势突破中轨，介入

图示：**2017 年 6 月 27 日，新钢股份（600782）突破 BOLL 中轨**

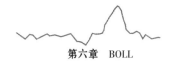

　　新钢股份是 2007 年笔者钢铁股板块的第一重仓股，笔者的第一次买入位置就是在突破和回踩中轨附近，后续也有加仓。股价随后连续爬升。

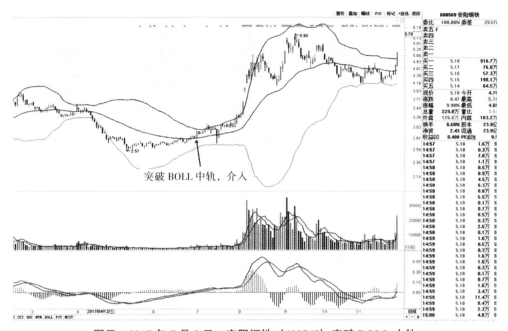

图示：2017 年 7 月 3 日，安阳钢铁（600569）突破 BOLL 中轨

　　股价从中轨下方强势突破中轨后连续上行，这是股价要大涨的征兆。

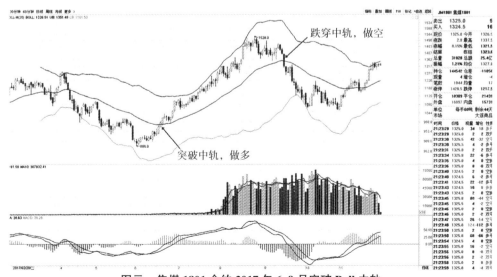

图示：焦煤 1801 合约 2017 年 6~9 月突破 Boll 中轨

2017年笔者根据BOLL的中轨结结实实地做了一波焦煤焦炭的上涨行情，6月买多，9月离场。期货，一年做一两波就够了。

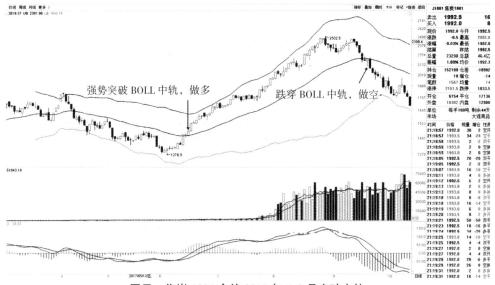

图示：焦炭1801合约2017年6~9月突破中轨

2.当K线向上突破布林线中轨后，如果股价依托布林线中轨向上攀升，则意味着股价的中短期向上趋势已经形成，这是布林线指标揭示的逢低买入或持股标志。

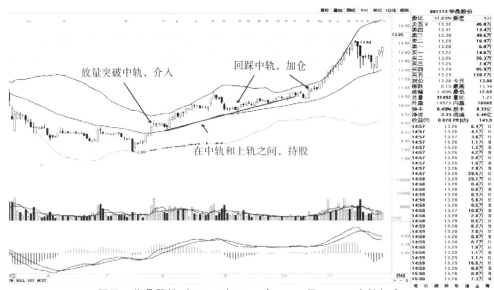

图示：华鼎股份（601113）2017年7~11月BOLL中轨加仓

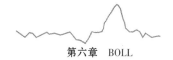
在一轮行情的持续操作中，一般人都不是在底部一次性买入，在顶部一次性卖出；而是有一个循环和持续的操作过程。如何加仓？何时加仓？其实是一个很难的课题，仓位打不上去，可能行情很好，但是没挣钱。其中，一个循环的多头行情中，回踩中轨是最好的加仓时机，大家应该好好把握住。

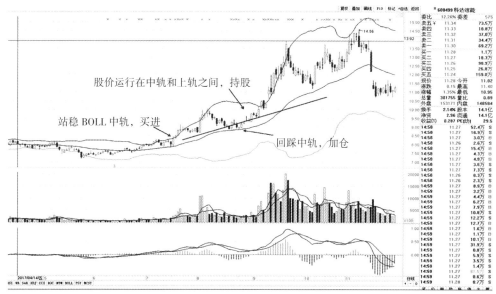

图示：科达洁能（600499）2017 年 7~11 月 BOLL 中轨加仓

科达洁能每次回踩中轨再度起航，都是良好的加仓时机。

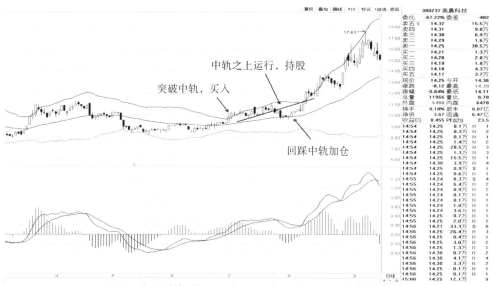

图示：美晨科技（300237）2016 年 7 月 BOLL 中轨加仓

　　回踩中轨的加仓可以是一次，也可以是好几次。给了加仓的机会，一定要记得加仓。

　　3. 当 K 线向下跌破布林线中轨时，如果股价也先后跌破中短期均线，则意味着股价的中短期向下阴跌趋势开始形成，这是布林线指标揭示的中短期卖出标志。

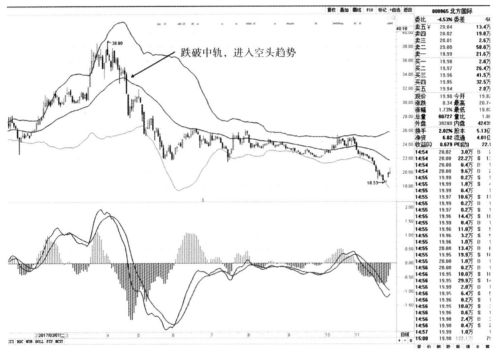

图示：2017 年 4 月 21 日，北方国际（000065）跌破 BOLL 中轨

　　北方国际实质性跌破 BOLL 中轨，意味着多头趋势被破坏，空头趋势来临，应该果断清仓，持币观望。

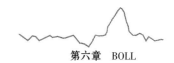

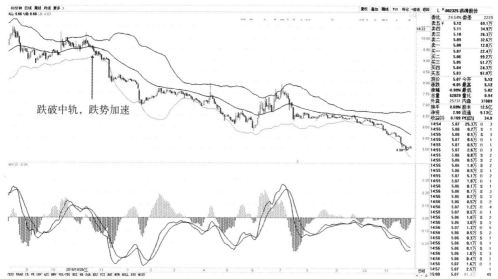

图示：2016 年 11 月 23 日，洪涛股份（002325）跌破 BOLL 中轨

洪涛股份跌破 BOLL 中轨后，股价长期处于空头趋势当中。

4. 当 K 线向下跌破布林线中轨后，如果股价被布林线中轨压制下行时，则意味着股价的中短期下降趋势已经形成，这是布林线指标揭示的持币观望标志。

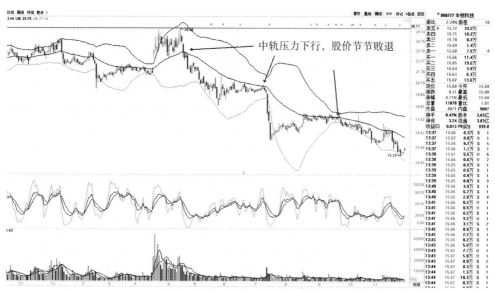

图示：2017 年 4~11 月，中核科技（000777）跌破 BOLL 中轨后受压下行

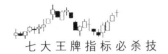

中轨的压制是一种强大的压力，如果股价每次上碰中轨后均无功而返，意味着有一种极其强大的空头趋势的力量，应该毫不犹豫地做空或者持币观望。

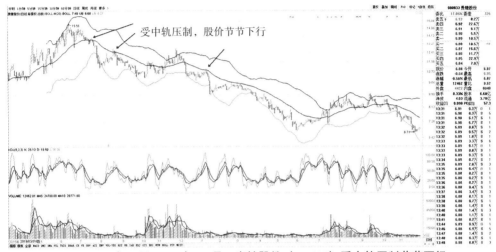

图示：2016 年 7 月~2017 年 11 月，贵糖股份（000833）受中轨压制节节下行

可以看到，BOLL 中轨一旦形成压力，不但极难突破，而且持续时间比较长。

BOLL 的一般买卖规则和要点

1	股价由下向上穿越下轨线时，可视为买进信号
2	股价由下向上穿越中轨时，股价将加速上扬，是加仓买进的信号
3	股价在中轨与上轨（UPER）之间波动运行时为多头市场，可持股观望
4	股价长时间在中轨与上轨（UPER）间运行后，由上向下跌破中轨为卖出信号
5	股价在中轨与下轨（LOWER）之间向下波动运行时为空头市场，此时投资者应持币观望
6	布林中轨经长期大幅下跌后转平，出现向上的拐点，且股价在 2~3 日内均在中轨之上。此时，若股价回调，其回档低点往往是适量低吸的中短线切入点
7	对于在布林中轨与上轨之间运作的强势股，不妨以回抽中轨作为低吸买点，并以中轨作为其重要的止盈、止损线
8	飙升股往往股价会短期冲出布林线上轨运行，一旦冲出上轨过多，而成交量又无法持续放出，注意短线高抛了结，结果由上轨外回落跌破上轨，此时也是一个卖点

BOLL 口诀

1.股价冲出上轨将有回调。

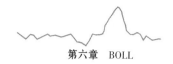

2. 股价跌出下轨将有反抽。

3. 强势股总运行在中上轨之间。

4. 弱势股总运行在中轨下。

5. 上下轨变窄隐藏着突变。

6. 开口越大说明风险越大。

第二节 BOLL 的主要信号

触底反弹

定义：当 K 线在布林线下轨运行了一段时间后，如果在下轨线 K 线有掉头向上的迹象时，表明股价短期内将止跌企稳，投资者可以少量逢低建仓。

信号含义：触底反弹。

图示：**2017 年 5~11 月，美菱电器（000521）跌到下轨触底反弹**

BOLL 的下轨有强大的支撑力，一般情况下，如果不是股灾级别的暴跌，只要股价跌到 BOLL 下轨，获得支撑后都会大力反弹。每次跌到 BOLL 的下轨，都会引发一次小规模的反弹。

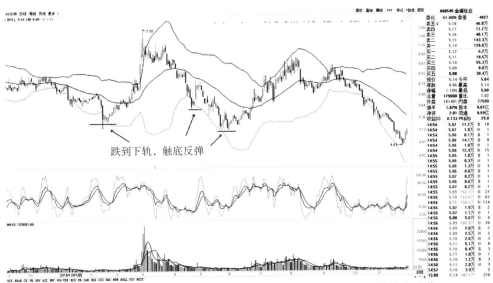

图示：2017 年 1 月、4 月、5 月，金浦钛业（000545）跌到下轨触底反弹

但是这种反弹的力度一般不会太大，所以只能轻仓参与。

图示：2016 年 1 月、2 月、5 月，京山轻机（000821）跌到下轨触底反弹

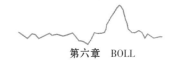

跌到 BOLL 下轨时，股价止跌回涨，但这并不一定是趋势反转，只是反弹而已，如 000821 京山轻机。

图示：**2017 年 6 月、10 月，菜油 1801 合约跌到下轨触底反弹**

这种反弹的第一目标位是中轨，如果强势突破中轨，则将目标看到上轨。

突破上轨

定义：K 线直接突破上轨并站稳，跟进买入的信号；投资者见到 BOLL 指标

图示：**2017 年 4 月 24 日，三花智控（002050）攻破上轨买进**

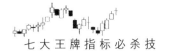
显示冲破上轨后回落，个股为再次上攻埋下伏笔。冲破上轨后最好是股价沿着上轨爬行，就是最强主升浪的标志。

信号含义：买进。

股价放量突破 BOLL 上轨，这是强势买入的信号。以后即使股价回踩确认，也可加仓。

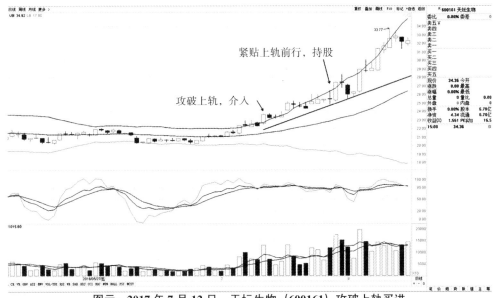

图示：2017 年 7 月 12 日，天坛生物（600161）攻破上轨买进

股价强势突破 BOLL 上轨，这是多头拉升意愿强烈，力量凶猛的标志。

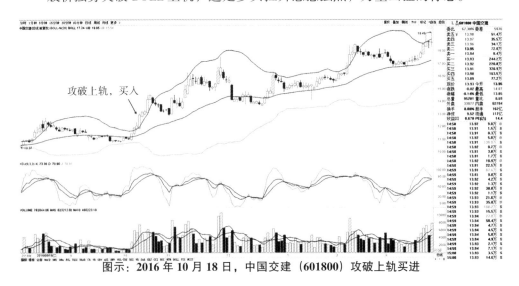

图示：2016 年 10 月 18 日，中国交建（601800）攻破上轨买进

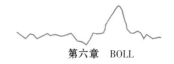

股价强势突破 BOLL 上轨，既可作短线，也可作中线。一般而言，即使是短线，也会有连续强势上攻的机会。

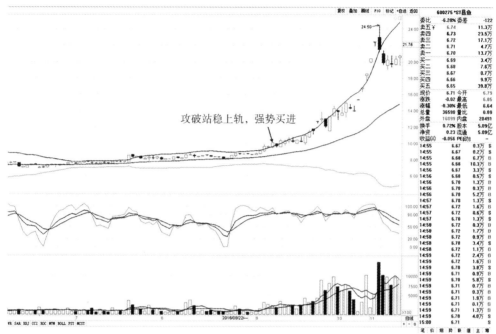

图示：2016 年 9 月 7 日，*ST 昌鱼（600275）攻破上轨买进

股价只要攻破 BOLL 上轨，可以大胆介入，如 *ST 昌鱼。

跌穿下轨

定义：BOLL 上轨和下轨代表了股价运行可能的信赖区间。在正常的行情中，股价很少会脱离在这个区间以外的区域中运行。当股价跌破 BOLL 下轨时，说明当前市场已经进入了极度弱势的行情中，应该坚决持币观望。未来即使转势，也需要较长的低位盘整下跌的时间，至少等到股价回到中轨之后再考虑介入。

信号含义：持币观望。

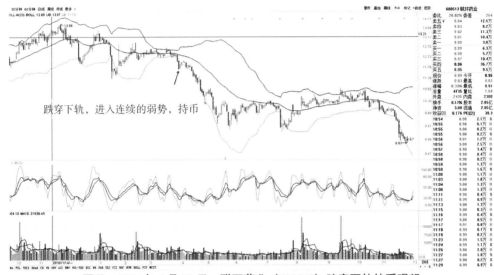

图示：2017 年 3 月 30 日，联环药业（600513）跌穿下轨持币观望

股价跌穿下轨，这是最强烈的空头信号，即使短暂反弹，也要再次受到 BOLL 下轨和中轨的压制，想要趋势反转，殊为不易。

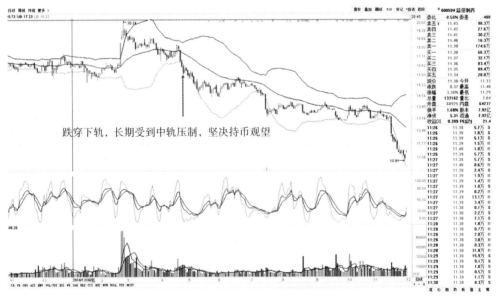

图示：2017 年 4 月 26 日，益佰制药（600594）跌穿下轨持币观望

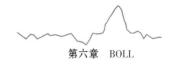

股价跌穿下轨之后沿着下轨下跌，股价将会长期处于空头趋势。

图示：2010 年 4 月 19 日，海通证券（600837）跌穿下轨持币观望

股价跌穿下轨后，一般都会持续下行一段时间，即使跌幅不是很深，也会在低位震荡很久，因此，持币观望是第一选择。

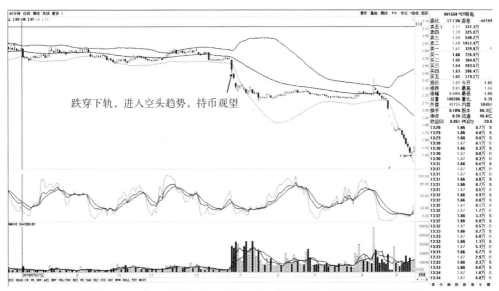

图示：2016 年 12 月 27 日，*ST 锐电（601558）跌穿下轨持币观望

股价跌穿下轨之后即使反攻上下轨，但是受到中轨的压制，仍然有继续跌穿下轨的可能。

第三节　BOLL 的必杀技

收口变盘

定义：BOLL 指标的下轨急速向上，上轨急速向下，意味着行情即将变盘。变盘的意思就是前面上涨可能下跌或者调整盘跌，有反弹可能转为下跌，由下跌可能转为上涨。

信号含义：变盘，转势。

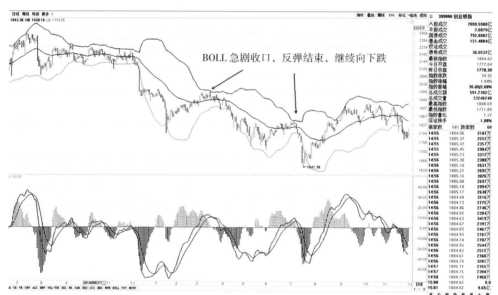

图示：2017 年 3 月 7 月，创业板指数（399006）BOLL 收口变盘

BOLL 的急剧收口，意味着行情 100% 要变盘，前面的趋势肯定会停止，反弹可能夭折，调整则会到位，下跌可转为上涨，上涨可转为下跌。收口必然变盘。

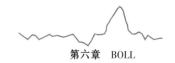

图示：**2017 年 3 月，宋都股份（600077）收口变盘**

　　宋都股份已经经过了一段时间的下跌，并且出现连续小阳线反弹，3 月，很多人会以为宋都股份将可能继续反弹，但是 BOLL 一收口，笔者就知道要坏事，这个反弹要夭折，果然，股价立即掉头向下。

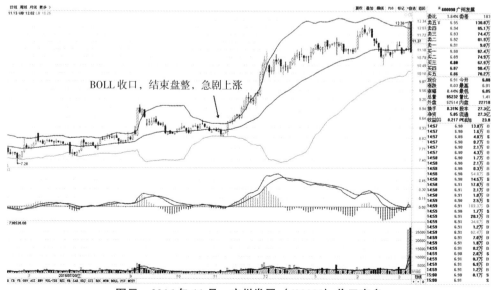

图示：**2016 年 11 月，广州发展（600098）收口变盘**

2016 年 11 月，广州发展阴跌调整了很久，谁也不知道后面是继续震荡调整，大幅下跌还是怎么发展，但是 BOLL 一收口，因为行情正在调整，所以必然能止住调整，加上股价回踩中轨确认，中阳线踩中轨上涨，于是判断股价将会结束调整，开始大涨，果断买入，果然股价立即就开始大涨了。

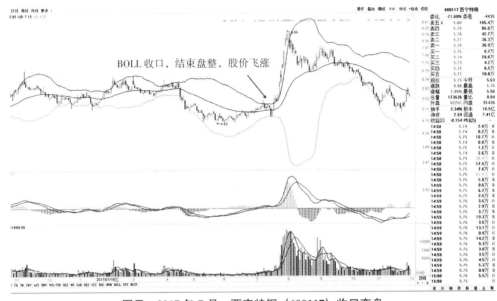

图示：2017 年 7 月，西宁特钢（600117）收口变盘

西宁特钢调整下跌了很久，BOLL 突然收口，调整肯定要结束。股价回踩中轨确认后，再度在中轨附近中阳线大涨，这是股价即将飞涨的信号。果然之后股价连续大涨。

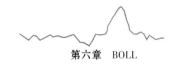

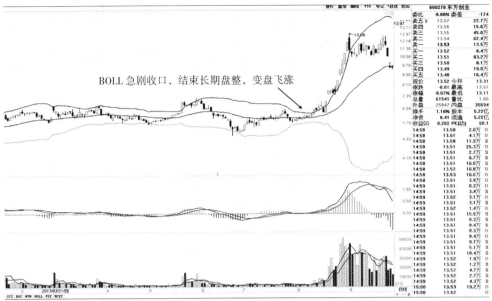

图示：**2013 年 8 月，东方创业（600278）收口变盘**

2013 年 8 月，东方创业 BOLL 收口，结束了长期的横盘整理，开始大涨。

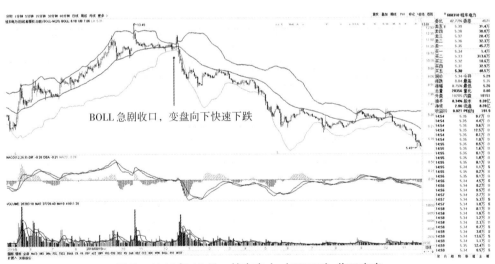

图示：**2016 年 12 月，桂东电力（600310）收口变盘**

2016 年 12 月，桂东电力 BOLL 收口之后，变上涨为下跌。

拐头

定义：当 BOLL 的上轨或者下轨由斜率很大的角度向上或者向下运动，突然

变平甚至反向运动时，行情可能转势，至少前面的趋势会停止。

信号含义：转势或者停止。

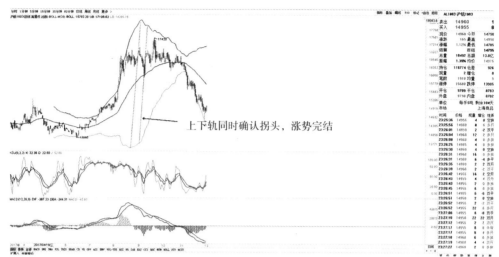

图示：2017 年 9 月 11 日，沪铝 1803 拐头确认涨势完结

拐头，无论是单单上轨拐头、单单下轨拐头，抑或上轨和下轨同时拐头，都能起到转势和停止前一段趋势的效果。

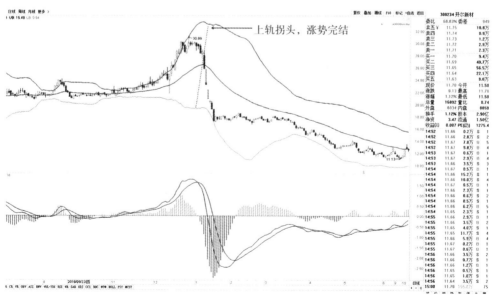

图示：2017 年 1 月 6 日，开尔新材（300234）上轨拐头确认涨势完结

上轨拐头一般意味着涨势的停止。所以一段持续上涨的行情要时刻注意
BOLL 上轨是否拐头了，一旦出现拐头，立刻获利了结。这是最好的操作。

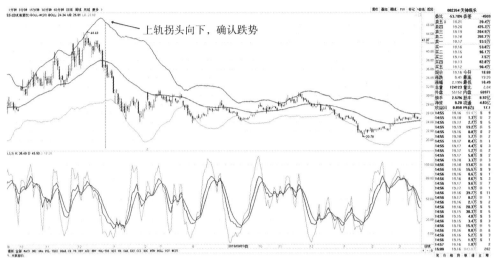

图示：2015 年 12 月 28 日，天神娱乐（002354）上轨拐头确认跌势形成

拐头重要含义就是前面的一段走势将会停止，前面上涨的，将会停止上涨。
并可能开始调整或者下跌。

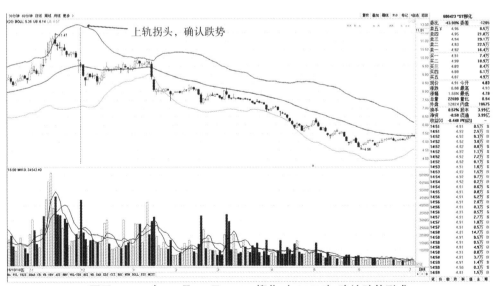

图示：2016 年 11 月 30 日，*ST 柳化（600423）确认跌势形成

特别是上轨的拐头，对于确认涨势停止有奇效。

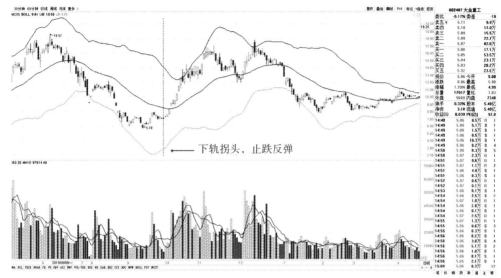

图示：2015 年 9 月 30 日，大金重工（002487）下轨拐头确认上涨

同样的道理，当下轨率先拐头的时候，就能起到止跌的效果。

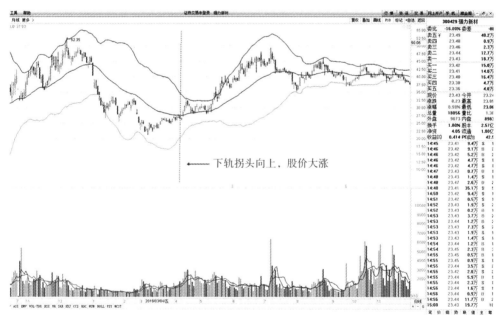

图示：2016 年 4 月 7 日，强力新材（300429）下轨拐头确认上涨

下轨确认拐头之后，止跌上涨的作用会十分明显。

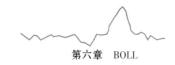

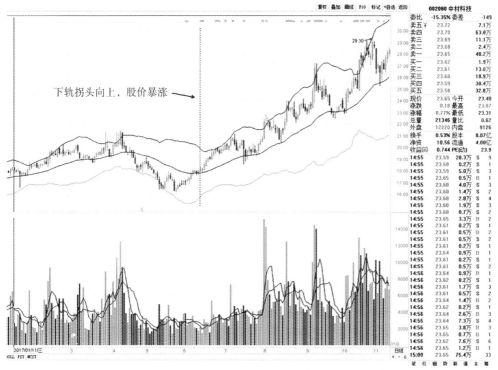

图示：2017 年 6 月 14 日，中材科技下轨拐头确认上涨

如果股价前面上涨之后开始调整，那么下轨拐头还可以确认调整结束。可以加仓。

回踩中轨

定义：在上涨趋势的初期，第一波起来以后调整回踩 BOLL 指标的中轨站稳，有时连续或者间隔短时间数次回踩，回踩确认成功就是加仓的时机。

信号含义：加仓。

图示：2017 年 7 月 18 日、10 月 20 日，鲁西化工（000830）回踩中轨良好加仓时机

行情的上涨都不是一次性完成的，要想把握起涨之后的加仓时机，那么回踩 BOLL 中轨就是最好的加仓时机。

图示：2017 年 7 月、8 月、11 月，通威股份（600438）回踩中轨良好加仓时机

当 K 线回踩中轨后站稳并以阳线再次起飞的时候，就是最好的加仓时机。

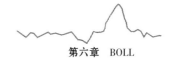

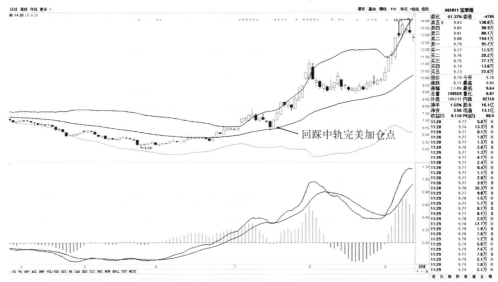

图示：2017 年 7 月 18 日，宝泰隆（601011）回踩中轨良好加仓时机

　　很多时候，大家甚至可以忽略股票的第一波上涨，因为第一波上涨是从最底部上来的，这时很难判断清楚目标价，也不可能买在最低的起涨点；但是如果第一波走得还可以，然后股价又再次回踩 BOLL 中轨，这时买入第二波也很不错了。

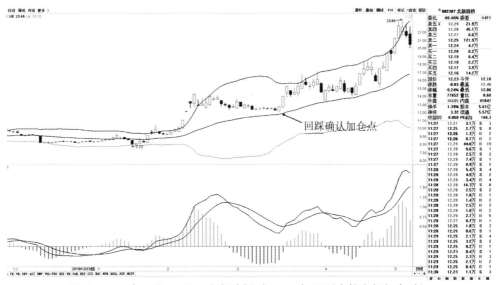

图示：2017 年 3 月 16 日，北新路桥（002307）回踩中轨良好加仓时机

　　股价回踩中轨之后只要不跌破中轨，都可以跟踪循环加仓。

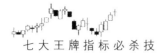

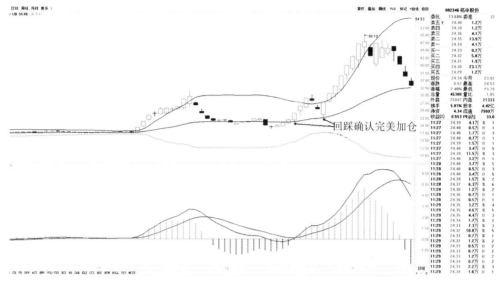

图示：2016 年 12 月，柘中股份（002346）回踩确认完美加仓

回踩中轨后随即大阳线或者中阳线弹起，股价往往会连续拉升。

沿上轨上爬

定义：K 线沿着上轨一路向上攻击，时而和上轨上下缠绕，这是力量最强的攻击形态。可以一路持股，不要过早卖出。从而做到放大收益的效果。

信号含义：面对巨大的浮盈，忍住不要平仓。持盈是非常困难的一件事。

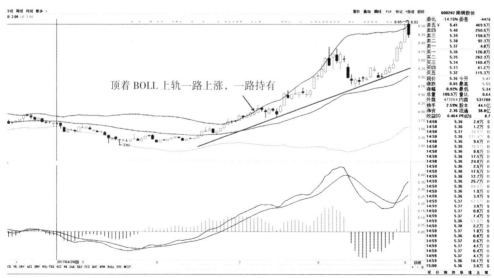

图示：2017 年 7 月，南钢股份（600282）顶着上轨上涨一路持有

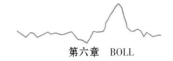

第六章　BOLL

　　有时股价 K 线顶着上轨向上爬行，时而穿越上轨，这是非常良好的上涨形态，坚定持股。

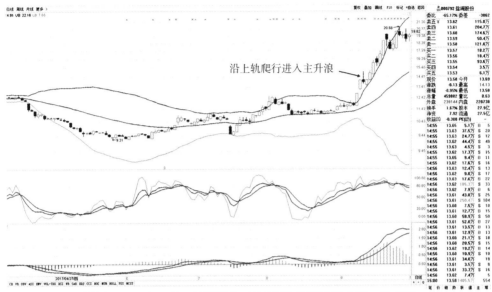

图示：2017 年 9 月，盐湖股份（000792）踩着上轨上涨一路持有

　　如果 K 线能突破上轨，踩着上轨向上爬，这当然是最强的一种走势，可以放心大胆持有。

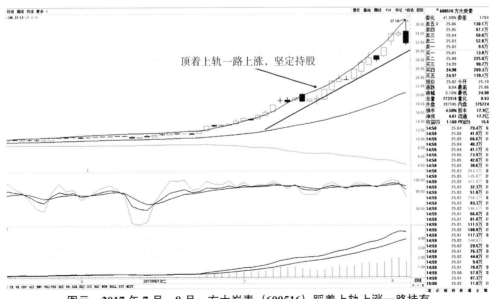

图示：2017 年 7 月、8 月，方大炭素（600516）踩着上轨上涨一路持有

455

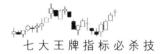

顶着上轨向上爬升，开口型喇叭口张得很开，这也是很强的形态。

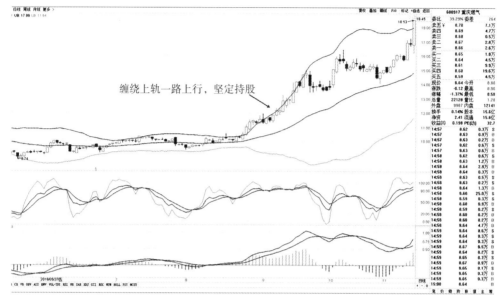

图示：2016 年 8 月，重庆燃气（600917）缠绕上轨上涨一路持有

股价 K 线时而在上轨的下方，时而在上轨的上方，总是不离上轨而蜿蜒上升，这是良好的上涨趋势。

第七章 DMI

第一节 DMI 的基本用法

DMI 介绍

趋向指标共有+DI、−DI、ADX 和 ADXR 四条线，应在一起分析判断，而不能单方面地以+DI 和−DI 来判断股指或股价的走势，也不能单独用 ADX 和 ADXR 指标分析行情。

其中，+DI 又称 PDI；−DI 又称 MDI。

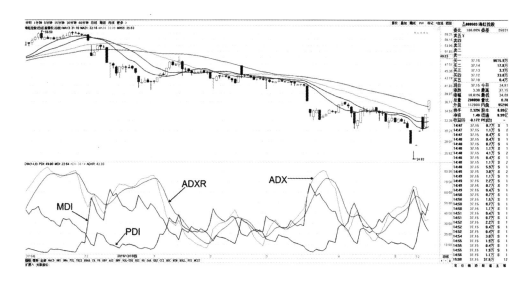

这四条线的颜色是不同的，动向指标 DMI 由 4 条指标线组成：

上升方向线 +DI，又称 PDI，实际中白色线。

下降方向线 –DI，又称 MDI，实际中黄色线。

趋向平均值 ADX，主要用于对趋势的判断，实际中紫色线。

ADXR，对 ADX 的评估数值，也是对市场的评估指标，实际中绿色线。

+DI（即 PDI），–DI（即 MDI）、ADX、ADXR 四条线，也是它的四个参数值，分为多空指标（+DI、–DI）和趋向指标（ADX、ADXR）两组指标。

ADX 与 ADXR 为一组：是引导线，又称趋向指标，引导着行情的发展，确认趋势的力量。

PDI 和 MDI 为一组：称为多空指标，则代表着趋势的方向和力量，如 PDI 在 MDI 上方运行，代表着多头市场；PDI 在 MDI 下方运行，代表着空头市场。PDI 金叉上穿 MDI，代表买进，空翻多；PDI 死叉下穿 MDI，代表着卖出，多翻空。

多空指标包括（+DI 多方、–DI 空方）：+DI 在–DI 上方，股票行情以上涨为主；+DI 在–DI 下方，股票行情以下跌为主。

在股票价格上涨行情中，当+DI 向上交叉–DI，是买进信号；相反，当+DI 向下交叉–DI，是卖出信号。

–DI 从 20 以下上升到 50 以上，股票价格很有可能会有一波中级下跌行情。

+DI 从 20 以下上升到 50 以上，股票价格很有可能会有一波中级上涨行情。

+DI 和–DI 以 20 为基准线上下波动时，该股票多空双方拉剧战，股票价格以箱体整理为主。

趋向指标包括 ADX 和 ADXR、ADX 和 ADXR 是+DI 和–DI 的引导指标，同时也是判断股票行情的趋势指标。

当 ADX 从上面下穿 ADXR 时所形成的交叉点叫作死叉，当 ADX 与 ADXR 形成死叉时股票上涨行情将终结，如果 ADX 和 ADXR 下行至 20 左右并交织波动时，说明股票将横盘整理，没有上涨行情。

当 ADX 在 50 以上反转向下，不管股票价格是上涨还是下跌，都即将反转。

当 ADX 从下面上穿 ADXR 时，所形成的交叉点叫作 ADX 金叉 ADXR；当 ADX 与 ADXR 发生金叉时，预示着股票将出现一波上涨行情，ADX 与 ADXR 运行至 50 以上时，将可能产生一轮中级以上的行情，ADX 和 ADXR 上行至 80 以上时，那么市场将很有可能是翻倍以上的大行情。

当 4 根线间距收窄时，表明股票行情处于盘整中，DMI 指标失真。

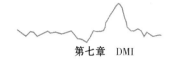

基本判断用法

1. PDI 线（+DI）从下向上突破 MDI 线（-DI），显示有新多头进场，为买进信号，如果 ADX 伴随上升，则预示股价的涨势可能更强劲。

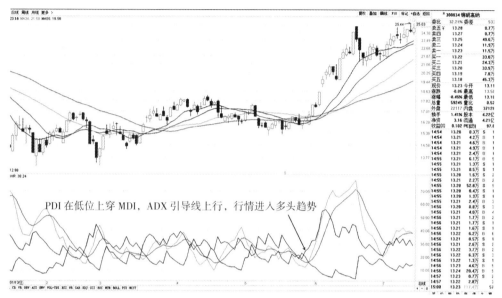

图示：**2016 年 5 月 30 日，钢研高纳（300034）PDI 上穿 MDI 买点**

PDI 为白线，MDI 为黄线，当白线上穿黄线时，说明多头的力量开始入场，往往可以买到较低的价格。

2. PDI 线（+DI）从上向下跌破 MDI 线（-DI），显示有新空头进场，为卖出信号，如果 ADX 伴随下降，则预示跌势将加剧。

图示：2011 年 1 月 21 日，中国国航（601111）周线 PDI 下穿 MDI 卖点

当白线下穿黄线时，往往意味着卖盘的力量强大，这时应该持币观望，不能冒险入场。

3. 当行情走势朝向单一方向发展时，无论是涨势或跌势，ADX 值都会不断递增。因此，当 ADX 值高于上日时，可以断定当前市场行情仍在维持原有趋势，即股价会继续上涨，或继续下跌。

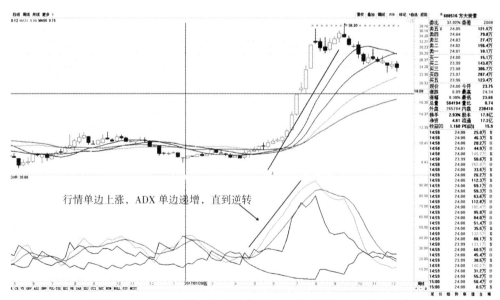

图示：2017 年 6~9 月，方大炭素（600516）周线 ADX 单边上扬

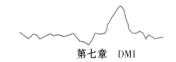

ADX 也即紫线，ADXR 为 ADX 的移动平均线，两者通常同时运动；当 ADX 单边向上时，意味着市场进入了趋势行情，而 ADX 低位高低起伏运行没有方向时，则意味着市场是震荡行情，没有明确的方向。如果股价上涨，ADX 也单边上扬，则行情很可能就是多头上涨趋势行情。

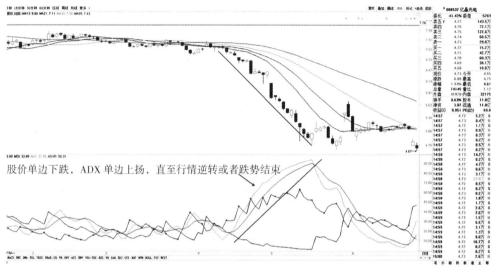

图示：2017 年 4~5 月，亿晶光电（600537）行情单边下跌 ADX 单边上扬

如果股价下跌，ADX 也单边上扬，则行情很可能就是空头下跌趋势行情。

4. 如果 ADX 的数值低于 20，不论它与两条 DI 的相对位置如何，都避免采用顺势交易的系统，因为市场中没有明显的趋势。

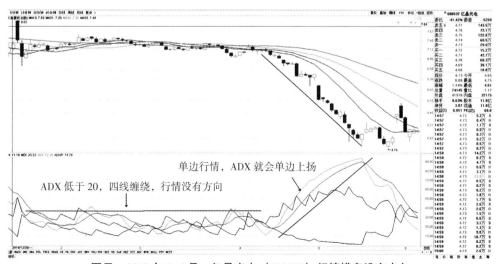

图示：2017 年 1~4 月，亿晶光电（600537）行情横盘没有方向

当 ADX 在低位横盘时，行情往往震荡无序，此时趋势交易者应该等待。

5. ADX 值从上升倾向转为下降时，表明前期趋势停止。

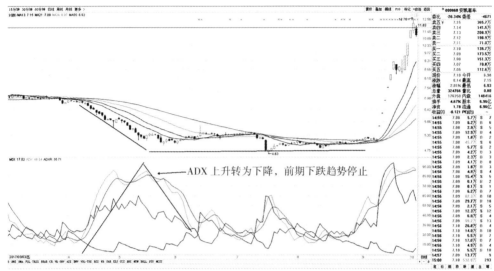

图示：**2017 年 5 月，安凯客车（000868）ADX 由上升转为下降前期跌势停止**

ADX 单边上扬时，行情走单边的上涨或者下跌行情，当 ADX 由上升转为下降时，则原来的上涨行情或者下跌行情将会告一段落。

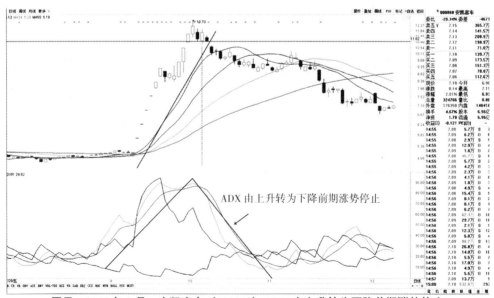

图示：**2017 年 9 月，安凯客车（000868）ADX 由上升转为下降前期涨势停止**

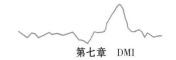
ADX 从上升转为下降时，意味着前期趋势的停止，行情转为调整或者横盘震荡。

6. 如果 ADX 高于两条 DI，而且数值明显偏高，代表既有的趋势已经持续一段时间。这并不是建立新头寸的理想时机。换言之，ADX 的数值偏高，相当于是超买/超卖，顺势的新交易头寸通常很难获利。

图示：2017 年 6 月 1 日，正海磁材（300224）ADX 过高严重超卖

ADX 的数值不可能持续超过 100，因此当数值已经超过了 100 时，则应该注意行情可能超买或者超卖。

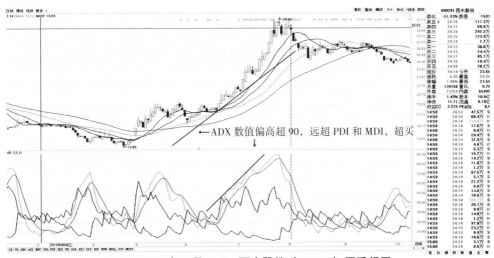

图示：2017 年 8 月 2 日，西水股份（600291）严重超买

超买之后可能调整一下等到 ADX 降低到 50 以下继续大涨，当然也可能就此涨势被终结。

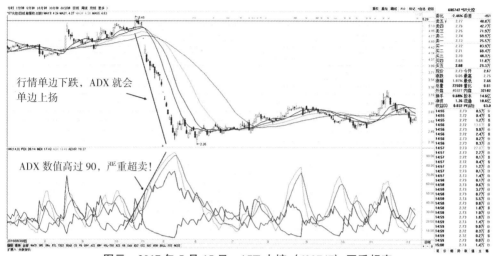

图示：**2017 年 5 月 15 日，*ST 大控（600747）严重超卖**

当然，超卖之后可能直接反跌为涨，反转趋势，也可能只是横盘而已。

7. 如果 ADX 同时低于两条 DI，避免采用顺势交易的系统，市场上下震荡，没有明显的趋势。

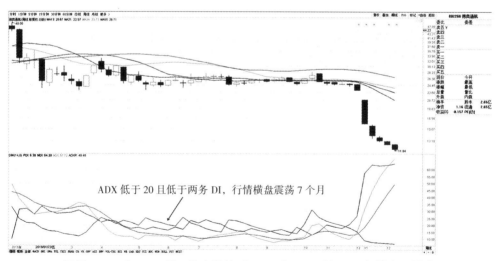

图示：**2016 年 4~11 月，德奥通航（002260）ADX 低于 DI 行情上下震荡**

ADX 的数值过低，说明行情处于无序震荡之后，很多技术指标都不可靠了，唯一可以做的就是耐心等待。

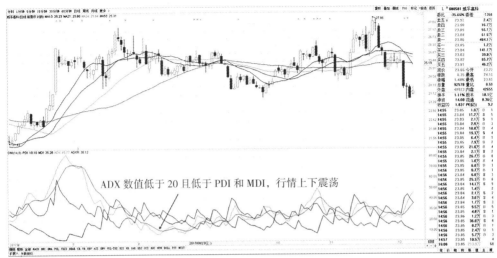

图示：2017 年 8 月，威孚高科（000581）ADX 低于 DI 行情上下震荡

趋势交易者最怕的就是震荡行情，来回震荡的行情很容易赔钱，两边止损。

8. 白线代表多方力量，黄线代表空方力量。黄线从 20 以下上升到 50 以上，股票价格很有可能会有一波下跌行情。白线从 20 以下上升到 50 以上，股票价格很有可能会有一波上涨行情。白线在黄线的下方，黄线占据上风，说明空方力量强势。这段区间里，股价主要呈现下降趋势，最好不要在这个区间里进场。白线在黄线的上方，白线占据上风，说明多方力量强势，这段区间里，股价主要呈现上升趋势，可以选择逢低进场。股票价格正在上升，而白线上穿黄线，白线占据上风，说明多方力量占据上风，股价会继续上涨，可以选择进场。股票价格正在下跌，而白线下穿黄线，黄线占据上风，说明空方力量占据上风，股价将会继续大幅下跌，必须赶紧出场。白线和黄线以 20 为基准线上下波动时，股票多空双方进行拉锯战，股票价格以箱体整理为主，可以持币观望。

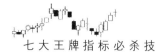

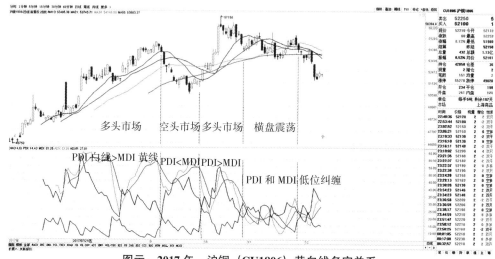

图示：2017年，沪铜（CU1806）黄白线多空关系

当白线在黄线上方时，而同时 K 线又节节上攻，应该采取趋势交易守仓策略，拿住筹码。

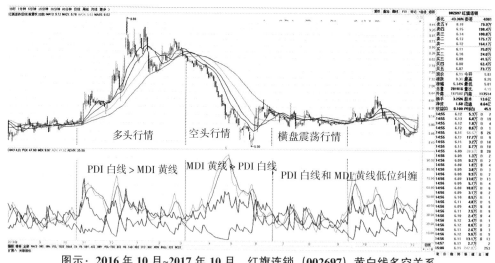

图示：2016 年 10 月~2017 年 10 月，红旗连锁（002697）黄白线多空关系

而当黄线大于白线时，行情往往处于震荡下跌，如果是股票市场，最好持币观望，不能轻易入场。如果是期货，则绝不可贸然做多，应该顺势开仓做空。

9. PDI 由低位横盘向上突破 20 时，是一个买点；MDI 由低位横盘向上突破 20 时，是一个卖点。

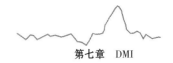

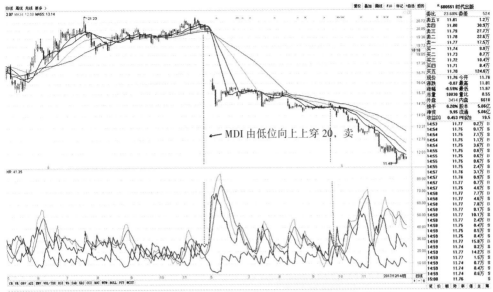

图示：2016 年 11 月，时代出版（600551）MDI 上升卖出

　　黄线向上突破 20，也即急速上拉，这是空头突然发力的信号，应该回避或者做空。

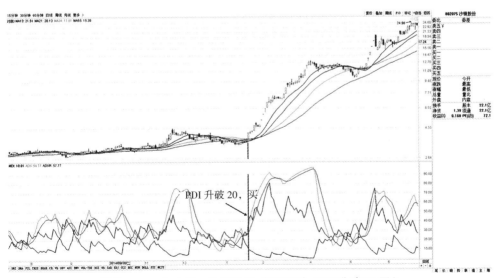

图示：2015 年 1 月，沙钢股份（002075）PDI 升破 20 买入

　　PDI 白线向上突破 20，也即急速上拉，这是多头资金加速进场的信号，可以果断做多。

DMI 指标是通过分析股票价格在涨跌过程中买卖双方力量均衡点的变化情况，即多空双方的力量的变化受价格波动的影响而发生由均衡到失衡的循环过程，从而提供对趋势判断依据的一种技术指标。

DMI 指标的基本原理是在于寻找股票价格涨跌过程中，股价借以创新高价或新低价的功能，研判多空力量，进而寻求买卖双方的均衡点及股价在双方互动下波动的循环过程。在大多数指标中，绝大部分都是以每一日的收盘价的走势及涨跌幅的累计数来计算出不同的分析数据，其不足之处在于忽略了每一日的高低之间的波动幅度。例如某只股票的两日收盘价可能是一样的，但其中一天上下波动的幅度不大，而另一天股价的震幅却在 10% 以上，那么这两日的行情走势的分析意义不同，这点在其他大多数指标中很难表现出来。而 DMI 指标则是把每日的高低波动的幅度因素计算在内，从而更加准确地反映行情的走势及更好地预测行情未来的发展变化。

当 ADX 和 ADXR 形成金叉向上运行时，应指出 ADX 和 ADXR 作为引导指标，正在引导的是多方还是空方，也就是说是 +DI 还是 -DI 被引导，当引导的对象是 +DI 时，也就是说目前的市场是多方的行情，那么可以认为市场将展开一轮上涨行情，行情的大小由 ADX 和 ADXR 来确定，如果 ADX 和 ADXR 第一次形成金叉，引导 +DI 向上行进，ADX 和 ADXR 运行至 80 以上时，那么可以认定此行情将有可能成为一轮特大的上涨行情。如果 ADX 和 ADXR 上升 0 以上 80 以下就掉头向下，那么可以说此行情将很有可能是一轮中级以上的上涨行情。

转向指标 DIM 的最大特点，就是当市场对未来行情的认识趋于统一的时候，就会在盘面上表现出单边上涨或下跌的疯狂行情。这种时候往往是最危险的，因为几乎没有其他指标会发出明确的转势信号，而 DMI 确会以惊人的冷静，发出风险提示。由于 DMI 一般不会轻易地发出警报，因此，一旦当它出现警告提示时，必须保持高度警惕。这是因为不管上涨趋势还是下跌趋势，当趋势行情出现时，ADX 和 ADXR 都是永远向上的，一旦 ADX 陷入纠结不再单边向上，则行情必然进入来回拉锯的震荡。

这种超前的技术指标，在所有指标中是不多见的，或者说根本没有。如果在市场中看见单边的疯狂行情时，请千万别再去人多的地方，也别去看网络、财经资讯、报纸和电视，只需要记得：看一眼 DMI 技术指标，因为它会冷静地提前发出警告。

记得有这样一句名言："行情在绝望中诞生，在疑惑中前进，在欢乐中死亡。"什么时间该贪婪，什么时间该恐惧，DMI 可以简单判断。如果觉得这句话

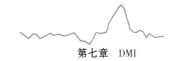

在市场具体时间中极难把握，那么，转向指标 DMI 至少可以帮助大家解决这句话中的"诞生"和"死亡"两大问题，因为 DMI 已经将这句极富哲理的名言具体地量化了。

大家经常在股市中苦于技术分析信号的滞后性而陷入被动。而 DMI 确实是一个很好的技术指标，因为它最大的特点是不会迎合市场的舆论，忠实地单独发出预警信号。尤其是在市场的观点和盘面出现空前的一致性后，大家最需要的不是口号，而是在哪个关键的时点启动逆向思维，指导具体操作。

结论：DMI 可以确保人们不会在极端的上涨行情中，不会因为在前期买进股票而套牢，也可以确保在下跌行情中，不至于因为恐惧而在底部抛出股票而后悔莫及！尤其是在暴涨和暴跌的股市中，其独特的效果是没有任何一个技术指标可以与其匹敌的，因此，在将来的股市中再遇到这种情形时，请充分地相信它发出的信号来寻求解套。

第二节　DMI 的信号

直达电梯

定义：紫线上穿绿线，也即 ADX 上穿 ADXR，上穿的角度越陡越好。

信号含义：一波流畅快速的趋势行情即将产生，如果黄线在白线上方，也即 MDI 在 PDI 上方，就是有一波流畅的下跌行情，好比直达电梯下楼；如果白线在黄线上方，也即 PDI 在 MDI 上方，就是一波流畅的上涨行情，好比直达电梯直线上升。

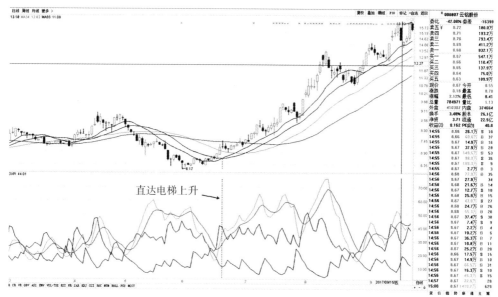

图示：2017 年 6 月 21 日，云铝股份（000807）直达电梯上升信号

　　白线在黄线上方，代表着趋势的方向是向上做多，紫线上穿绿线，代表着趋势的力量的急速加大，两者组合在一起，那就是毫无疑问地做多。

图示：2015 年 2 月 26 日，粤宏远 A（000573）直达电梯上升信号

　　当直达电梯上升信号出现时，往往是主升浪的来临。

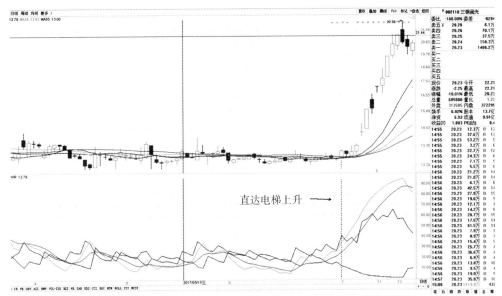

图示：2017 年 7 月 3 日，三钢闽光（002110）直达电梯上升信号

三钢闽光是 2017 年笔者做得最成功的票之一，DMI 指标帮了笔者。DMI 的特点就是准。

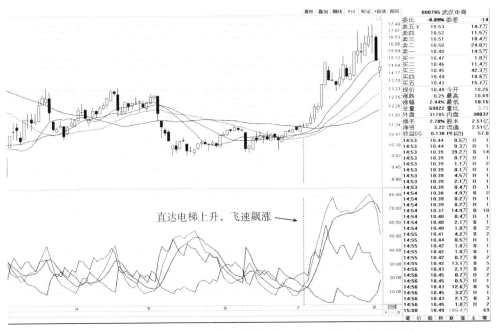

图示：2016 年 7 月 5 日，武汉中商（000785）直达电梯上升信号

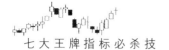

直达电梯上升信号是股价即将飞涨的标志，特别是 K 线配合的时候，应该果断入场。

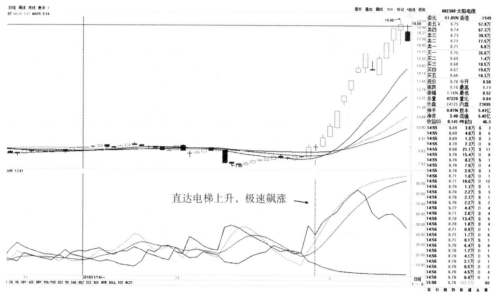

图示：**2016 年 12 月 29 日，太阳电缆（002300）直达电梯上升信号**

2016 年 12 月 29 日，太阳电缆出现了直达电梯上升信号，当时 PDI 白线远在黄线 MDI 上方，紫线 ADX 金叉上穿绿线 ADXR，这是必定要上涨的信号，于是笔者当即跟进，随后该股大涨。

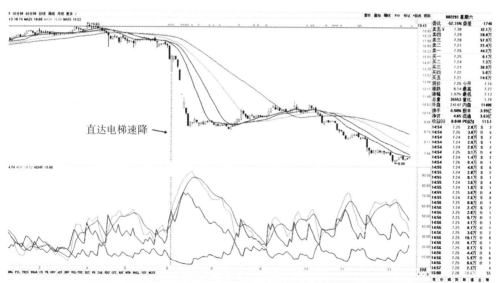

图示：**2017 年 7 月 5 日，星期六（002291）直达电梯速降信号**

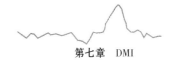

黄线在白线上方，代表着趋势的方向是向下做空，紫线上穿绿线，代表着趋势的力量的急速加大，两者组合在一起，那就是毫无疑问地做空。

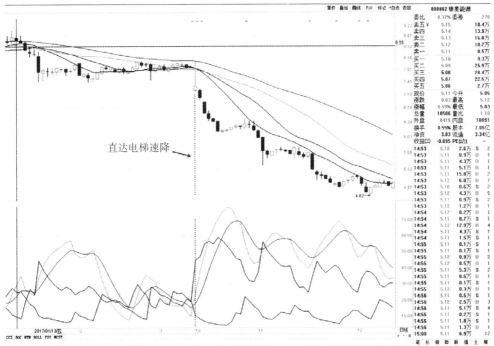

图示：2017年10月12日，银星能源（000862）直达电梯速降信号

对于股票来说，一旦出现直达电梯速降的信号，应该毫不犹豫地果断清仓出局。不能有幻想。

爬山公路

定义：PDI白线的数值达到32以上，ADX的数值大于ADXR也即紫线在绿线的上方，三条线一起向上走。

信号含义：多头上涨行情。

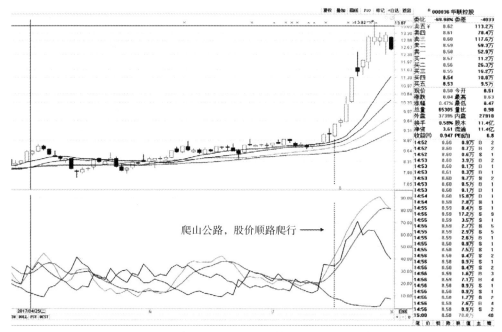

图示：2017 年 7 月 18 日，华联控股（000036）走势

2017 年 7 月 18 日，华联控股出现了爬山公路信号，笔者果断杀入，收获了一波利润。

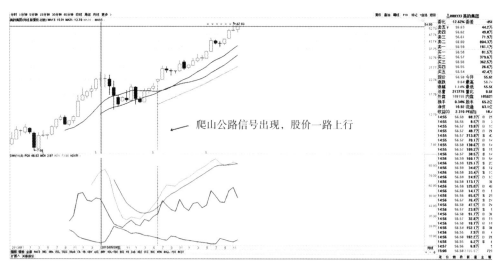

图示：2016 年 6 月 30 日，美的集团（000333）走势

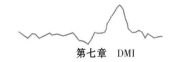

2016 年 6 月 30 日，美的集团的月线收得不错，符合爬山公路信号，7 月一直连续上涨，笔者跟进买了一些，一路持有。

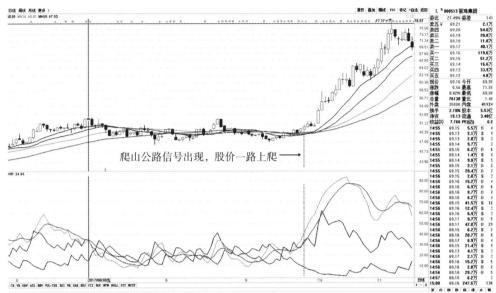

图示：**2017 年 9 月 26 日，丽珠集团（000513）走势**

2017 年 9 月 26 日，丽珠集团出现爬山公路信号，随后股价一路上扬。

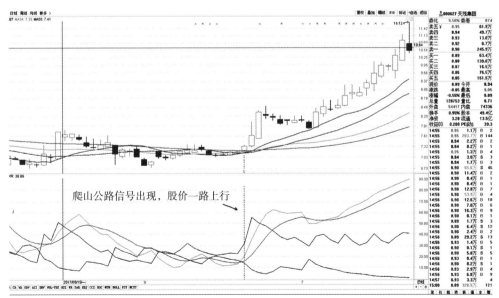

图示：**2017 年 6 月 21 日，天茂集团（000627）走势**

2017年6月21日，天茂集团出现了爬山公路信号，随后股价一路上涨。

第三节　DMI必杀技

白线穿三

定义：白线 PDI 从四条线的最下方，向上穿越 MDI 黄线、ADX 紫线、ADXR 绿线，从而使得白线位于四条线最上方，同时 ADX 上穿 ADXR 形成金义。

信号含义：开启上涨行情。

图示：**2017 年 6 月 29 日，平煤股份（601666）走势**

2017 年夏天，笔者敏锐地感觉到有色资源股将会发起一波行情，当时笔者不但抓到了平煤股份，还抓到了新钢股份、云海金属等一大批周期资源股。DMI 指标在这个过程中帮了笔者的大忙。

图示：**2017 年 5 月 11 日，招商银行（600036）走势**

笔者 2014 年 12 月出版的《期货投资策略——期货大作手如是说》中，准确地预言三年后的 2017 年银行股大行情，工商银行、招商银行经过长期上升通道，步入连续大涨。"深入灵魂的金融改革"必将带领行情走向更高更远的方向。进入 2017 年，笔者时刻关注着银行股特别是工商银行、建设银行、招商银行的行情，同时注意资金的效率，把握最佳的介入时机。招商银行本来建的就有底仓，当

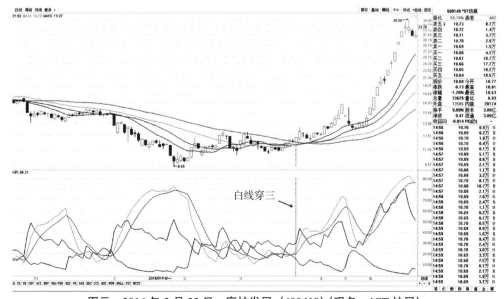

图示：**2016 年 3 月 23 日，廊坊发展（600419）（现名：*ST 坊展）**

DMI 指标白线穿三出现以后，笔者第一时间扩大仓位，从而收获了银行股的主升浪。

2016 年的行情波动比较大，所以严阵防守，抓住有利时机突击是笔者的整体策略。2016 年除了操作瑞贝卡、海虹控股外，笔者做得最好的一只股票就是廊坊发展了，现在叫作 *ST 坊展。

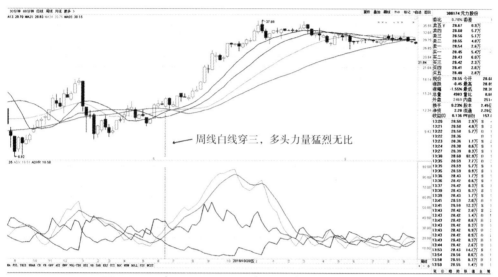

图示：2016 年 6 月 17 日，元力股份（300174）周 K 线图

2016 年 6 月 17 日，元力股份的周 K 线和日 K 线都出现了白线穿三信号，笔者当即决定买入，随后股价涨了一个大波段行情。

图示：2017 年 6 月 23 日，螺纹（RB1801）日 K 线图

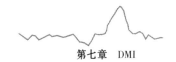

2017 年夏天，不但有色股资源股、钢铁股等周期股出现了一波大行情，笔者在股市和期市同步操作，螺纹钢期货和焦炭期货也出现了大幅上涨行情，笔者及时用 DMI 的白线穿三信号捕捉住这个重大机会。

精准卖点

定义：一波连续拉升的行情，俗称主升浪，必须卖在相对的最高点附近。很多人在主升浪里都是因为过早卖出而错失上涨。那么如何判断卖点呢？PDI 白线下穿 ADXR 绿线死叉是第一卖点，ADX 紫线下穿 ADXR 绿线死叉是第二卖点。记住，这种卖点只是在连续大幅拉升的行情中管用且精准。如果行情没有连续大幅拉升，则无效。

信号含义：卖出。

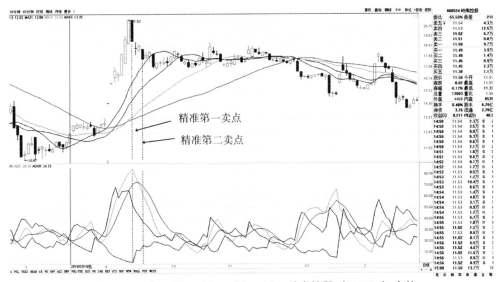

图示：**2016 年 9 月 14 日、9 月 21 日，岭南控股（000524）走势**

在连续大幅拉升的行情中，投资者的情绪是极其兴奋的，根本不知道何时卖出是最合适的，大部分"胆小"的投资者可能两个涨停板就走人了，而不管以后是否继续涨。而经验少的投资者又幻想连续翻好几倍，可能最后盈利又全部吐回去了。所以精准卖点的把握是非常重要的。

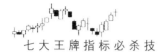
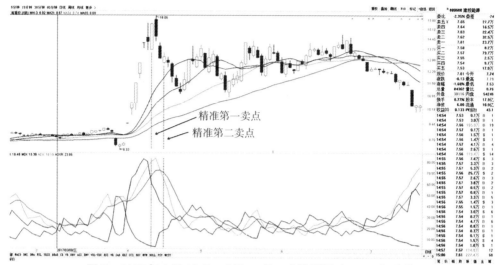

图示：**2017 年 4 月 13 日、4 月 18 日，建投能源（000600）走势**

精准卖点所揭示的两个卖点，如果各自卖出 50％仓位，则卖出均价基本可以是阶段最高点附近。

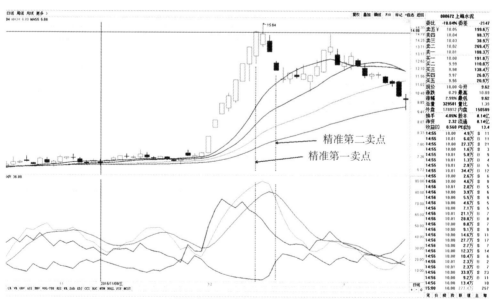

图示：**2016 年 12 月 14 日、12 月 19 日，上峰水泥（000672）走势**

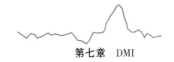

行情连续大阳线，账户里有大把的盈利，是否兑现、何时卖出就成了最大的难题，在收益时机来临的时刻，必须有客观冷静的信号来帮助自己辅助判断，争取把收益放到最大。每次笔者吃到主升浪就是按照这个精准卖点揭示的两个卖点来进行卖出操作的。

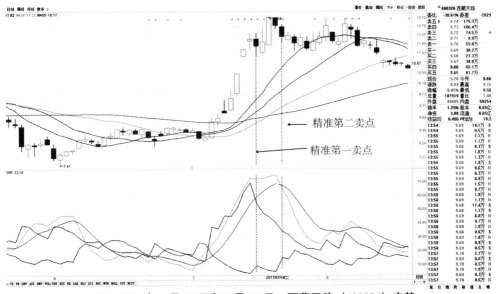

图示：2017 年 7 月 17 日和 7 月 21 日，西藏天路（600326）走势

不管连续多少个涨停板，连续多少个大阳线，精准卖点揭示的卖点总在最高点附近。

分道扬镳

定义：白线 PDI、紫线 ADX、绿线 ADXR 三条线一起上升，唯独黄线 MDI 下降，形成分道扬镳的张口走势。

信号含义：上涨行情开启。

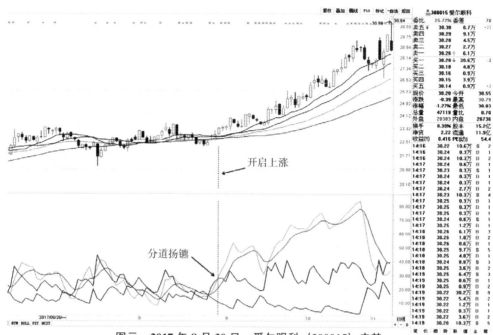

图示：**2017 年 8 月 30 日，爱尔眼科（300015）走势**

2017 年 8 月 30 日 DMI 指标出现"分道扬镳"信号，开启一段上涨行情。

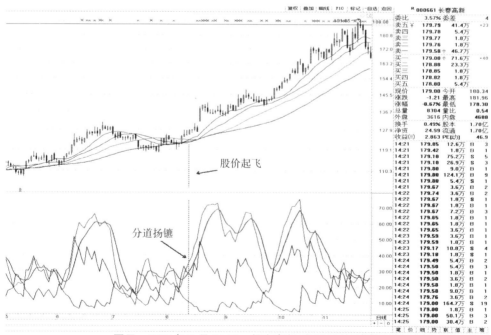

图示：**2017 年 8 月 14 日，长春高新（000661）走势**

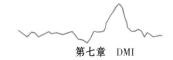

长春高新是 2017 年笔者重点操作的股票之一，也给朋友分享过，股价出现分道扬镳信号后，一路从 100 元左右涨到 180 元。

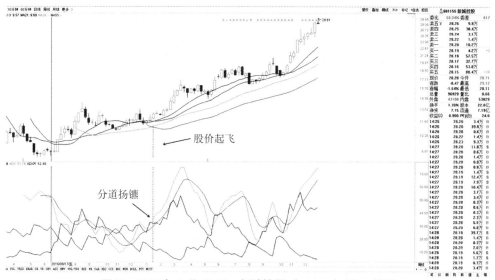

图示：**2017 年 1 月 20 日，新城控股（601155）周 K 线图**

2017 年 1 月笔者就发掘了新城控股，可以说是 2017 年笔者发掘的最牛的股票，持续时间最长，可操作性最强。

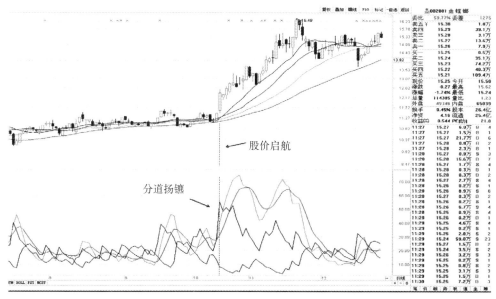

图示：**2017 年 10 月 19 日，金螳螂（002081）走势**

2017 年 9 月开始，笔者就一直关注金螳螂，因为这只股票横盘了很久，周 K 线、月 K 线都支持上涨，股票质量很好，唯一需要确定的就是介入时机。当 10 月 18 日、10 月 19 日向上突破的时候，笔者两天都大量买进，赚到最大的一波行情。

后记　战略上藐视对手，战术上重视对手

　　大家在机场书店以及网络上，经常看见一些成功人士在不厌其烦地给大家灌输成功奋斗创业的心灵鸡汤，他们不但灌输心灵鸡汤，还会教大家"做人的道理"，年轻人如果听信这些人的话，很可能要吃大苦头。

　　道理是一样的。

　　过多关注财经资讯的投资者往往有这样一种印象：那些身价过百亿的资本大佬们，张口闭口谈的都是"格局"、"心态"、"宏观"、"投资理念"、"资产配置"、"价值投资"、"哲学"……而他们从不告诉普通投资者的是：如何运用技术指标在两个星期的波段里实现迅速低位介入、高位卖出。事实上，所有的中国资本大鳄都是技术高手，交易本身也是这样，每一笔操作都是在波段相对低位做多，波段相对高位做空，实现这个目标只有靠技术分析。当你靠交易成长为大佬后，你也可以把你的交易功力隐藏起来，谈一谈风花雪月、竹影山林。

　　保持清醒的头脑，苦练基本功，学会狙击、冲锋，从战士一步步成长为将军，从战役到统率全局的元帅。

　　不积跬步，无以至千里；台上一分钟，台下十年功；世界杯的每一个进球，可能是从4岁开始每天一训练，练习盘带控球的结果；战略上藐视对手，战术上重视对手。交易就是这样，每次都要在最舒服的位置进场，在最从容的位置出场。

　　如果您觉得看完了本书有帮助，那就请再下单购买5本，一本放在办公室、一本放车里、一本放客厅、一本放卧室、一本备用。并且不要告诉任何人，自己学会本事就够了。如果您觉得看了本书并无任何帮助，那就告诉您身边的亲戚朋友，千万不要买这本书，因为它没用，浪费时间。

　　笔者微博名"胡斐—戊午"，大家也可扫描这个二维码关注：

微信公众号《胡斐投资俱乐部》，定位高端，仅接受私人银行卡以上客户。每周推送"操作策略"一次；包含股票品种和期货品种。请搜索添加公众号"胡斐投资俱乐部"，或者扫码即可！

NECESSARY
BASIC SKILL

股 市 分 析 必 杀 技 系 列

胡斐的 七个秘密绝招

经典华章 一世收藏

经济管理出版社
ECONOMY & MANAGEMENT PUBLISHING HOUSE

胡斐的七个秘密绝招

绝招一："短线必买"

条件 1：日线 KDJ 指标处于金叉

条件 2：MACD 处于日线的底背离状态

条件 3：出现一根中阳线

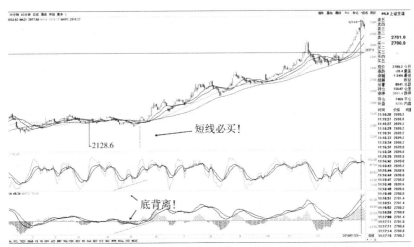

**图示：2017 年 5 月 12 日，上证期货 IH 出现"短线必买"信号，
果断入场做多，收获波段行情**

绝招二："中线必入"

条件1：周线的 MACD 红柱子连续放出来，黄白线在红柱子上附近呈现白上黄下但是距离很近

条件2：日线的 MACD 黄白线从 0 轴下方很远的位置第一次爬到 0 轴上方并放出红柱子

条件3：K 线呈现回调，横盘。日线 MACD 黄白线可能第一次回抽到 0 轴附近

条件4：日线 KDJ 金叉

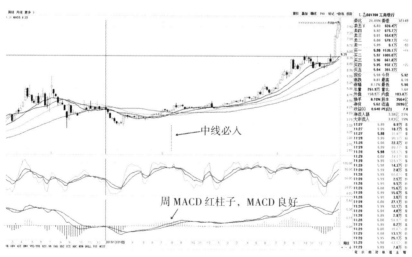

图示：工商银行 601398 周线

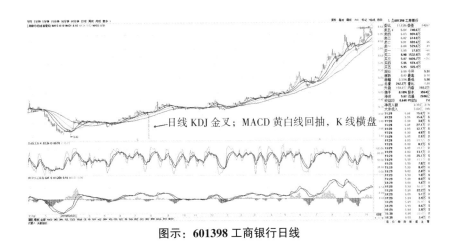

图示：601398 工商银行日线

绝招三："一票否决"

指数日线 KDJ 高位坚决不买；

个股 KDJ 高位坚决不买；

个股非 60F 底背弛 + 日线底背弛坚决不买；

个股非 KDJ 刚刚金叉坚决不买。

这是为了避免"介入就回撤"，影响心态和判断。力争在最好的点位介入，介入即盈利。

绝招四："停顿法则"

"停顿法则"即坚持盈利后停顿 5 个交易日的原则。

当获得大笔盈利后，心态必然膨胀，如果再次出击，止损的概率大大增加。

绝招五："反情绪利器"

反 J 值操作：KDJ 真是一个伟大的发明：KD 与 MACD、K 线均线、DMI 等组合在一起形成真实的技术买点走势。J 值实际就是人的情绪变化，围绕着真实的走势大幅波动，J 值在上，贪婪主导，J 值过高，贪婪到了极点，该恐惧；J 值过低，恐惧到了极点，该贪婪。反 J 值，根据真实技术走势。

这部分在《股票操盘宝典》里有详细介绍。

绝招六："底部神图"

双次流畅下跌后，不管中枢是否成型，横盘一阵后必然有一波大反弹（下跌形成一个尖底，所有的强庄股和指数都是从这个尖底开始翻倍的，甚至 2 倍）。

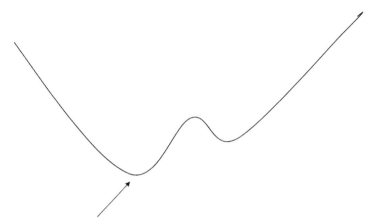

图示：多次研究底部的形成规律，第一次暴跌或者极速流畅下跌形成的底，是阶段最低点，但是这时最恐惧，没人敢买，随后上升之后的回踩点位往往比这个尖底要高

例如：2015 年 9 月 2 日指数、2016 年 1 月 27 日指数以及股票多氟多、海虹控股、顺络电子、可立克、横店东磁、天瑞仪器。

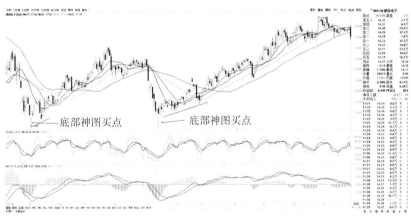

图示：**2015 年 9 月和 2016 年 1 月 002138 顺络电子底部神图买点**

绝招七："控回撤做收益"

组合投资：利用单只个股轻仓，组合 3 只股票来控制回撤，是被验证的最简单但是最有效的方法。每只个股的仓位极限是 30%，一般应该在 15%~20%。

要想做出收益，没有什么秘诀。假设择时能力已定，是先天的因素（也即大盘的走势对所有人是公平的），那么对于介入品种的严格把控就是做出收益的唯一秘诀。别无他法。要对该品种的价值、成长性、长期均线、周线、月线做出深入研究。